苏州大学人文社科资助出版

BUILDING INFLUENCE

构建影响力

基于新宣传的考察视角

INVESTIGATIONS BASED ON NEW PROPAGANDA

张健 等 著

上海三联书店

目　录

导语　大变局的呼唤

“百年未有之大变局”已经成为社会各界的热词、高频词。2017 年 12 月，习近平总书记在接见回国参加 2017 年度驻外使节工作会议代表时首次提出了“百年未有之大变局”的重要战略性论断。在 2018 年 6 月 22 日召开的中央外事工作会议上，习近平总书记再次提出，“当前中国处于近代以来最好的发展时期，世界处于百年未有之大变局，两者同步交织、相互激荡”。此后，习近平总书记相继在一些重要会议、重要场合强调“百年未有之大变局”，《人民日报》《学习时报》《求是》《人民论坛》等先后组织各方面专家展开座谈或讨论，这一论断在国内外迅速形成共识。

对新闻传播学而言，大变局带来许多新的研究课题，因为“大变局时代下，经济格局、政治秩序、文明形态、技术革命与价值观念遭遇深度变革，当代人习以为常的政治心理、政治行为面临挑战，司空见惯的政治制度、政治规则面临冲击，熟视无睹的政治环境乃至整个政治生态面临改变。新的政治力量崛起，新的政治关系出现，新的政治矛盾浮出水面，这些新现象、新问题又为当代政治传播划定了场域，设置了议题，勾勒了避无可避的背景和底色。”[①]比如大变局对民族国家的考验加剧，信息的全球化流动促使民族国家的控制权与争夺战空前激烈：一方面，网络构成了新的社会形态，网络搭建的全球公共空间已经成为不争的现实，正如有学者指出的，“当代修辞学主张，我们生活在一个单一的世界里，在其中，事件与空间均已消亡，距离的体验不复存在”；另一方面，恰恰在“距离的体验不复存在”的空间里，主权与意识形态的刀光剑影却更加惊心动魄，网络空间注定了成为利益、权力与权利短兵相接的名利场、角斗场，曼纽尔·卡斯特甚至认为全球网络社会的出现，导致民族国家的“主权实体确实存在危机”，政治决策的

① 庞金友. 面对大变局时代的政治传播：革新、议题与趋势[J]. 新闻与传播评论，2019(05)：22－31。

过程在国家、超国家、国际、联合国家、区域和地方机构之间相互作用的网络中运行，“现代民族国家统治形式向一种新国家形式的转型——网络国家”①。因此，网络社会的到来吹响了新的认同建构的话语机制，“在网络社会中，在围绕复合化数字传播的本地—全球网络构建的社会化传播领域中，其中也包括了媒体和互联网，话语得以生成、扩散、争斗、内化，并最终体现在人类行动中。因此，网络社会中的权力就是传播力”②，复杂微妙的传播力格局正在给“有意图地施加影响”这一后现代社会的新宣传体制与机制带来更新的学术版图。

一、大变局呼唤“影响力”③研究

无论达官贵人、知名大咖、流量明星、网络红人，抑或是普罗大众，赢得影响或影响力在“百年未有之大变局”的今天，已不再是新鲜或者遥不可及的代名词。也许某人一分钟之前还只是籍籍无名、置身人海、无声无息，但是在几秒或十几秒之后，突然之间“大火”，甚至“火得”惊心动魄、铺天盖地。比如，对 20 岁的藏族小伙丁真而言，他只用了 10 秒不到。2020 年 11 月 11 日，“双 11”当天，“微笑收藏家・波哥”发布了一个藏族小伙的视频，时长还不到 10 秒。视频的主人是丁真；纯真干净的笑容以及特有的高原红，让丁真的面容回归到了最原始的状态；视频配文写道：“很多年轻女粉要我多拍拍尼玛。尼玛没遇上，见到他的哥哥丁真。”据“胡润百富”官方号整理④：在短视频平台，丁真的“出道之作”瞬间收获 1.3 亿热度，一度霸屏热点榜首；丁真 11 月 19 日开通微博以来，他的热度也一直居高不降。截至 11 月 22 日晚，微博上的丁真超话已有近 8000 万阅读量；同时，“丁真”的微信指数在 11 月 11 日当天增长 138.94%，12 日又增长了 279.3%，到了 13 日一下子暴增 4886.46%。11 月 25 日，@甘孜文旅联合丁真一起推出旅游宣传片《丁真的世界》，“很多人问我，我的梦想是什么。我没有太想过这个问题。就想骑着我的小马，翻山越岭。这就是我的世界，雪山、草原、冰川、

---

① 曼纽尔・卡斯特. 传播力[M]. 汤景泰、星辰译. 北京：社会科学文献出版社，2018：32。

② 曼纽尔・卡斯特. 传播力[M]. 汤景泰、星辰译. 北京：社会科学文献出版社，2018：43。

③ “影响力”的英文对应词为“influence”，中文一般对应译为“影响力”或“影响”。

④ 胡润百富官方号. 丁真一人一马拉动旅游业[EB/OL]. https://baijiahao.baidu.com/s?id=1685224180265053949&wfr=spider&for=pc，2020-12-05。

寺庙、白塔、我的朋友们。"伴随着片中辽阔壮美的风景，他用汉语说道，"我是丁真，欢迎大家来我的家乡做客。"当天该话题收获15万讨论，4.1亿阅读，视频获得1200万播放量；紧接着，甘孜当地政府正式宣布从2020年11月15日至2021年2月1日期间，甘孜州所有景区（含67个A级景区）门票全免。"去哪儿"网数据显示，截至11月25日，四川甘孜地区酒店预订量较去年同期增长89%，其中11月17日成为首个增长高峰，当天酒店预订量较去年同期增长111%，相比前一天增长15%。

11月26日，关于丁真的话题继续在微博上发酵，#丁真的家乡有多美#登上热搜，200多旅游达人共同参与甘孜旅游推介，话题收获4200万阅读量；11月27日，丁真手写"家在四川"再次引爆热搜，话题#丁真#收获15亿阅读，#四川为了丁真有多拼#收获1.2亿阅读，#西藏拥有了躺赢的快乐#获得0.5亿阅读；不同于普通网红的丁真，被赋予了一层官方性质和当地旅游形象宣传的意味，围绕他的话题在继续——在微博，还引发了@四川日报、@西藏日报等官微之间的battle，以及包括山东、陕西、青海、云南、湖北、辽宁、江苏等多地官微和媒体的"邀请丁真来我家乡"的"抢人大战"。央视主播海霞《主播说联播》表示："当地文旅部门的一波及时操作，让我们看到了丁真纯真笑容背后的家乡之美。流量引导得好，就会变成正能量。一些欠发达地区有着非常丰富的'美丽'资源，把这些资源盘活盘好，流量才可能长流。"评论人士星航提出："在如今伪娘频出、过度包装、虚假网红高爆的网间，一个真正的阳光男孩、一个没经任何包装的高原小伙，突然出现在人们眼前，令人耳目一新。丁真真的可爱，真的纯朴，真的香野。"①更有评论强调："丁真的火，并不能完全归结于运气使然，也契合基本的社会情理"，而"过于苛责丁真的火爆华而不实，过度强调其火爆的偶然性，否定其必然性，也没什么实际意义，且还是对关注力的一种浪费。真正的焦点，应该放在丁真火爆所流露出来的社会'真价值'"②。微博博主@卢诗翰则认为，"丁真火爆的背后，是当地无数干部前期的努力和铺垫，他们也拥有更先进的一套思路"，"这才是丁真这波热度中最有意义的事情，通过这个，很多人能更直观地

---

① 星航. 请勿过度消费"素人"丁真[EB/OL]. http://e.jznews.com.cn/N_eline.aspx?id=14440，2020-12-01。

② 默城. 请读懂"丁真现象"背后的社会"真价值"[EB/OL]. http://opinion.voc.com.cn/article/202012/202012071131478247.html，2020-12-07。

认识到网红背后的一整套扶贫系统工程，以及无数为这片土地努力付出的人”①。

不过，在熙熙攘攘、迭代迅捷的“你方唱罢我登场”的“网红”与“流星”竞相开放中，2021 年初最有趣的文化“惊奇”之一恐怕莫过于小品演员贾玲担任导演的处女作《你好，李焕英》。这部由贾玲、张小斐、沈腾、陈赫等主演的奇幻喜剧电影，于 2021 年 2 月 12 日在中国大陆上映，仅仅 6 天时间票房突破 30 亿，成为中国电影史上第 12 部票房破 30 亿的影片；2 月 21 日，上映 10 天累计票房突破 40 亿，成为中国电影史上第六部票房破 40 亿的电影；上映第 23 天，累计票房正式突破 50 亿元，成为中国电影史第三部破 50 亿的影片；3 月 12 日，《你好，李焕英》累计票房已逼近 8 亿美元，跻身全球影史票房前 90 名。截至 3 月 25 日，《你好，李焕英》在我国大陆地区的总票房收益已经超过 53.46 亿元人民币，成为了全世界范围内票房收入最高的女性导演所执导的电影作品。在此之前这个位置一直属于派蒂・杰金斯导演的科幻大片《神奇女侠》。该片在 2017 年全球上映，其之前的票房收入为 53.45 亿元人民币，大概 8.21 亿美金，这个票房纪录一直无人打破。

一时之间，无论普通民众，还是电影文化界的精英在一片惊呼中试图理解贾玲由小品演员到“爆款”导演之间所发生的一切。著名导演刘信达直言不讳地说道：“不要过度矫情！贾玲说她的快乐永远缺了一角，难道她不知道，这世间还有很多人更悲惨，他们甚至永远没有快乐呢。至少她是大明星了，至少全国人民都知道她的悲欢离合了，刘信达希望她，见好就收，不要过度矫情！”②有位标签是“编剧、导演”的人评价：“很多著名导演拍了一辈子电影，累计票房也没有 50 亿，有的非著名非专业导演只拍了一部电影，就有可能 50 亿票房，不服不行，其实，这和专业无关。”③网民“猴子开钽克”在“虎扑・影视区”发出这样的感叹：“贾玲初次导演就大获成功！其他导演应该羞愧吗？国内的很多导演干了一辈子，结

① 马越. 丁真的爆红无法复制，但这或许是一次“讲好中国故事”的胜利[EB/OL]. https://www.jiemian.com/article/5339562.html，2020-11-30。

② 著名导演正式警告贾玲：希望你见好就收，不要过度矫情[EB/OL]. https://new.qq.com/rain/a/20210220A01QC500，2021-02-20。

③《你好，李焕英》票房为什么能超过很多知名导演？张小斐功不可没[EB/OL]. https://www.163.com/dy/article/G5CF5MG40517J9LT.html，2021-03-18。

果票房还不如人家贾玲第一次干得好!”《光明日报》的评论则冷静而中肯,“如何吸引更多观众走进影院?如何维持中国电影市场的长期繁荣?说到底,还是要用优秀的作品说话,用优秀的演技服人。这个重任,必然会落到年轻的‘贾玲’们的肩头。是不是‘全球票房最高女导演’并不重要,能不能成为‘全球最优秀导演’才是关键。这是贾玲应该努力去追求的目标,也是所有中国电影人的理想。”①

从网红转到政治。美国前总统唐纳德·特朗普被中国网民称为“川普”“川建国”“懂王”,在中国的知名度甚至可以说“妇孺皆知”。这不仅因为他在担任总统的四年中美之间爆发的贸易战、科技战、金融战,还因为他热衷于用社交媒体推特(Twitter)发布信息。据外媒统计,他在任期内共发布推文23858条,最高曾在一天内发布推文193条。2020年6月5日,特朗普单日发布了200条推特,其中37条为原创文,剩下的为转发和引用。平均7分12秒发一条,打破了他此前单日发142条推特的纪录。他同时打破了单周发推数纪录:468条;以及一小时内发推数纪录:79条②。

2020年5月26日,特朗普曾发布推文,抨击加州将采取大选邮寄选票的做法,声称“邮寄选票会造成大选舞弊”。推特平台一反常态,在特朗普的推文下标注:“了解有关邮寄选票的事实”,并链接至澄清信息。特朗普对此表示强烈不满,并在随后的推文中称,推特“正在干预选举、扼杀言论自由”,声称要对社交媒体平台加强监管。特朗普与推特、Instagram等社交媒体平台的隔阂甚至矛盾日益加深。5月28日,特朗普签署行政命令,限制社交媒体的内容审查权力。2021年1月6日,美国国会大厦发生史无前例的暴力骚乱事件,事后特朗普发布了一段视频,暗示对示威者的同情。推特、YouTube、Facebook等接连对特朗普的账号出手,删除其发布的视频,并冻结其账号12个小时。推特甚至警告:如果特朗普继续在推特上发表毫无根据的大选阴谋和煽动暴力,特朗普的账号可能被永久禁言。Snapchat也宣布将在1月20日永久封禁特朗普的账户。Snapchat的主要用户群体年龄在30岁以下,是特朗普数字竞选团队触及年轻受众群体的重要平台。特朗普的侄女玛丽·特朗普表示,特朗普推特账号被禁比

---

① 李勤余.贾玲成票房最高女导演,祝贺之余也当冷静[N].光明日报,2021-03-21。
② 破纪录一天连推200条,特朗普何以如此“兴奋”[EB/OL].新京报网,2020-06-07。

总统大选输了还让他难受。她在接受商业内幕网采访时说:“我认为他的推特被禁、美国职业高尔夫球协会(PGA)取消他的高尔夫球场比赛,可能是在过去四年里发生在他身上最糟糕的事情。没有推特,别人怎么关注他?”①

不过,据彭博社 2021 年 3 月 25 日消息,在未来几周内,Facebook 公司新成立的监督委员会将宣布是否允许美国前总统特朗普再次在 Facebook 和 Instagram 上发帖。据报道,特朗普回归社交媒体将有助于他继续成为共和党的主导人物。更广泛地说,特朗普重回社交媒体可能会重塑 Facebook 28 亿用户的政治言论管理方式,使该公司更难删除有害内容和管理不良行为者。“支持特朗普恢复账号”的决定也可能影响其他平台,包括 Twitter、YouTube 等②。

2020 年美国总统大选之后,罗纳德·特朗普离开了白宫这个特殊的政治讲坛,虽然他发誓“四年之后将重新回来”,但他对世界政治、美国民主以及中美关系的巨大影响仍然值得进一步反思。“特朗普的执政风格与手腕固然带有鲜明的个人烙印,但深度契合当前的时代背景。对民粹主义情绪的唤醒和集结,正是特朗普竞选与执政的重要根基。在他崛起的背后,是一波汹涌的民粹主义潮流,是对贫富分化鸿沟的愤怒,也是美国乃至世界一道深深的分裂伤痕。对这样一位踏入美国最高政治殿堂的人物,人们喜欢也好,讨厌也罢,甚至讥讽或谩骂都无关紧要。爱或者不爱,他就在那里。”③

如果要从传播力、影响力视角而言,丁真、贾玲、特朗普,可谓均“独领风骚”却又“各擅其妙”,这三位名人在不同传播道路上收获了各自巨大的影响力,却给大变局时代的新闻传播研究带来了新的疑问:社交媒体时代,何谓传播影响力?如何建构传播影响力?

大变局之年,传统媒体“一家独唱”的格局趋于式微,一向被视为传媒影响力之对象的公众成为“受众”“传播者”“用户”“产消者”(Prosumer)等混合社会角色,政治传播的实践、规律与制度等正在发生看得见或看不见的变化,“中国政府在传播能力上做了不少努力和尝试,如政治传播中新媒体技术的运用;在制度方

---

① 特朗普侄女说,封推特比输大选更让他难受[EB/OL]. https://www.163.com/dy/article/G558P0O90535ATX0.html,2021-03-15。

② 界面新闻. Facebook 可能在未来几周内恢复特朗普账号[EB/OL]. https://news.sina.com.cn/w/2021-03-26/doc-ikkntiam8343418.shtml,2021-03-26。

③ “懂王”的前半生[EB/OL]. https://new.qq.com/omn/20201109/20201109A050JI00.html。

面，信息公开制度、新闻发言人制度、突发事件处理机制等也得到了有效施行。[1]

值得关注的是，大变局之年，计算宣传日益成为当前一种最新的、普遍的、全球性的宣传形式，是社交媒体平台、自动化机器人和大数据算法的集合体，旨在有组织地操纵公共舆论。计算宣传带来潜在的影响，通过伪造信息或活动“制造同意”，产生“虚假民主”；通过“两极分化”扰乱公共领域，撕裂社会共识；通过“武器化”的意识形态宣传改变全球地缘政治格局[2]。甚至在疫情肆虐之际，以社交机器人为代表的“计算宣传”加剧了新冠“信息疫情”中媒介生态的复杂性。“社交机器人的议题参与呈现三大特征，分别是内容的聚焦性与负面性、形象的理性化与中立化以及社交的活跃性与广泛性，在立体化的参与模型中，社交机器人实现了从静态单向的传播渠道到动态互动的传播者的转型”；“参与中国新冠疫苗议题的主要高分账号并不在美国而在印度，疫苗的话题建构多基于财经与社会领域”[3]。

正是在这样的时代背景下，中央全面深化改革领导小组第四次会议在 2014 年 8 月 18 日审议通过了《关于推动传统媒体和新兴媒体融合发展的指导意见》[4]。习近平总书记在会上强调，要遵循新闻传播规律和新兴媒体发展规律，推动传统媒体和新兴媒体融合发展，强化互联网思维，坚持传统媒体和新兴媒体优势互补、一体发展，坚持先进技术为支撑、内容建设为根本，推动传统媒体和新兴媒体在内容、渠道、平台、经营、管理等方面的深度融合，着力打造一批形态多样、手段先进、具有竞争力的新型主流媒体，建成几家拥有强大实力和传播力、公信力、影响力的新型媒体集团，形成立体多样、融合发展的现代传播体系。在 2019 年 1 月 25 日中共中央政治局就全媒体时代和媒体融合发展举行第十二次集体学习时，习近平总书记又再次强调，推动媒体融合发展、建设全媒体成为我们面临的一项紧迫课题；要运用信息革命成果，推动媒体融合向纵深发展，做大做强主流舆论，巩固全党全国人民团结奋斗的共同思想基础，为实现“两个一百年”奋斗目标、实现中华民族伟大复兴的中国梦提供强大精神力量和舆论支持。

---

① 苏颖. 作为国家与社会沟通方式的政治传播：当代中国政治发展路径下的探讨[M]. 北京：中国社会科学出版社，2016：216。

② 罗昕. 计算宣传：人工智能时代的公共舆论新形态[J]. 人民论坛 · 学术前沿，2020(15)：25 - 37。

③ 陈昌凤，袁雨晴. 社交机器人的“计算宣传”特征和模式研究[J]. 新闻与写作，2021(11)：77 - 88。

④ 中央深改小组第四次会议关注媒体融合[EB/OL]. http://media.people.com.cn/GB/22114/387950/。

有学者就此认为，“新型主流媒体的建构现在已经上升为国家战略”，“只要能够正确表达国家话语、体现社会主义核心价值观、为人民群众喜闻乐见，并具有足够影响力的媒体，都应该属于新型主流媒体的范畴”①。2021 年 5 月 31 日下午，中共中央总书记习近平在主持中共中央政治局就加强我国国际传播能力建设进行第三十次集体学习时强调，讲好中国故事，传播好中国声音，展示真实、立体、全面的中国，是加强我国国际传播能力建设的重要任务。他指出：“必须加强顶层设计和研究布局，构建具有鲜明中国特色的战略传播体系，着力提高国际传播影响力、中华文化感召力、中国形象亲和力、中国话语说服力、国际舆论引导力。”②

二、传播政治即影响力政治

大变局时代，媒介及媒介传播的影响或影响力可谓无处不在、无时不有、无孔不入。在四年一度的总统大选中，美国共和党、民主党及其他独立候选人无所不用其极地运用影响力来赢得选举；中外广告商人则把影响力作为打开市场和销路的秘密武器，延请各路名人来兜售商品、理念或服务；按照有些学者的看法，90 后、00 后粉丝在网络平台、经纪公司与偶像的共同塑造下打 Call、应援、接站，“为爱发电”“为爱自萌”，成为网络时代的新型数字劳工；“网红”则在直播上将身体作为影响力的源头，带货或推销各自的流行符号，甚至即使你的朋友和家人，不知不觉间，也会把影响力用到你的身上。但到底是为什么，当一个要求用不同的方式提出来时，你的反应就会从负面抵抗变成积极合作了呢？全球知名的心理学家罗伯特・B. 西奥迪尼博士甚至专门写了一本畅销书《影响力》试图为人们解释为什么有些人极具说服力，而我们总是容易上当受骗。“隐藏在冲动地顺从他人行为背后的 6 大心理秘笈，正是这一切的根源。那些劝说高手们，总是熟练地运用它们，让我们就范。”③

---

① 陈国权. 新型主流媒体建构已上升为国家战略[EB/OL]. http://media.people.com.cn/n/2014/0819/c40606-25496397.html，2014-08-19。

② 习近平在中共中央政治局第三十次集体学习时强调：加强和改进国际传播工作　展示真实主体全面的中国[EB/OL]. https://News.China.Com/zw/news/1300776/20210601/39633141.html。

③ 罗伯特・西奥迪尼. 影响力[M]. 陈叙译. 北京：中国人民大学出版社，2006。

在新闻传播学界，“影响”或“影响力”一直是大多数学者们进行媒介或效果研究的基本前提，如伦敦大学戈德史密斯学院的约翰·科纳提纲挈领地指出，“无论研究者来自何方，学术领域为何，几乎没有一个问题比‘传播效果这个概念如何影响你的研究’这个问题更能煽动一个传播学研究者了”，“影响”问题一直就是“媒介研究的争议中心”。[①] 按照约翰·科纳的梳理，影响研究在美国、英国、德国等西方国家那里，大概可以历时性地简化为四类研究范式[②]：第一类是早期的“大众社会”视角，主要包括哈罗德·拉斯韦尔、沃尔特·李普曼、约翰·杜威、法兰克福学派的赫伯特·马尔库塞、西奥多·阿多诺等人，这些研究的基调是大众媒介具有潜在的强大影响，并且是负面的“控制机构”。第二类是经验主义社会科学焦点下的“效果”研究范式，从1930年代一直延续至今的“丰富、高度差异化和多样化的研究”，主要的代表性学者包括保罗·拉扎斯菲尔德、伊莱休·卡茨等。这些研究者“强调创造性地运用社会学和社会心理学的工具来测量多种多样的影响。社会学模型被用来创造新的调查分析方法，以及被用来在一个多样化的社会系统确定影响的概念；同时社会心理学帮助理解影响发生的机制，并且带来了实验方法”。同时，该传统“通过不断探寻媒介‘信息’到‘影响’之间社会与心理中介变量，相比于早期的思辨性评论，对媒介影响的把握减少了些许先前的戏剧性”[③]。这些学术范式留下许多经典性的研究案例与结论，诸如“佩恩基金会电影对儿童的影响”研究、“火星人入侵地球”研究、“伊里县总统投票”研究等。第三类是新马克思主义的意识形态范式。马克思主义关于意识形态的理论，关于为维护主导的经济集团的利益而进行的“策略性”常识宣传的理论对于20世纪七八十年代的文化研究领域影响巨大。其中，安东尼奥·葛兰西的“霸权”理论与路易斯·阿尔都塞的意识形态“国家机器”理论以及斯图尔特·霍尔的文化研究风靡一时，“他们对媒介的权力抱有一种强烈的悲观情绪，对于隐藏在‘态度’和‘意见’范畴之下的理解与意识的内在张力及其复杂性存在一种

---

① 约翰·科纳.“影响”：媒介研究的争议中心[A].詹姆斯·库兰，米切尔·古尔维奇.大众媒介与社会[C].杨击译.北京：华夏出版社，2006：303。

② 约翰·科纳.“影响”：媒介研究的争议中心[A].詹姆斯·库兰，米切尔·古尔维奇.大众媒介与社会[C].杨击译.北京：华夏出版社，2006：368－371。

③ 约翰·科纳.“影响”：媒介研究的争议中心[A].詹姆斯·库兰，米切尔·古尔维奇.大众媒介与社会[C].杨击译.北京：华夏出版社，2006：369。

矛盾的感觉”。第四类研究范式是“被改进及跨学科的视角”。这个阶段/范式“对媒介在意识来源和社会组织告知方面所起作用的范围、差异以及复杂性有了更为宽广的认识”，并且“随着‘议程设置’、‘启动效应’（priming）和‘框架’概念的出现，一种更为精炼、细化和更具资格的研究开始深入”，还有乔治·格伯纳的“涵化”概念试图取代原先的“效果”（effect）概念，以更好地显示研究的文化性关注和媒介影响过程的深度。

在中国，“影响力”一词更是人见人爱的热词。举凡“舆论影响力”“媒介影响力”“传播影响力”等一类的表述出现在众多研究文献中，指向中国特定媒体制度下的传播实践内容。“影响力”甚至变成了各种传播实务工作者进行媒介融合或融合转型总结与报告时的通用修辞。比如钱兰概括说，江苏泰州报业传媒集团更加突出“移动优先”战略，在短视频和微信直播等新技术的应用上大胆探索，精心制作推出了一系列适应新媒体时代用户需求的新闻产品，实现从可读到可视、从静态到动态、从一维到多维的升级融合，满足多终端传播和多种体验的需求，迅速占领手机这个装在口袋里的移动传播阵地，“让指尖上的新闻更有吸引力、传播力和影响力”①。又如黄云鹤与赵英娜发现：在 5G、物联网、人工智能、大数据的推动下，一个万物皆媒、泛媒体化的时代正在到来，“广播 + ”成为行业应对之策。广播 + 美食，吉林资讯广播的《美食娱乐大赢家》每年微信平台创收超过 30 万元；广播 + 旅游，吉林旅游广播的“吉刻出发”自驾游项目实现线上线下同步，覆盖东三省；广播 + 话剧，原吉林人民广播电台排演的话剧《岁月是把杀猪刀》《来自星星的他》商演十余场；广播 + 汽车，河北广播电视台交通广播打造汽车后市场运营，将无形资产有形化；广播 + 音乐节，上海经典 947 辰山草地广播音乐节吸引了近万名现场观众以及上百万互联网端收听收看者，成为目前中国水准最高、售票体量最大的系列户外古典音乐节……广播行业如火如荼的破圈实践，将广播的核心优势与其他产业深度融合，增强了自身造血功能，有效扩大了广播影响力。② “传媒内参”2020 年 12 月 31 日推出第五届“指尖榜”，重磅发布《2020 年度指尖传播影响力报告》。本次发布会聚焦综艺、剧集、纪录片、网络

---

① 钱兰. 城市党报研究[J]. 2020(11)：65－66。

② 黄云鹤，赵英娜. 加强广播媒体传播力、引导力、影响力、公信力的路径初探[J]. 北方传媒研究，2021(01)：4－13。

电影、媒体融合、广电 MCN、地面频道与艺人经纪市场的行业发展现状、深刻影响、前瞻价值，并对其进行了多维度、深洞察的全脉络解读与趋势预测。

实际上，举凡谈及媒介形态、媒体机构、传播内容，乃至具体的新闻问题都可以与“影响”或“影响力”联系起来。在中国传媒业界与学术界的“这种泛化让‘影响力’概念的内涵和外延变得模糊，更阻碍了学界和业界在达成共识的基础上进行对话，并以此概念为一个视点来观察新闻传播实践的脉络”。①

周翔、李静曾于 2014 年在一篇研究综述中就新闻传播领域“影响力”概念提出的背景、概念的内涵与外延进行过较为细致的分析。他们发现，“影响力”在我国新闻传播领域的运用最早可以追溯至 1988 年张学洪的研究，当时这一概念被定义为新闻宣传对“受众的思想、观念、价值取向、社会态度和社会行为”的改变程度。② 在媒介经济学领域，喻国明于 2003 年前后提出了“影响力经济”概念，指出传媒影响力的本质特征是它作为资讯传播渠道而对其受众的社会认知、社会判断、社会决策和社会行为打上的属于自己的那种“渠道烙印”。③ 郑保卫认为，“影响力”是“指某一人物或事物对别人的思想及行动产生影响和引导作用的能力”，而“党报的影响力，是指党报所具有的对群众思想及行动产生影响和引导作用的能力，通常体现在日常对民众思想、行动和生活的影响中”④。郑丽勇提出，所谓媒介影响力，“是指媒介传播信息给受众，从而改变受众的态度和行为的能力”，“媒介影响力本质上是传播影响力，社会影响力和市场影响力是媒介传播影响力的呈现效果。从媒介信息传播过程来看，媒介影响力的生成过程划分为接触、认知、说服和二次传播等四个环节，相应地，媒介影响力包含四个维度，分别是广度、深度、强度和高度，而这四个维度正是媒介提高影响力的着力点所在”⑤。陆地则认为，媒介的影响力有狭义和广义之分。狭义的媒介影响力主要是指媒介影响目标市场消费导向或目标人群消费行为的能力。广义的媒介影响

---

① 周翔，李静. 传播影响力：概念、研究议题与评估体系研究评述[A]. 武汉大学媒体发展研究中心，武汉大学新闻与传播学院. 中国媒体发展研究报告[C]. 武汉：武汉大学出版社，2014：160。

② 周翔，李静. 传播影响力：概念、研究议题与评估体系研究评述[A]. 武汉大学媒体发展研究中心，武汉大学新闻与传播学院. 中国媒体发展研究报告[C]. 武汉：武汉大学出版社，2014：160 - 172。

③ 喻国明. 关于传媒影响力的诠释：对传媒产业本质的一种探讨[J]. 国际新闻界，2003(02)：5 - 13。

④ 郑保卫，李晓喻，影响力公信力亲和力：新媒体环境下的党报应对之道[J]. 新闻与写作，2013(02)：35 - 37。

⑤ 郑丽勇. 提高媒介影响力的四个着力点[J]. 编辑学刊，2012(01)：36 - 39。

力则是指媒介对主流社会的人群在政治、经济和文化等社会各个方面的思想或行为产生影响的能力。① 刘建明主张，新闻影响力是指对受众的认识和社会变革发生的积极作用，其内涵包括四个层面，产生于五个基因。主要有群体影响力与大众影响力、全局影响力与局部影响力、激变影响力与滞后影响力、直接影响力与间接影响力、核心影响力与边缘影响力等十种。②

细分之下，国内学者的界定都强调了“传播影响力”内涵的四个逻辑层面：一是无论新闻、舆论或媒介影响研究，抑或传播影响力研究，主要关注的是传播主体所发布、扩散、沟通或共享的信息或内容层面，无论这个传播主体是何种层次上的政治或商业行为体。这似乎是讨论影响力的逻辑前提。正因如此，才有论者说，“传播方向决定了传播内容，读者定位决定了内容定位。‘内容’是‘影响’得以产生的基础，没有适合于媒体自身读者需求的内容，则‘影响’不可能产生”③；也有学者说，“三网融合”后的新媒体身先士卒地加入到了“互动”的行列，“对于数字平台中的内容进行了分类筛选并规整，并通过受众在互联网上的信息反馈，来进一步更新和改进数字平台上的节目种类”④。

二是无论新闻、舆论或媒介研究，抑或传播影响力研究，学者们关注的是传播主体所发布、扩散、沟通或共享的信息或内容层面在受众一端自愿而主动地接触、选择或反馈。这种接触、选择或反馈不同于传播者在“空空如也的教堂里”满怀激情地宣传或布道，抑或是不问对象、不管接收者是否愿听、愿看或愿接受的威胁式、强制式撒播，而是真心实意地以“受众为中心”的、是受众主体化的实现对信息或娱乐的主动地、有选择性地分享或传递。这种所谓“以受众为中心”的研究不再将重点放在“媒介对受众做了什么”，而是“受众用媒介做了什么”。这种研究“相信公众有反思和适应的能力，传媒不是让受众俯首帖耳的神圣权威，而是面向公众的开放空间”，“受众满足研究要从选择性这个概念出发。它不是囿于成见和习惯的防御性研究，而是考虑到了需求和渴望的前瞻式选择。传媒

---

① 陆地. 论电视媒介的影响面与影响力[EB/OL]. http://sh.eastday.com/eastday/shnews/node16413/node36529/node36531/node36537/userobject1ai582525.html，2004-10-14。

② 刘建明. 新闻传播的十种影响力[J]. 新闻爱好者，2019(11)：4-8。

③ 宋兆宽，宋歌. 新闻舆论传播力、引导力、影响力、公信力的概念辨析[J]. 采写编，2018(03)：31-33。

④ 蒋佶成. 理性互动：媒介影响力的助推器[J]. 新闻记者，2012(07)：65-68。

从此以公共服务的面目出现，公众有选择性地使用传媒"①。

三是此类关于新闻、舆论或媒介的研究，抑或传播影响力的研究或追问的主要目标是受众的思想、观念、价值取向、社会态度和社会行为等方面的改变。具体而言，这种改变可以包含认知、态度、情感与价值观等方面，还可以表现为"系统化、结构化和有机化的信息呈现与解构方式影响着人们的关注视野、议题设置，甚至思维方式和价值判断"之类的"渠道烙印"。在这种关于"改变或改变程度"的分析中，研究者有一个预设的前提："媒介或传播是有影响的"。比如关于新闻政策的研究、对新闻生产或媒介形态变化的研究，尽管可能"影响"一词没有出现在研究论题中，但是都基本"蕴含着媒介的运作过程附带着政治、社会或文化的结果或效果"这样的基本假定。

四是经验主义的社会科学方法传统。各种文献在分析影响或影响力时，大都将这种影响或影响力的可测量、可量化作为研究的重要假设或研究方法。这实际上是保罗·拉扎斯菲尔德、伊莱休·卡茨等人经验主义实证方法的延续。

国内外学者对传播影响力的提出与论证，证明了传播政治学的研究主旨："探求媒介是如何通过影响信息交换，从而影响人们在政治活动中的思想和行为"，因为"媒介化的政治传播已经在当今民主政治和公共生活之中占据了核心地位"，"如果没有对媒体多方面的运用，政治统治以及一系列相关的步骤是不可能以其现有的方式顺利实施的"。②

政治学家罗伯特·A. 达尔将"政治体系定义为任何在重大程度上涉及控制、影响力、权力或权威的人类关系的持续模式"③。从这个意义上，媒介的权力来源于拥有媒介的政治行为体通过新闻资讯、娱乐或其他事实性、虚构性内容的采集、生产与扩散，对社会上的各种不同人群、构成种种人群的规则与制度、维持社会稳定的道德与文化价值等施加影响力的过程或结果。各种不同的政治行为体要获取相对于其他社会行为体的影响力优势，必须将媒介的影响力作为主要的社会资源，如同李普曼在20世纪初所断言的，"这些不指向任何事物的抽象的象征往往由权威人物通过宣传植入大众的头脑。因此，通过精心安排符号，就可

① 埃里克麦格雷. 传播理论史：一种社会学的视角[M]. 刘芳译. 北京：中国传媒大学出版社，2009：51。
② W·兰斯·本奈特，罗伯特·M·恩特曼. 媒介化政治：政治传播新论[C]. 董关鹏译. 北京：清华大学出版社，2011：1－2。
③ 罗伯特·A. 达尔. 现代政治分析[M]. 王沪宁、陈峰译. 上海：上海译文出版社，1987：17。

以‘制造同意’”“谁抓住了这些能够将目前的公众情感包含起来的象征，谁就控制了制定公共政策的大多数机会”①。

传媒政治或传播政治即是影响力政治。

三、新宣传即重建影响力

民间有句俗语：“世界上最难的有两件事：把自己的思想装进别人的脑袋，把别人的钱装进自己的口袋。”赚钱不易，但更难的是思想的吸引、融通乃至彼此互构，同生共长。大变局时代，影响力无处不在，又无时不有，但又似乎是“镜中月”“水中花”，看得到，却摸不着。影响或影响力的生成有何内在奥秘？在当今中国“官方舆论场”与“网络舆论场”各美其美，主流文化、大众文化与网络亚文化三分天下、各有天地的情形下，主流媒体、主流文化、主流价值观如何浸入到网络空间，穿透由种种网络语言与因趣为缘而集结在一起的网络社群？如何对各种亚文化实现文化间的“破壁”与“共融”？

国内第一篇讨论传媒影响力问题的文章《新闻传播效力的一项实证分析》提出：“新闻媒介的社会舆论中心地位是不能靠行政权力建立的，只能靠新闻媒介自己去创造条件。其中心环节是通过忠实、热诚地为受众提供信息服务，造就一支庞大的与自己认同的受众群体。”②这篇文章所强调的是，要构建传播影响力，“信息及信息服务”被认为是“中心环节”。喻国明的“渠道烙印”说也提出，传媒影响力的发生和建构，主要依赖于传媒在三个环节的资源配置和运作模式——即接触环节：吸引注意的关键在于传媒内容和形式的极致化操作；保持环节：构筑受众之于传媒的行为忠诚度和情感忠诚度；提升环节：选择最具社会行动能力的人群、占据最重要的市场制高点、按照社会实践的“问题单”的优先顺序定制自己的产品。③ 在喻国明的论述中，“保持”和“提升”的目标在于传媒的受众，而在传播影响力的体系化、层次化建构过程中，更重要的是“接触”，即所谓传媒的内容和形式方面的“极致化操作”。

---

① 罗纳德·斯蒂尔. 李普曼传[M]. 于滨等译. 北京：新华出版社，1982：167。
② 张学洪. 新闻传播效力的一项实证分析[J]. 新闻研究资料，1992(02)：17-19。
③ 喻国明. 关于传媒影响力的诠释：对传媒产业本质的一种探讨[J]. 国际新闻界，2003(02)：5-13。

丁柏铨教授以新闻舆论的影响力为例，将这种“极致化操作”进行了细化说明。在丁柏铨看来，新闻舆论影响力是新闻作品中事、理、情、美等元素共同发挥作用的结果。简言之，所叙述的事，要含有较高的新闻价值；所占有的理，是以理性赢得人心、征服人心；所具备的情，说的是传递感情、以情动人；所蕴含的美，说的是通过所报道的事实报道美、展示美。对负面的人与事进行批评，其实就是通过对假恶丑进行否定而追求真善美。[①] 前述的郑丽勇也在他的定义中同样强调，“媒介影响力的形成和保持取决于两个因素，一是媒介内容本身对受众的影响，二是媒介品牌对受众的影响。而内容和品牌之间又存在内在的互动效应，好的内容有助于提高媒介品牌影响力，而优秀的媒介品牌又会影响受众对媒介内容的处理方式，并加重其对媒介内容的信服程度，从而提高内容对受众的影响力。”[②]根据这一理解，郑丽勇将媒介影响力的建构分为四个维度，即广度、深度、强度和效度，并将媒介影响力指数（MII）定义为广度因子（WF）、深度因子（DF），强度因子（SF）和效度因子（EF）相加的数值。在 2010 年底出版的《中国新闻传媒影响力研究报告》一书中，他又将这一指标作了一些调整，将强度和效度两类因子改成信度和高度因子，并将其改为乘法模型[③]。

蒋信成针对网络新媒体特别是 Web2.0 时代自媒体的发展现实，指出本书前引“定义都是有问题的，因为无论是在狭义还是广义层面，这两个定义都强调的是媒体向受众实行的单向影响。很显然，如果我们今天讨论媒介的影响力，用的还是单向影响的观念，实在是有问题的”。在他看来，“社交化媒体是个开放式的公共平台，人人都享有发言权，人人都享有信息传播权，而且有相当多的普通人通过这种信息渠道的技术，已经掌握了一定的话语权”，因而“在测量媒介的影响力时，如何能把参与、互动、对话作为一个重要环节考虑进来，并且安排更多的权重和更细致的指标，是传媒影响力实证研究必须要考虑的”[④]。

事实上，大多数研究者都注意到了：“进入 21 世纪后，随着网络技术深度升级，社交平台开始普遍流行，信息技术和新型算法取得突破性进展，以信息共享、智能分发和大数据为特征的自媒体时代到来，政治传播的内容、形式与路径也随

---

① 丁柏铨. 论新闻舆论传播力、引导力、影响力、公信力[J]. 新闻爱好者，2018(01)：4－8。
② 郑丽勇. 提高媒介影响力的四个着力点[J]. 编辑学刊，2012(01)：36－39。
③ 郑丽勇等. 2010 中国新闻传媒影响力研究报告[M]. 杭州：浙江大学出版社，2011：62－64,61。
④ 蒋信成. 理性互动：媒介影响力的助推器[J]. 新闻记者，2012(07)：65－68。

之发生了根本性的转变。政治之于传播的内在性、统领性和引导性,从内至外,形神兼顾,无一不足"[①],而"国家在利用互联网来寻找它们在公民社会网络中的定位,将其行为楔入后工业社会的政治观点潮流之中,这些政治观点正越来越与生活方式选择和消费价值观念——两者都是当今互联网的重要驱动力——纠缠在一起"[②]。另外,从传播的影响而言,公民个体"对于政治传播的反应,除了更加灵敏之外,也更加主动和多变。因此,政治传播的后果更难预测和把握。一个不容回避的现实是:国际范围内的政治传播在全球化和网络新媒体的推动下,正不断走向一个更透明、更多变、更日常化、更混杂和更具参与性的未来"[③]。

张涛甫提出,在互联网带来的新传播格局中,受众、渠道、象征资源、传播控制权均发生了深刻变化,这就倒逼宣传者的理念、能力、技术、管道变革,即要用"新宣传模式应对新传播语境下的挑战"。他认为:"在互联网语境下,鉴于网民集群行为的复杂性和特殊性,需要以去意识形态化的方式,运用科学的逻辑和方法,揭示网民集体行动的逻辑,在此基础上,对目标受众的态度和行为予以有效影响和引导,方能实现宣传预期。"[④]张涛甫将这种新语境下的宣传理念、策略和技术路线转变,命名为"新宣传"。

新宣传与人们熟悉的"宣传"相比,至少有几个重要特点需要强调[⑤]:一是旧宣传的目标受众是无差别的大众或者想要说服的公众,而新宣传的受众则是细分的,传播者会挑选出特定的一部分受众,针对其特征进行宣传;二是旧宣传针对大众传媒,而新宣传则使用组织报告、记者招待会等形式扩散信息;三是旧宣传的目标是改变受众的态度、信仰,促成某种行为,而新宣传的目标是保持组织的合法性,并使其能够继续生存;四是旧宣传力图使受众相信宣传所说的是真实的,新宣传关注的是"对真实的使用",一般会利用专业主义的方式,使"真实"为传播者服务。

习近平总书记早已深刻地指出,过不了互联网这一关,就过不了长期执政这

---

① 庞金友. 面对大变局时代的政治传播:革新、议题与趋势[J]. 新闻与传播评论,2019(05):22-31。
② 安德鲁·查德威克. 互联网政治学:国家,公民与新传播技术[M]. 任孟山译. 北京:华夏出版社,2010:3。
③ 邵培仁,张梦晗. 全媒体时代政治传播的现实特征与基本转向[J]. 探索与争鸣,2015(03):57-60。
④ 张涛甫. 传播格局转型与新宣传[J]. 现代传播(中国传媒大学学报). 2017,39(07):1-6。
⑤ 刘海龙. 宣传:观念、话语及其正当化[M]. 北京:中国大百科全书出版社,2013:318。

一关。“读者在哪里，受众在哪里，宣传报道的触角就要伸向哪里，宣传思想工作的着力点和落脚点就要放在哪里”。人民日报上海分社副社长、高级记者李泓冰认为，移动互联网时代，从信息垄断到信源多元，从信息爆炸到信息过剩，种种情况在提醒我们：社会权力结构以及社会治理体系正在重塑。随着社交媒体的兴起，社会信息管理模式从“全景监狱”向“共景监狱”转变，处于场域中央的管理者，不得不处在集体凝视的挑战和压力下，国家需要将大众传播适时适度引入，并将其变为社会决策中的重要参照力量。①

本书采取“有意图地传播信息”这一新宣传视角，主要试图说明：传播影响力“旨在构建意义，这些意义有可能引发与之相一致的行为”。② 其影响力的发生势必建立在接受者关注、接触的基础上，因此，传播影响力从内涵上看，是由“吸引注意(媒介及媒介内容的接触)”+“引起合目的的变化(认知、情感、意志行为等的受动性改变)”两大基本的部分构成的。③ 至少从目前的“吸引注意”这一方面，各种政治行为体都采取了不少措施，试图达致新宣传的理念、能力、技术、管道等变革。虽然新宣传从概念到理论假设、科学实证均远未达致成熟之境，但其作为一种理想类型式的研究视角，可以真正切入大变局时代影响力政治的内在本质与运作机理，深入探究其背后的逻辑、过程与困境，并进一步加以完善与提升。

本书共分六章，导语部分说明本书的主要背景、拟提出的问题、主要使用的学术资源等。第一章聚焦一个有趣的文化现象：当主流文化进入B站后，不但没有被冷落与排斥，反而获得了B站用户群体的认可与“热捧”。本书打算追问的是，由“二次元”文化独占鳌头的B站用户何以发生这样特殊的文化表现？在文化表征的过程中发生了怎样的参与文化实践？文化表征又是如何通过这些参与文化实践得以实现的？

第二章以动画《那年那兔那些事儿》为个案，将其视为亚文化群体关于爱国主义的话语表达活动，以梅洛-庞蒂的表达理论为指引、多模态的话语分析为研

---

① 参见同济大学艺术与传媒学院公众号文章：李泓冰教授受聘为同济大学兼职教授并作《“看见”的力量——从非典到新冠，看大众传播与社会治理的巨变》演讲。下载时间为2021年3月29日18：00。

② 阿莱克斯·穆奇艾利.传通影响力：操控、说服机制研究[M].宋嘉宁译.北京：中国传媒大学出版社，2009：7。

③ 喻国明.关于传媒影响力的诠释：对传媒产业本质的一种探讨[J].国际新闻界，2003(02)：5-13。

究方法，剖析作为主流意识形态的爱国主义如何通过“二次元”的形式表达出来，产生了怎样的结果，从而进一步探讨：是什么构成了青年亚文化群体关于爱国主义话语表达的内在逻辑？

第三章旨在研究互联网背景下网络游戏社群的情感传播机制，选取了大型国产 3D 角色扮演电脑客户端游戏《剑网三》（全称《剑侠情缘网络版叁》）作为个案进行分析。本书试图提出的问题是：鉴于网络游戏虚拟社区中千千万万的玩家根据相同的兴趣指引进行互动，并在互相交换资源的过程中形成群体，而这些群体与现实社会中的群体又有着一定的相似性和差异性，因而在网络游戏社群中，社群成员之间会产生何种情感？这些情感的形成与共享机制是什么？情感对维系社群的文化认同与群体团结有何影响？

第四章按照法律学者所谓“法律共同体”的理解，将江苏省常熟市税法教育基地作为政治权力下沉的官方样板，试图从学术上理解其空间化的内在逻辑并回答以下几个问题：为什么要创建税收普法教育基地这样一个空间？这个空间如何通过物质与文化的表征元素加以合理拼接与组合？税法教育基地如何以叙事或权力布局构建常熟这样的地方观众对税法的敬畏与认同？

第五章讲述了 2020 年新冠疫情期间大喇叭在张家村的演进新史即“回归”史。对大多数人而言，大喇叭是一种遥远的记忆。与色彩斑斓的新媒介相比，大喇叭功能单一，只能通过声音传递信息，常被不少人认定为一种“被时代抛弃”的媒介。那么，大喇叭为何会在乡村传播“去中心化”的时代再次“回归”？疫情为这一媒介提供了何种特殊的空间？在乡村抗疫动员活动中又发挥了何种特殊作用？

英国《金融时报》首席评论员马丁·沃尔夫（Martin Wolf）曾在前几年呼吁破解“中国谜题”。他认为，“中国的现代化进程是如何实现的？对西方人来说，这是一个根本性的谜题。”①史安斌给出了自己的回应。他认为，从近十年政治传播的实践看，传统的议程设置、公共领域理论已成为过去，“后真相”时代另类空间的兴盛已经成为新常态。破解“中国谜题”正是推进政治传播研究“行省化”的一个有力的切入点；引入中国等“非西方”国家和地区的本土理论和在地经验，

---

① 英国学者马丁·沃尔夫.“中国谜题”令西方着迷但又感到不安[EB/OL]. https://www.guancha.cn/global-news/2017-06-11-412719.shtml。

这是彻底破除西方中心论，从根本上推动政治传播的理论重建和路径重构的必然选择。[①] 本书的B站纪录片、动画、网络游戏社群、税法教育基地以及乡村大喇叭等案例正是以新宣传为观察视角，对所谓政治传播研究“行省化”努力的一个尝试。

（张健）

本章参考文献

1. 曼纽尔·卡斯特. 传播力[M]. 汤景泰、星辰译. 北京：社会科学文献出版社，2018。
2. 安德鲁·查德威克. 互联网政治学：国家，公民与新传播技术[M]. 任孟山译. 北京：华夏出版社。
3. 刘海龙. 宣传：观念、话语及其正当化[M]. 北京：中国大百科全书出版社，2013。
4. 罗伯特·西奥迪尼. 影响力[M]. 陈叙译. 北京：中国人民大学出版社，2006。
5. 詹姆斯·库兰，米切尔·古尔维奇. 大众媒介与社会[C]. 杨击译. 北京：华夏出版社，2006。
6. 埃里克麦格雷. 传播理论史：一种社会学的视角[M]. 刘芳译. 北京：中国传媒大学出版社，2009：51。
7. W. 兰斯·本奈特，罗伯特·M·恩特曼. 媒介化政治：政治传播新论[C]. 董关鹏译. 北京：清华大学出版社，2011。
8. 罗伯特·A. 达尔. 现代政治分析[M]. 王沪宁、陈峰译. 上海译文出版社，1987。
9. 罗纳德·斯蒂尔. 李普曼传[M]. 于滨等译. 北京：新华出版社，1982。
10. 苏颖. 作为国家与社会沟通方式的政治传播：当代中国政治发展路径下的探讨[M]. 北京：中国社会科学出版社，2016。
11. 郑丽勇等. 2010中国新闻传媒影响力研究报告[M]. 杭州：浙江大学出版社，2011。
12. 张学洪. 新闻传播效力的一项实证分析[J]. 新闻研究资料，1992(02)：17－19。
13. 庞金友. 面对大变局时代的政治传播：革新、议题与趋势[J]. 新闻与传播评论，2019(05)：22－31。
14. 武汉大学媒体发展研究中心，武汉大学新闻与传播学院. 中国媒体发展研究报告[C]. 武汉：武汉大学出版社，2014。
15. 喻国明. 关于传媒影响力的诠释：对传媒产业本质的一种探讨[J]. 国际新闻界，2003

① 史安斌，杨云康. 后真相时代政治传播的理论重建和路径重构[J]. 国际新闻界，2017(09)：54－70。

(02)：5 - 13。
16. 郑保卫，李晓喻，影响力公信力亲和力：新媒体环境下的党报应对之道[J]. 新闻与写作，2013(02)：35 - 37。
17. 郑丽勇. 提高媒介影响力的四个着力点[J]. 编辑学刊，2012(01)：36 - 39。
18. 邵培仁，张梦晗. 全媒体时代政治传播的现实特征与基本转向[J]. 探索与争鸣，2015(03)：57 - 60。
19. 张涛甫. 传播格局转型与新宣传[J]. 现代传播(中国传媒大学学报). 2017，39(07)：1 - 6。
20. 史安斌，杨云康. 后真相时代政治传播的理论重建和路径重构[J]. 国际新闻界，2017(09)：54 - 70。
21. 刘建明. 新闻传播的十种影响力[J]. 新闻爱好者，2019(11)：4 - 8。
22. 宋兆宽，宋歌. 新闻舆论传播力、引导力、影响力、公信力的概念辨析[J]. 采写编，2018(03)：31 - 33。
23. 蒋佶成. 理性互动：媒介影响力的助推器[J]. 新闻记者，2012(07)：65 - 68。

第一章　文化边界的跨越与接合

哔哩哔哩视频弹幕网站（以下简称“B 站”）以 ACG[①] 等动漫文化作为主要的生产内容，以 UGC[②] 作为其主要生产机制，以“弹幕”评论的“抱团”观看模式，吸引了大量的 ACG 文化爱好者；凭借着不断丰富的视频内容和日益多样化的视频种类，B 站也成为了 90 后、00 后的常驻大本营。

90 后、00 后用户群体作为“二次元”文化的实践者与支持者，一度被看作是与主流文化相悖的青年亚文化群体，而该群体所追求的 ACG 作品也一度被认为与主流人群的审美旨趣相去甚远，这一点不仅体现在视频内容的创作上，更体现在 ACG 作品对美学趣味的总体把控、叙事环境的架空化、叙事手法的夸张化以及价值内涵的单向化等文本特点上；这些特点不仅被看作是 ACG 作品的共有特质，同时也被认为是 B 站用户群体所共有的集体审美特征。基于此，不少论者往往有意将 B 站的文化特征与主流文化相对立，而 B 站用户群体也被贴上了“御宅族”“叛逆者”“异己”“低幼化”等身份标签[③]。“就在几年前，‘二次元’文化还不太被主流社会所接受，一提到游戏、动画、漫画之类的名词，总是让人和玩物丧志之类的负面印象联系起来”[④]。

然而自 2016 年以来，以传统文化为题材的作品不断在 B 站上受到追捧。2018 年 1 月上线的微纪录片《如果国宝会说话》更是成为 B 站的“爆款”作品，豆瓣评分高达 9.5 分，被网友誉为“5 分钟中华文明简史”。于是乎，越来越多的文

---

① ACG 是动画、漫画、游戏的英文首字母缩写，即 Animation、Comic、Game。

② UGC 是 User Generated Content 的缩写，指用户原创内容，是一种用户使用互联网的新方式，即由原来的以下载为主变成下载和上传并重。随着互联网运用的发展，网络用户的交互作用得以体现，用户既是网络内容的浏览者，也是网络内容的创造者。

③ 曲春景，张天一. 网络时代文化的断裂性和连续性：“B 站”传统题材作品的“爆款”现象研究［J］. 现代传播，2018，40(09)：86－92。

④ 陈龙. 转型时期的媒介文化议题：现代性视角的反思［M］. 上海：上海三联书店，2019：241－242。

化界人士关注到一个有趣的现象：当主流文化进入B站后，不但没有被抵抗与反击，反而获得了B站用户群体的巨大认可，受到了他们的热情拥抱与激情“点赞”。不少年轻观众表示，“短小、精致、厚重又温润亲近，看完每一个文物都好想要啊”①。央视副总编辑张宁在采访中介绍到，“这部作品的创新点，就是以更加贴近大众的年轻化表达，吸引更多观众尤其是青少年观众关注文物里的中国，激发他们对于中华文明的探索欲望。”②这部作品因其叙事表述与“出身”央视两者间带来了巨大的“反差萌”效果，拉近了与年轻观众的距离：

“这也太可爱太萌了吧？啊～这次纪录片的旁白解说者的声音好温暖啊。不是很正派很标准的那种播音腔或者纪录片解说腔，但是正因如此听起来特别亲近，特别温柔。”③

“如果国宝会说话，博物馆里的越王勾践剑和吴王夫差矛会不会对骂23333，想想就莫名很萌哇。”④

“可可爱爱，没有脑袋，央视爸爸也太知道B站的画风了吧，太魔性了23333。”⑤

截至2019年12月31日，《如果国宝会说话》系列微纪录片两季的播放量达到1494.4万次，视频弹幕累积数量达到10.2万⑥。有趣的是，该纪录片后劲十足，第三、第四季尚未播出时已有许多用户在群讨论中翘首以盼，希望看到更多文化的瑰宝与精华。在B站上除了微纪录片正片内容合集外，还有78个与之相

---

① 截取自豆瓣网短评[EB/OL]，https://movie.douban.com/subject/27182720/comments?start=20&limit=20&sort=new_score&status=P。

② 金力维. 如果国宝会说话第二季，错金铜博山炉“云计算”更多年轻化表达亮了[N]. 北京晚报. 2018-7-16. https://www.takefoto.cn/viewnews-1516707.html。

③ B站《如果国宝会说话》纪录片热门评论[EB/OL]. https://www.bilibili.com/bangumi/play/ep165008。

④ B站《如果国宝会说话》纪录片热门评论[EB/OL]. https://www.bilibili.com/bangumi/play/ep165008。

⑤ 截取自弹幕文本。

⑥ 数据来自 bilibili 视频弹幕网站[EB/OL]，https://www.bilibili.com/bangumi/media/md33572/?from=search&seid=5627583374268160242，https://www.bilibili.com/bangumi/media/md117072/?from=search&seid=5627583374268160242。

关的视频内容，其中播放量最高的是《国宝会说话·脑瓜蹦辅助器，用介绍国宝的方式打开|我爱的纪录片与手工耿混剪》。有学者认为，《如果国宝会说话》被追捧，是以90后、00后为主要组成部分的"纺锤体人群"[①]对原有文化身份的突破，"是'B站'用户群对原有'二次元'文化身份的涨破，超出了人们对这一群体的原有解释。这个被认为极具反叛特征的青年亚文化群体，意外地表现出对传统文化的内在兴趣和价值认同"[②]。

本研究关注的是主流文化进入B站后所受到的"热捧"现象，并对该现象进行研究，试图从B站用户群体的用户角度出发，希望借由个案《如果国宝会说话》探析"纺锤体人群"的日常文化实践：曾经消极甚至与主流文化形成对抗姿势的亚文化群体何以对主流文化的作品表露出了极大的兴趣与价值认同？这一特殊的文化表现背后原因是什么？"纺锤体人群"又通过何种方式完成与主流文化的互动？

为获得以上问题的解答，本研究试图将以下方法收集到的资料融为一体，为我所用，包括网络民族志、半结构访谈、内容分析等。通过网络民族志的方式进行参与式观察，能够更好地观察和理解文化循环理论下线上群体的文化实践；通过相关视频弹幕文本的内容分析，借由B站用户群体与主流文化的互动，能够更为直观地呈现B站用户群体文化转向的原因；对32位上传《如果国宝会说话》混剪视频的用户进行半结构式访谈，通过受访者的自述来描摹UP主在亚文化场域的文化实践，借此获知受访者自身认同建构的过程。本章将视频弹幕、访谈内容以及评论文本交相穿插，依次出现，使不同的研究资料或数据彼此"对话"，由此实现更为深层次的理解，因为"'一种文化'被视为一个孤立的、独一无二的整体并不是因为运用了文化的区别性概念的缘故，而是因为文化事实上是一个具有独立自足特征的系统，这些特征将一个共同体与另一个共同体区别开来"[③]。

网络民族志作为一种线上田野工作的参与观察研究方法，它通过网络、计算

① 陈龙. 转型时期的媒介文化议题：现代性视角的反思[M]. 上海：上海三联书店，2019：241。

② 曲春景，张天一. 网络时代文化的断裂性和连续性："B站"传统题材作品的"爆款"现象研究[J]. 现代传播，2018，40(09)：86－92。

③ 齐格蒙特·鲍曼. 作为实践的文化[M]. 郑莉译. 北京：北京大学出版社，2009：124。

机作为传播中介，获得民族志对文化或社区现象的理解和描述[①]，既是对人类生活经验的描绘，也在文化脉络中对人类的实践进行诠释，作为一种研究方式的同时，也是一种文化解释的表现形式。[②] 在虚拟的网络世界中，观察方式虽与现实有异，然而仍旧是可行的，线上网络提供了良好的潜伏环境，研究人员不仅可以作为“参与观察者”，更可以成为“参与体验者”，由此更能够把握参与到群体中的感受。[③]

B站作为一个网络上的虚拟社区，最初期主要是由热爱“二次元”文化的人们聚集而成，视频资源主要由用户上传和网站引进两部分组成；B站在作为社交网站的同时，也有属于自身的弹幕文化与弹幕礼仪，用户需要通过一定题量的B站基础知识考核才能成为正式会员，实现弹幕发送功能。需要注意的是，2016年以来，如董事长兼CEO陈睿所言，“其实B站是一个充满着反主流和反商业精神的社区，但现在我们却成为了最主流的年轻人的社区，这跟我们当时做的意图应该是差别很大的”[④]，由此必然造成B站用户群体在兴趣和价值观上的分化与冲突，亚文化场域中也就可能出现更明显的意义碰撞、互切或交互嵌入。笔者对B站用户群体的互动内容与行为方式进行了观察和描摹，考察他们的观看实践和视频实践的过程，希望能够借此分析他们的情感互动与认同建构。

半结构访谈与网络民族志有着不同的研究主旨与操作步骤。所谓“半结构访谈”，即访谈者在确定访谈主题的情况下，通过拟定一个大致的访谈提纲，与访谈对象进行一个自由的，但又“带有目的性的对话”。在半结构访谈中，对访谈对象的提问可以根据访谈对象对上一个问题的回答，进行灵活的调整。访谈者认为该问题或回答有其价值，或是能够挖掘出更多有利于访谈主题的内容，就可以同访谈对象进行更加深入的了解。访谈者也鼓励访谈对象说出自己的亲身经历与故事，因此更加有利于得到一些意想不到的内容与细节。本研究一共选取了32位在B站上传《如果国宝会说话》混剪视频的用户（即“UP主”）作为受访对

---

① 罗伯特·V. 库兹奈特. 如何研究网络人群和社区：网络民族志方法实践指导[M]. 叶韦明译. 重庆：重庆大学出版社，2016：71。

② 卜玉梅. 虚拟民族志：田野、方法与伦理[J]. 社会学研究，2012，27(06)：217 - 236 + 246。

③ 卜玉梅. 虚拟民族志：田野、方法与伦理[J]. 社会学研究，2012，27(06)：217 - 236 + 246。

④ B站简史：十年从荒无人烟到一座城[EB/OL]. https://baijiahao.baidu.com/s?id=1637478356138899908&wfr=spider&for=pc，2019 - 06 - 27。

象，主题是关于 B 站用户的观看实践、生产实践、对主流文化的态度倾向以及认同建构。访谈者根据这些受访对象的基本情况，试图让他们讲述自己在 B 站的经历与感受，进而明确他们对主流文化进入亚文化场域的态度以及在亚文化场域中的话语规则实践。由于这样的文化实践是在亚文化场域对主流文化的自发“应援”，因此，访谈者也更希望受访者能够多谈及对《如果国宝会说话》这部纪录片的了解、喜爱的过程，就此进一步讨论关于亚文化场域中文化认同和民族主义认同的建构问题。同时，为了丰富相关背景，访谈内容还会涉及受访者的大致年龄、兴趣爱好、职业等。

内容分析作为社会科学研究的实证研究方法，需要研究者基于不同的研究目的，根据一定的规则进行类目定义，将目标文本的内容归类到各个类目中（编码），建立数据，在此基础上进行统计、概括，最终作出描述、解释和推论[①]。本研究选取 B 站上《如果国宝会说话》视频弹幕为研究样本，具体的操作过程一般包含以下几个步骤：确定研究对象——确定研究假设或问题——确定抽样对象——数据获取——对抓取内容进行编码和分类——内容分析汇总。

通过对弹幕文本、评论文本和半结构访谈内容的分析，本研究不仅旨在对文化意义的碰撞、互切或交互嵌入进行考察，还重点关注了其中的微观权力规训。

一、研究设计与结果

1. B 站弹幕的研究设计与结果

弹幕，简而言之就是用户在观看视频的过程中会有字条在视频中飞过，只要观看视频的用户都会看到。在“二次元”文化中，这被认为是一种互助机制，因为弹幕不仅观看者在使用，同时也作为交流工具在观看群体中流行，而一些并不发送弹幕的观看者，有些也以观看弹幕获得乐趣[②]。在众多能够发送弹幕的视频网站中，弹幕既是一种观众的评论方式，也是用户当下情绪的宣泄通道，弹幕的

① 彭学军，媒介内容分析法[M]. 北京：中国人民大学出版社，2012：28。
② 萌娘百科[EB/OL]. https://zh.moegirl.org/%E5%BC%B9%E5%B9%95。

即时性和匿名性，使得弹幕成为观众最为直接表达自我的方式。相比评论功能，更能考察受众当时对于这部微纪录片的印象以及喜爱这部纪录片的理由。

本研究将《如果国宝会说话》第一、二两季从 2018 年 7 月 29 日零点到 2019 年 12 月 31 日零点的弹幕数据，通过均匀随机采样在大数据前提下对数据集进行采样、挖掘，保证被抽样研究的数据无偏差地表示了所有弹幕整体的情况。在抽样过程中将每集中的弹幕以 0—N（本集弹幕数）作为索引存入线性表中，并通过 Python 自带的库函数 random. randint(0，N - 1)进行均匀随机取值并保证每条弹幕被取到的概率相同，通过取到的索引对应获得被抽到的弹幕整理成合集作为研究样本。

在内容分析法中，类目建构是很重要的一部分。类目的种类可分为内容类目和形式类目两种，类目的建立就是根据问题假设的需要把数据资料进行分类、描述分析。类目建构的方法主要分为两类：一类是归纳法，根据具体的资料研究者自我总结归纳；二是继承法和结合法。这两类方法都参照已有文献和理论，再根据实际情况，总结出类目系统①。虽然对于弹幕文本的相关研究较多，但多数研究侧重于弹幕的功能用途，并不符合本书的研究目的，没有现成的类目建构可直接借鉴。因此，笔者通过对既有文献的回顾与梳理，尤其对丁依宁②、王蕊③等人的研究成果进行了细致的研读对比，加上笔者所要考察的影响观众对《如果国宝会说话》微纪录片的接受因素以及王石番在《传播内容分析法：理论和实证》当中提出的类目建构观点。笔者综合类目建构的主要方法与步骤，完成适合本次研究的类目建构如下（参见表 1 - 1）：

表 1 - 1 类目建构表

类目		涵义解释	编码来源
高频词		使用基于 Python 的开源中文分词工具 JIEBA 对采样得到的弹幕进行分词；分词后统计词频，列出其中的高频词。	借鉴自王蕊《走向大众化的弹幕：媒介功能及其实现方式》一文

① 彭增军. 媒介内容分析法[M]. 北京：中国人民大学出版社. 2012：68 - 69。

② 丁依宁. 受众的表演与想象：弹幕使用族群研究[J]. 新闻春秋. 2015(11)：87 - 95。

③ 王蕊. 走向大众化的弹幕：媒介功能及其实现方式[J]. 新闻记者. 2019(05)：44 - 54。

续表

类目		涵义解释	编码来源
弹幕文本构成	1. 纯文字	文字构成的弹幕	既有文献大都对弹幕的功能进行分类,并未对弹幕的文本组成进行分类。
	2. 纯字母	字母构成的弹幕	
	3. 纯数字	数字构成的弹幕	
	4. 纯标点	标点构成的弹幕	
	5. 组合构成	由以上两点随意组合构成的弹幕	
弹幕文本长短	1. 1—10 字符	根据 LENB 函数的定义规则,1 个汉字、1 个全角标点符号均为 2 个字符,1 个半角标点符号、1 个英文字母、1 个阿拉伯数字等均为 1 个字符	既有文献并未对弹幕的文本长短进行区分。
	2. 10 字符以上		
弹幕文本内容	1. 观点型	针对视频内容,用户主动表达自己的观点和评价,一般有实质性的内容,比较客观。	部分借鉴自丁依宁《受众的表演与想象:弹幕使用族群研究》一文。
	2. 情绪型	用户主动表达自我的情绪,内容中会出现情感词汇,比如“喜欢”“好笑”等。	
	3. 吐槽型	从视频的内容或其他弹幕找到漏洞或关键词进行切入,发出带有调侃意味的内容。	
	4. 科普型	针对视频中出现的一些事件、典故、专业名词等进行解释说明。	
	5. 互动型	和视频内容或其他弹幕进行的互动问答,或是打卡签到等行为。	
	6. 存在感型	弹幕内容和视频内容没有直接联系,如只是描述用户本人的行为。	
	7. 字幕型	弹幕内容只是简单地重复字幕内容。	
	8. 表情型	通过发送字母表情和颜文字来表达情绪的弹幕。	
弹幕语言特色	1. 网络用语	主要指网络热词,比如“央视你这么皮了吗”。	将弹幕内容通过语言特色进行分类,也有助于对弹幕的更深入理解。
	2. 粉丝话语	主要指将视频内容或制作对象当作偶像,进而运用的一系列饭圈用语,如“央视爸爸”“为央视爸爸打 call”等。	

续表

类目		涵义解释	编码来源
弹幕语言特色	3. 民族情感话语	弹幕中呈现的一些表达民族情感的语言，如“为什么我对这片土地爱得深沉”“想想还有多少文物流落海外，这都是民族的瑰宝啊，太心痛了”。	
	4. B站特色用语	弹幕中一些B站特有的用语，如“前方高能”“感谢前方野生字幕君”“23333”“66666”“空降现场”等。	

资料来源：作者根据弹幕内容整理。

数据获取。B站的每一个视频都有唯一的aid和cid。其中aid为av号，用来唯一标识每个视频，可在地址栏中获取；cid为存储在服务器中的结构化数据的唯一编号，其格式为xml，其中视频的弹幕就存储在以cid为编号的xml数据中。HTTP请求常用的可分类两种：一种是GET，用于向服务器请求获取数据；另一种是POST，用于向服务器发送数据。B站正是使用HTTP作为用户——服务器交互的基本协议，当打开一个视频时，程序自动向服务器发送GET请求进行弹幕加载，因此我们可以通过调用获取弹幕及有关内容的API解析出弹幕。

弹幕数据的挖掘如图1－1所示，可以看出其高度结构化，易于解析、清洗、储存。

```
<d p="172.77800,1,25,16777215,1581740320,0,8e6d5b92,28625152432930816">好多</d>
<d p="149.92300,1,25,16777215,1581787739,0,a1493e79,28650013928194052">死马当活马医的那种</d>
<d p="153.66500,1,25581793688,0,a46c5572,28653132578291712">重症肺炎在细胞风暴的时候会产生大量自由基，维生素C能清除自由基，因此对保护脏器和减缓炎症有显著效果</d>
<d p="15.10000,1,25,16777215,1581799192,0,21eed7bf,2867215,1581811226,0,8aac1d77,28662327777689604">米hotel</d>
<d p="209.54000,1,25,16777215,1581822889,0,e2471e0f,28668442504069124">呐呐呐</d>
<d p="11.86000,1,25,16777215,1581822921,0,788ee0a0,2866322179584">11</d>
<d p="38.24100,1,25,16777215,1581822948,0,788ee0a0,28668473202704452">没人吗</d>
<d p="18.33400,1,25,16777215,1581823566,0,d1e28197,28668797420306434">不是提升自身免疫力嘛</d>
<d p="28.38700,1,25,16777215,1581825365,0,3ec862b8,28669740477054980">吃多了还容易得肾结石</d>
<d p="102.38600,1,25,16777215,,0,7395992f,28670601812508676">双黄连怎么样? </d>
<d p="43.58200,1,25,16777215,1581827106,0,608033a8,28670653308600320">这不是朱一旦吗</d>
<d p="229.62500,1,25,16777215,1581830990,0,58feceb1,28672689750671364">9.50900,1,25,16777215,1581833372,0,73cf9f14,28673938375573504">提升免疫力不错 但治病就算了</d>
<d p="165.55800,1,25,16777215,1581836532,0,4dc5484d,28675595079516164">大神啊</d>
<d p="260.08800,1,838134,0,7746be84,28676435129401348">前面的魔鬼吧</d>
<d p="115.86700,1,25,16777215,1581838806,0,474f168e,28676787657506816">哈哈哈哈哈哈哈哈哈</d>
<d p="236.01200,1,25,16777215,1581843698,0,136a7e3e,28679352292999172">迷hotel</d>
<d p="34.92100,1,25,16777215,1581845452,0,4552a537,28680272158916610">还原剂</d>
<d p="118.94300,1,25,16777215,1581846562,0,b11b1c60,28680853743730690">双黄连副>
<d p="231.01400,1,25,16777215,1581847579,0,caa9c6c7,28681386967171076">致死量</d>
<d p="26.40300,1,25,16777215,1581848234,0,9d621ad4,28681730452881408">朱一旦? 好像</d>
<d p="254.39000,1,25,1681848771,0,9d621ad4,28682012255059972">我连门都出不去</d>
<d p="89.34300,1,25,16777215,1581848775,0,bdb3524c,28682014126243842">提高免疫力算不算预防? </d>
<d p="178.80300,1,25,16777215,1581849812576136704O2">。。</d>
<d p="57.05900,1,25,16777215,1581850609,0,1b521c06,28682975662571522">搞不懂</d>
<d p="125.45700,1,25,16777215,1581850660,0,d5dcac7f,28683002650820608">说双黄连副作用的那个小/d>
<d p="208.01000,1,25,16777215,1581850681,0,edfb2df6,28683013213650944">? ? </d>
<d p="79.60100,1,25,16777215,1581851069,0,3b3b1241,28683216739631106">便宜、</d>
<d p="19.52500,1,25,16777215,52102,0,7b49491,28683758274609156">好像许晋亨</d>
<d p="31.94800,1,25,16777215,1581852151,0,aea53af2,28683784056995842">强行像</d>
<d p="5.39900,1,25,16777215,1581853308,0,693ec7ab,28684390940278觉有点像朱一丹</d>
```


图1－1 弹幕数据图

本研究通过Spider爬虫技术模拟B站网页获取、加载弹幕的过程，通过编写的爬虫代码，爬虫伪装成正在观看视频，以便从网站服务器端读取包含了弹幕的结构化数据。Spider 爬虫技术可用于获取网站服务器中的数据，因此广泛应用于数据挖掘、大数据分析、信息检索等研究用途，其包括以下几个工作模块（参见图 1－2）：A. 引擎：该模块用于控制以及协调爬虫中各个模块的工作，在遇到各种情况时能够合理反馈与调度；

B. 爬虫：该模块可向 B 站的服务器发起请求并提取弹幕有关的原始数据；

C. 数据清洗：该模块用于爬虫抓取的格式化数据进行清洗，获取出有用的数据存储为方便阅读、分析的格式；

D. 数据缓存：用于暂存爬虫从服务器抓取的数据。

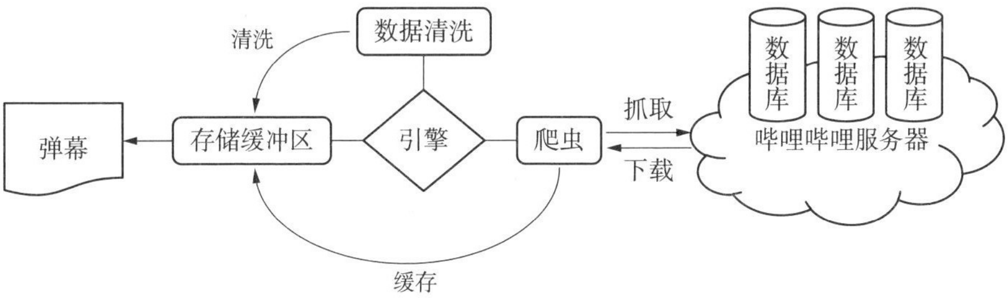

图 1－2 数据采集基本框架

该框架数据流如下：

A. 引擎打开哔哩哔哩网站，通过 API 以 aid 作为参数请求获取对应的 cid；

B. 引擎提供根据 cid 从网站中获取 xml 地址；

C. 引擎将 xml 地址作为参数传给爬虫程序，爬虫完成抓取下载并缓存至存储缓冲区；

D. 引擎关闭与 B 站的链接；

E. 数据清洗模块对存储缓冲区中的结构化文件进行清洗；

F. 引擎驱动下将清洗过的文件以 CSV 格式持久存储。

基于上述的爬虫框架，本研究获取了《如果国宝会说话》两季共 50 集的视频弹幕文本数据，并对其进行内容分析。

编码信度。在完成数据的抓取后，对抓取出的弹幕样本根据编码手册进行编码，为了保证编码结果的客观性和科学性，本研究招募了三名编码员，三位编码员分别来自上海大学、中南大学和墨尔本大学的在读研究生和本科生。在经过培训后，编码员能够独立完成编码工作。

在对样本进行编码后，需要对信度进行检验，以此来保证内容分析的结果具有可靠性、客观性和科学性。虽然编码的信度可以手算，但是由于本次样本量较大，编码者也较多，手算容易出现误差。因此本研究使用软件程序进行信度检验，抽取了样本总量中的 500 条样本①，在统计软件 SPSS 中进行了 Kappa 的计算，统计出来的数值结果为 0.715，由于本研究的计算方式剔除了偶然一致性的结果，但也符合人们公认的信度大于 0.70 的标准。

编码表。在内容分析的过程中，编码表作为重要的测量工具，将每一个编码指标都对应到了相应的分类中，每一种测量结果也有其归属的类别，因此编码表整合了分析单位里所有的信息。本研究将 2018 年 7 月 23 日至 2019 年 12 月 31 日零点的弹幕进行抽样，最终抽取 5000 条弹幕，将每一条弹幕文本作为内容分析(见表 1－2)。以组成弹幕文本的具体内容为分析单位，用内容分析法从弹幕文本内容这个维度进行研究。其中包括了弹幕中的高频词、弹幕的文本构成、弹幕长短、弹幕内容分类、弹幕语言特色等进行统计分析。

表 1－2　弹幕文本构成

	弹幕条数	百分比
纯文字	3244	64.88
纯字母	16	0.32
纯数字	55	1.1
纯标点	367	7.34
组合构成	1318	26.36
合计	5000	100

资料来源：本书作者整理。

根据本书研究目的，将按照弹幕文本内容进行编码。编码发现如下：

一是在 5000 条弹幕中，最长的一条弹幕拥有 50 个汉字(即内容为一个哈字

① 彭曾军. 媒介内容分析法[M]. 北京：中国人民大学出版社，2012：102。

打了 50 遍），内容最短的为 1 个字（即“！”）。其中，10 个字符以下的弹幕条数有 1615 条，占到样本总数的 32.3%，10 个字符以上的弹幕有 3385 条，占到样本总数的 67.7%（见表 1-3）。

表 1-3　弹幕文本长短

	弹幕条数	百分比
1—10 字符	1615	32.3
10 字符以上	3385	67.7
合计	5000	100

资料来源：本书作者整理。

二是位居前列的高频词依次为：查收、哈哈哈、文案、可爱、厉害、太、就是、很、去、我们等。这些高频词或是与片中的内容进行互动，或是针对片中的内容或后期制作情绪色彩浓厚的主观评论（见图 1-3）。

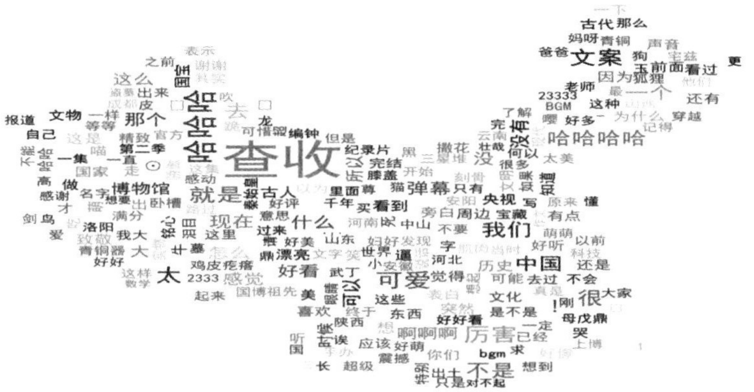

图 1-3　《如果国宝会说话》弹幕词云

三是在弹幕的文本内容分布中，观点型的弹幕和互动型弹幕最多，有 1993 条和 1892 条，占样本的 39.86% 和 37.84%；字幕型弹幕位居第三，有 324 条，占比 6.48%；吐槽型弹幕 330 条，占 6.6%；情绪型弹幕有 206 条，占到 4.12%；表情型弹幕有 108 条，占比 2.16%；科普型弹幕有 87 条，占比 1.74%；存在感型弹幕占比最低，为 1.2%，仅有 60 条（见表 1-4）。

表 1-4 弹幕的文本内容

	弹幕条数	百分比
观点型	1993	39.86
情绪型	206	4.12
吐槽型	330	6.6
科普型	87	1.74
互动型	1892	37.84
存在感型	60	1.2
字幕型	324	6.48
表情型	108	2.16
合计	5000	100

资料来源：本书作者整理。

四是在对5000条弹幕逐一编码后，发现3768条含有语言特色，其中含有网络用语特色的弹幕有817条，占比16.34%；粉丝话语的弹幕有1081条，占比21.62%；民族主义用语的弹幕条数有904条，占比19.32%；B站特色用语的弹幕条数有904条，占比18.08%(见表1-5)。

表 1-5 弹幕的语言特色

	弹幕条数	百分比
网络用语	817	16.34
粉丝话语	1081	21.62
民族主义用语	966	19.32
B站特色用语	904	18.08
合计	3768	75.36

资料来源：本书作者整理。

2. 对32位UP主的半结构访谈

为更加了解B站用户群体的媒介实践过程，本书作者通过B站的私信功能，征集到了一批访谈志愿者。在32位访谈对象中，只有一位是80后，其余对象均为 90 后、95 后和 00 后。这些访谈对象来自全国各地、各行各业，有些还是学生，职业有保险销售员、教师、电视台编导等。从表 1-6 中可以看出，一半的受访者都热爱看动漫，而且大部分都喜爱日本动漫。同时，部分受访者还有自己热衷的偶像，从访谈中也可以看出，他们制作视频的初衷也是为了给自己的偶像聚集人气，"蹭"一下微纪录片的热度。

表 1-6　访谈对象基本信息表

序号	访谈对象	年龄	兴趣爱好	访谈时间
1	AJ	95 后	编程、篮球、动漫（神的笔记本）	2020-1-17
2	GSL	95 后	动漫（玉子市场）、健身、追星（郑云龙）	2020-1-17
3	LDH	90 后	足球、听歌、打手游（吃鸡）	2020-1-19
4	GES	00 后	听歌、看动漫（海贼王）	2020-1-19
5	HL	95 后	听音乐、看动漫（魔法少女小圆）	2020-1-19
6	QTDZ	85 后	剪视频、看电影	2020-1-20
7	YZJ	90 后	听歌、音乐剧、追星（周杰伦）	2020-1-20
8	NN	95 后	看动漫（银魂）、绘画、旅游	2020-1-20
9	HAT	95 后	听歌剧、追星（声入人心全员）	2020-1-21
10	JBY	95 后	看漫画（银魂）	2020-1-21
11	LYZ	00 后	绘画、看动漫（异度侵入）	2020-1-21
12	BJ	95 后	看电视剧、看脆皮鸭文学	2020-1-22
13	DOGE	00 后	玩游戏（王者荣耀）、看动漫（虚构推理）	2020-1-22
14	ZBYS	90 后	唱歌、看书	2020-1-23
15	YXS	95 后	写小说、看动漫（夏目友人帐）、看纪录片	2020-1-23
16	XHJ	95 后	做手工、看动漫（妖精的尾巴）	2020-1-23
17	LG	95 后	看电影、洛丽塔服饰	2020-1-27
18	XJDHT	95 后	汉服	2020-1-27
19	LH	00 后	绘画、打游戏（腾讯系列游戏）	2020-1-27
20	DMAS	00 后	看电影、看纪录片、看动漫（四月是你的谎言）	2020-1-28
21	BY	95 后	打游戏（王者荣耀）、做手账	2020-1-29

续表

序号	访谈对象	年龄	兴趣爱好	访谈时间
22	HY	00后	看动漫（火影忍者）	2020-1-29
23	MXH	95后	刻橡皮章、看动漫（摩卡少女樱）	2020-1-30
24	KENI	00后	看科幻小说	2020-1-30
25	FM3A	90后	看动漫（歌舞伎町夏洛克）、手工	2020-1-30
26	MC	95后	打游戏（阴阳师）、英国文化	2020-1-31
27	AZTL	95后	看动漫（那年那兔那些事）	2020-1-31
28	CZ	95后	看漫画（柯南系列）、看纪录片	2020-2-1
29	MY	00后	看电影、打游戏	2020-2-2
30	QKQ	95后	相声、传统乐器	2020-2-2
31	SQZR	00后	做饭、玩游戏（吃鸡）	2020-2-3
32	JMR	00后	玩游戏（吃鸡）、看漫画（小林家的龙女仆）	2020-2-4

资料来源：本书作者整理。

“做这个视频就是觉得挺好玩的，然后也是因为我喜欢郑云龙，他长得太像三星堆人像了，有一点想借此出圈的想法。”（GSL）

“刚好我特别喜欢这部纪录片，也很爱看《声入人心》这档节目，之前在B站就看到有姐妹剪了《声入人心＊我在故宫修文物》，所以就也剪了这个视频，希望向梅溪湖姐妹安利这部优秀的纪录片，也希望借着这部纪录片，向大众安利36个梅溪湖之子。”（HAT）

在访谈中发现，虽然这些受访者的B站账号级别以中高级为主，并且长期混迹于动漫区、游戏区的用户占了大多数，但他们并不排斥主流文化的作品进入B站，甚至相当欢迎；更有甚者认为这是一个“二次元”阵地扩大发展的必然趋势，他们乐于见到这种变化，也欣然接受。

“在B站有主流文化一点也不违和，在一个综合性视频网站，主流文化、亚文化都应该涉及才对。”（LDH）

“我非常支持B站引入，‘二次元’文化中也包含历史的种种特色，我很

支持这种做法。”(HL)

“B站已经从中国的nico nico逐渐变成了中国的YouTube。从这时开始B站已经不仅仅是‘二次元’文化阵地了，它更是中国新一代人的‘精神宝库’，是各种文化的聚集地，所以主流文化的进入是B站发展路上必不可少的，也必然发生的。”(DOGE)

但也有部分受访者对这种现象和趋势感到不满，认为这是亚文化向主流文化的妥协，并不乐于见到这种场景，但也承认这是大势所趋、无法阻挡。

“讲实话，第一反应我会觉得B站官化了，并不是以前那个B站了，有点失望，它还是没有逃过官方。有点没骨气。它为了更迅速的发展，走向一棵最牢的大树，但树大根深，它受的束缚将会越来越多，我不知道还能在这里待多久。”(BJ)

虽然对于主流文化进入亚文化场域的态度各有不同，但受访者都强调，他们对纪录片中文物的欣赏与喜爱都是一种民族情感和文化认同的投射。

“我国五千年的历史文化沉淀了许多惊艳的部分，这些文物就是这些部分的一个小小的缩影，终于理解了小时候课本里说的‘油然而生的自豪感’这句话。”(ZBYS)

“这部纪录片很容易让人情感代入，确实让我对中华传统文化感到骄傲。”(XHJ)

“这部纪录片所呈现的本国文化中优秀的一面，我都感到由衷的自豪与认同。”(DMAS)

而且，在观看微纪录片以后，一些受访者表示：“自己是看到首页推荐才点进来看的，但是看了一集以后就无可救药地迷上了，疯狂给别人安利”(GES)，另一些受访者则会留意到身边的博物馆，“也更愿意去走走看看，以前只觉得文物无聊枯燥，现在会更关注背后的文化内涵”(YXS)。还有一位受访者(JMR)正在读高二，他说：会因为这部微纪录片考虑日后的大学专业往文物类方向报考；这部微纪录片在很大程度上影响了他对于文物的态度。

二、主流文化与“二次元”文化的“接合”

文化研究中的“接合”（Articulation）也被译作“勾连”或“耦合”[①]，经由拉克劳、霍尔、格罗斯伯克、丝莱可（Jennifer Daryl Slack）等人的阐发与运用，成为一个富有理论与现实意义的概念。珍妮佛·斯莱克（Jennifer Daryl Slack）和J. 麦基高·怀思（J. Macgregor Wise）总结说：“接合可以理解为不同要素随情况而变的连接，当这些元素以特定方式连接的时候，就形成了一个特殊的统一体”[②]。用来解释“接合”的形象而经典的隐喻是霍尔提出的“铰链式卡车（货车）”：“一种前体（驾驶室）和后体（拖车）可以但不一定必须彼此连接的卡车。两个部分相互连接，但要借助一个可以断开的特殊的环扣。因此，接合是一种连接形式，它可以在一定条件下让两个不同的元素统一起来。环扣并非总是必然的、确定的、绝对的和必需的。”[③]根据这一总括和隐喻以及其他相关阐述，至少可以从三个层面来理解“接合”：第一，接合是一种不必然的连接方式（manner）。接合带有一定的任意性和偶然性，在那个隐喻中，驾驶室可以和拖车连接，也可以和搅拌机或大炮等连接。这体现了权力运作的复杂以及作为人的能动的可能。第二，接合是一个动态的过程（process）。接合“并非总是必然的、确定的、绝对的和必需的”，接合的要素在这一刻是接合的，在另一语境下可能就“去接合”（disarticulation）了，再在另一语境下可能又重新接合或“再接合”（rearticulation）。“接合”是流动与变化的过程，与“接合”相关的各方主体都有能动的余地，其施加的控制、抵抗、协商、共谋等等意图或行动都会对接合的过程产生影响，生成不同的意义。第三，“接合”是一种“差异中同一”的情状（state）。这是从“接合”的结果而言的，诸要素暂时地“接合”成同一状态。它们也不是强扭的关系，强扭就无法形

---

① 徐德林. 重返伯明翰[M]. 北京：北京大学出版社，2014：306。

② Jennifer Daryl Slack & J. Macgregor Wise. *Culture and Technology: A Primer* [M], New York: Peter Lang, 2015, p. 152.

③ Lawrence Grossberg(eds). On postmodernism and Articulation: An Interview with Stuart Hall [J], *Journal of Communication Inquiry*, 1986(10): 45 - 60. 此处译文来自于：徐德林. 重返伯明翰[M]. 北京：北京大学出版社，2014：311 - 312. 只是将其文中的“接合”改为“接合”。

成同一。他们更可能的关系是混杂，交渗互透，但从中也能辨识差异，体现出诸要素间的互相施为，而非一方统治、同化或控制另一方。在这种混杂中，“接合”的诸要素虽然还保有一定的个性，但已在语境中受到彼此的影响，不复原初样态，这正是“接合”的重要意义所在。主流文化与“二次元”文化之间互渗、混杂而又“你中有我”，“我中有你”的“接合”也许正是《如果国宝会说话》备受追捧背后的原因所在。

1. B站“二次元”用户群体规模的扩大

B站作为以“二次元”文化起家，当下所展现的印象依然是“‘二次元’视频社交网站”，自然B站用户群体的身份标签也与“二次元”有关。然而，随着“二次元”产业在中国的迅速发展与娱乐产业的崛起，ACG文化产业及其衍生的产品数量不断上升，B站用户群体规模也在不断扩大。艾瑞咨询曾发表了《2015年中国二次元用户报告》，并在报告中称，仅2015年，中国就有将近6000万核心“二次元”用户，而泛“二次元”用户的数量更是达到了1.6亿①。2018年3月B站在纳斯达克上市后，一季度的用户活跃数量达到7750万②。而到了2019年11月，B站的全年月活跃用户数量已经达到1.2—1.3亿③。在业界所公布的数据中，中国近几年的“二次元”用户都已经达到上亿。而这背后的原因，恐怕要归功于将B站所有的相关产业归属于“二次元”产业，将参与到这些产业中的B站用户都划分到“二次元”用户这一群体类目中。DT财经曾于2019年5月作过相关的调研报告，发现当下B站15个视频分区中，累积播放数量和投稿件数最多的三个区分别是游戏、生活和娱乐④，番剧已经跌至第五，曾经一统江湖的“王者”已经显出颓势。从这一维度而言，当B站已经开始与由“二次元”文化主导的格局渐行渐远。基于此，B站用户被贴上“二次元”的身份标签，也更加有待

① 艾瑞咨询. 中国二次元用户报告2015[EB/OL]. https://www.iresearch.com.cn/Detail/report?id=2480&isfree=0。

② 浮生. B站IPO后首份财报：一季度营收8.68亿元，游戏收入占比下降[EB/OL]. 每日经济新闻. https://baijiahao.baidu.com/s?id=1601346007630487409&wfr=spider&for=pc。

③ 天恒. 日均使用时长83分钟，B站陈睿：对整体用户增长的数字乐观[EB/OL]. 新浪科技. https://www.ithome.com/0/457/850.htm。

④ 陈诗雨. 我们研究了B站，发现它很不“二次元”[EB/OL]. https://www.chinaz.com/2019/0508/1014773_2.shtml。

商榷。

用户规模的扩大，不仅仅是对“二次元”文化场域的冲击，同时也带来大众文化与亚文化的碰撞冲突。在笔者所访谈的32位UP主中，有超过半数的受访者表示他们作为“二次元”爱好者的同时，在网络和生活中也有着自己的兴趣爱好和喜爱的视频类型，“二次元”或是番剧不再是他们唯一的兴趣取向。同样，他们对于自身所持有的“二次元”标签也表现出疑惑，一些受访者并不认为自己就是资深“二次元”爱好者，对“二次元”的爱好仅限于日常的观看，并不会进行更多的消费行为。甚至还有10位受访者表示，自己接触B站并非因为“二次元”，而是有更多别的原因。

“接触到B站是因为番剧，后来也开始看一些吃播、生活向的UP主的视频，还有就是鬼畜和游戏教程。”(NN)

“更番的时候肯定是要看的，但是不更番的时候也有很多视频啊，像我自己固定看的nya酱、密子君、华农这些，甚至学习视频也有很多，B站是全国最大的‘学习网站’嘛…”(BJ)

“番剧虽然在看，但是真要我玩个cosplay啥的，那还是算了。”(YXS)

“我是因为喜欢B站无广告、免费才使用的，对比其他视频网站，B站的操作深得我心，充个大会员也很值得。”(QTDZ)

“二次元”文化大概分为三个圈层：核心——外围——弥散。三者的关系由“核心”圈层逐渐向“外围”圈层进行扩散，越是处于外围，则对“二次元”文化的认同与情感越呈现递减趋势，反之越趋近于核心位置，对“二次元”文化越具有身份认同与群体归属感。处于弥散圈层的“二次元”爱好者作为人数最多的一个群体，本身只是将“二次元”文化作为日常生活的娱乐消遣活动，而另外两个圈层的爱好者虽然人数较少，但更为努力地践行着“二次元”文化的价值观念和行为方式，因此也在圈层中更具有号召力和影响力。但B站用户规模的急速扩大，冲淡了“二次元”爱好者的圈层结构，另外两个圈层的用户在文化实践中，势必需要与更多的其他用户进行接触和了解。“二次元”圈层不断进行着分层流动与扩散，伴随着不断涌入的新用户和主流文化的冲击，亚文化也开始逐步向主流文化进行靠拢。

2. 主流文化对亚文化群体的形塑

后亚文化理论认为，当下的亚文化群体对主流文化的抵抗已经不同于伯明翰学派时期的群体抵抗，二者之间的关系趋向复杂，并非仅仅是“抵抗与收编”的关系。显然，本研究首先需要关注是什么样的动力因素推动了B站用户群体对主流文化的作品产生了极大的兴趣与价值认可。笔者发现当下的社会环境仍旧以主流文化作为导向，这就导致了B站用户群体文化承接的连续性，他们不可能彻底“断裂”同民族文化之间的联系；而随着B站用户群体规模的扩大和亚文化寻求主流文化的肯定与认同，都导致了这一特殊文化表现的发生。

前文通过对《如果国宝会说话》弹幕内容进行内容分析，发现位居前列的弹幕高频词依次为：查收、哈哈哈、文案、可爱、厉害、太、就是、很、去、我们。其中“文案”位居高频词汇的第三位。在对32位UP主的采访中，笔者也发现，有19位受访者表示，被这部微纪录片所吸引或者热爱这部微纪录片最主要的一个原因来自于该片的文案部分。不仅于此，在B站的专栏中，笔者还发现了大量由网友整理出的该片文案文字版，诸如此类的专栏都受到了网友的好评。

> “其实就是文案特别好，这个文案太走心了，有些句子真是一听就记住，看一眼就爱上。也没有整一些花里胡哨的东西，央视爸爸的实力不是瞎说的。”(XHJ)
>
> “我和我同学都是语文老师推荐过来看的，写文案的老师太厉害了，语言很凝练，每次看都恨不得拿着小本子把每句话记下来用到作文里。”(HY)

不少学者将这部微纪录片成功的最大原因归功于节目组的“萌”化表达这种贴近青年亚文化群体的表达方式。诚然，这的确是该片的一大看点，很多初看该片的观众都会感叹文物们的憨态可掬。但通过访谈与弹幕内容的分析，笔者发现更多的观众倾心于该片的文案。B站作为一家以动漫起家的视频网站，将ACG文化作为主要内容，扩大传播，吸引受众。而B站的用户群体也以年轻人为主，根据B站CEO陈睿的说法，28岁以下的B站用户在B站总用户中占比

82%，每 4 个 90 后或是 00 后的网民中，就有一位是 B 站的用户①。可以想见，B 站的年轻用户数量之庞大。原本以为会被“萌”系创作所吸引的 B 站用户群体，反而被最符合主流文化表达方式的文案所吸引，这是一个出乎意料的结果。作为我国青年亚文化群体的重要组成部分，B 站用户群体一直被认为是一群“离经叛道”的人，他们与主流文化的审美相去甚远，而他们自身所创作的作品又因其脱离现实社会等因素而时常显现出“圈地自萌”的状态。基于这样的现实，人们对于 B 站用户群体的认识就很容易将其放在主流文化的对立面，成为不屑与主流文化交流的“逆反者”。

然而随着一系列类似《如果国宝会说话》的主流文化作品在 B 站的走红，人们不得不重新考察 B 站用户这一群体所潜在的文化可能性。值得反思的，既有文献对于 B 站用户群体的解读是否过于单一化、片面化？限于用户群体普遍年轻化以及受到伯明翰学派“阶级压迫与反抗”理论视角的阐释，是否可能存在对 B 站用户群体产生误读？

> “喜欢这个片子和我混‘二次元’并不矛盾吧我觉得，毕竟我是中国人啊！”(CZ)
>
> “虽然我追韩星，看日漫，也喜欢看美国队长这些，但这不代表我不爱自己国家的文化呀，而且是打心底里自豪的那种。”(AZTL)
>
> “爱国、爱民族文化是我的底色吧，其实没必要觉得奇怪，这些并不冲突，就算有冲突，我也肯定站在自己的国家、文化这边。”(LH)

虽然 B 站用户群体通常会流露出不同于主流文化受众的群体特征，但并不妨碍 B 站用户群体对于主流文化作品的价值认同，这很大程度上源自他们看似差异性文化表象下对主流文化的连续性承接。

福柯曾经提到“断裂”这一概念，用来形容各个时期历史文化的断裂、非连续性现象。因此，这一概念也被运用在对 B 站用户群体的解读中，把他们所呈现出的青年亚文化特征认为是与主流文化的“断裂”。然而这样的解读并非对福柯所

---

① 庄怡. B 站陈睿：每四个 90/00 后网民就有一个 B 站用户[EB/OL]. https://baijiahao.baidu.com/s?id=1620427010114627683&wfr=spider&for=pc，2018-12-21。

提概念的完整诠释，过分强调B站用户的文化“断裂”与“异质性”的同时，很大程度上忽略了文化所具有的内在连续性。福柯曾经在《知识考古学》中提及，“连续的历史作为一个对主体的奠基功能必不可少的关联体，这个主体保证把历史遗留掉的一切归还给历史”[①]。在整个社会交往与日常活动中，话语和主体内部的视域有着千丝万缕的共同性。话语将每个个体进行有效连接的一种方式，便是将学校、家庭以及社会等构成一张强大的联系网络。某些新事物的出现所造成的断裂性，往往只是出现于社会文化的某一个层面，并非能够完全渗透至整张大网。B站用户群体，虽然在表达方式的“表象”下看似与主流文化的受众格格不入，然而，在其生存的社会中，四周传递而来的信息与知识很大程度上来源于民族文化的涵化与嵌入。即使因为新事物的出现导致某些层面的断裂，但因为其内涵的足够丰富与稳定，仍旧会在社会实践中，对每个个体的行为活动和思想方式，形成一定程度的影响。

中华文化经过五千年的岁月沉淀与日常生活言语的积累锤炼，其民族文化内涵早已深入中国社会的各种实践活动之中，并且随时随地提醒着话语使用者的身份意识，丰富着他们的知识储备，构建着他们的心理活动方式。不论B站用户群体如何的“二次元”化，都不可能完全与现实社会的交往活动完全撇清。他们可以在自己的圈子中开展活动，但并不能阻隔来自主流社会的日常活动。这批年轻的人群受到来自学校的、家庭的、社会的观念沉淀，这些来自主流社会的话语依然在不断塑造和影响着他们的认知结构，在他们的成长过程中不断雕刻或框限他们看待世界的方式，营造着他们的审美知觉、审美判断，最终内化进入他们审美趣味的内核。最终这些弥散在社会交往与日常活动中的主流社会话语，促成了B站用户群体所呈现的表象差异下的价值认同。

3. 寻求主流文化的肯定与接纳

从后亚文化视角来看，互联网的到来消解了原先的社会结构与秩序，模糊了时空的界限。通常，人们因为某种兴趣爱好聚集形成群体或社团，也因为互联网空间更具有隐蔽性，而成员之间的身份流动也成为可能。自20世纪80年代以来，随着多元文化对一元文化的取代，对主流文化、政治体系或成年文化的单一

---

① 米歇尔·福柯. 知识考古学[M]. 谢强、马月译. 北京：生活·读书·新知三联书店. 2003：15。

反抗也在逐渐消失[①]。因此，在后亚文化的理论中，亚文化与主流文化的关系并非一成不变、水火不容，二者之间依然存在着可以对话、协商的空间。

伽马数据的行业报告显示，中国的“二次元”用户规模在2018年已经达3.7亿[②]。排除00后占比的15.8%，其余年龄段(80后到95后)占比84.2%。可以推断，在过去的一段时间，80后、90后还是作为学生、孩子的身份，在现实世界中，他们被更强势的主流阶级和文化所掌控，因此更为渴望塑造属于自己的世界。他们积极投入到“二次元”世界的营建中，建立起“次元壁”，通过与主流社会割席的方式进行着仪式性的抵抗。然而，随着年龄的增长，他们当中的许多人已经长大成人，步入现实世界，成为社会中的中流砥柱，他们无法再将自我与社会进行隔离。回避不再是解决问题的途径，在主流意识形态对亚文化的形式管控与内容治理愈加严格的当下，他们的身份需要被主流社会所接纳与认同，同时他们也希望告诉外界，“二次元”文化并非洪水猛兽，自有其乐趣，希望更多人能够了解和采纳。因此，他们需要向主流文化靠拢。正如一些学者所说，当下的青年亚文化也在寻求各种途径与主流文化进行对话，寻求主流文化的认同与肯定。

当主流文化触及B站这片亚文化领域，B站用户群体自然愿意接过橄榄枝。凭借《如果国宝会说话》的内容制作，两者都有可能顺利嵌入彼此的文化内层。

对于主流文化来说，新一代的青年群体已经长成，他们作为领航未来文化的预备役成员，正在逐渐从传统精英人员的手中接过未来社会主体性力量的接力棒。因此，主流文化更加希望能够通过一种良性的渠道达到进入青年群体的文化圈层，按照他们喜闻乐见的接受方式、话语逻辑、审美观念、价值取向、消费习惯等生产出符合青年群体认知的文化符号，打通主流文化与亚文化互动通道的最后一道墙。

借由主流文化作品《如果国宝会说话》，凭借其视听符号的萌化表达方式，成功对接“二次元”文化中的“萌”元素，十分符合B站用户群体的解读方式。在以往的历史文物类纪录片中，文物是人类在社会活动中遗留下来的具有历史、艺术、科学价值的遗物和遗迹，这样枯燥无味的学术性语言并未获得观众的认可。

---

① 马中红，陈霖．无法忽视的另一种力量——新媒介与青年亚文化研究[M]．北京：清华大学出版社，2015：19。

② 伽马数据．二次元游戏报告：用户3.7亿，市场规模190.9亿[EB/OL]．http://www.joynews.cn/jiaodianpic/201901/2432269.html。

而该片将其萌化处理后，使之更易令B站用户群体接受，在观看的过程中也更容易产生情感，将鸮尊形容为古代的“愤怒的小鸟”，太阳神鸟金箔是新款“美瞳”，三星堆青铜人像是川版“奥特曼”，陶鹰鼎作为大名鼎鼎的“鹰酱”也同样受到了很多观众的喜爱。同时，节目组还继承了B站的鬼畜传统，在视频剪辑中，加入了鬼畜元素，通过不同的方式、元素达到萌视听的效果。对于B站的用户而言，这种萌化的处理方式显然是非常受用的，文物不再是博物馆里阴沉冰冷的物品，历史也不再是说着冗长学术的教科书式文字，转而变为轻松活泼的萌物，以更为亲近的姿态走进每个观众的心中。

三、B站用户的弹幕话语实践

1. 作为仪式的观赏共同体

弹幕这一视频互动机制最早由日本公司发明并运用于旗下的动画中。之后，国内诸如AcFun、B站等网站相继引进该种评论机制，随后各大视频网站也广泛应用了该项功能。但与其他平台不同的是，在B站发弹幕是需要经过考试的，即B站用户的账号想要实现发送弹幕的功能，必须要完成B站基础知识测验，即在2小时内回答120道涉及B站各项内容的选择题，满70分者才能获得发送弹幕资格并融入B站存在于虚拟世界的弹幕社群，否则只能游离于这个社群之外，成为一名“游客”用户。

弹幕是B站的核心功能，由此还形成了独特的弹幕文化。弹幕内容多和视频内容有关，也有很多是B站用户记录自己在观看视频时的瞬间感受，并将这些感受通过弹幕的形式分享给观看同一视频的其他用户。而当视频再次播放的时候，弹幕仍旧会存在于视频之中，之后的用户依然可以观看到前人发送的弹幕。

由此，当观众观看视频打开弹幕后，随着众多弹幕的出现，观众就能体会到20世纪众人聚集在一台电视机前，一个房间中看电视的情景体验。这种由线下发展到线上的观看氛围，皆是由弹幕中飞过的字条进行着气氛的维持，视频中的弹幕越多，代表观看的人数就越多，大家的讨论程度越热烈，气氛更浓厚；弹幕越少，也越发显得整体观看氛围与环境的冷清。发送弹幕的观看行为，正是认同亚文化的小众网民，以小群体互动的形式展开的线上虚拟仪式①。

“我认为一个人孤独地看，不如一群人一边看一边七嘴八舌来得有趣，现在我看视频已经不习惯没有弹幕了。和其他网站相比，就是B站的观看人群志同道合、兴趣相投、素质较高。”(LDH)

“开了弹幕就感觉是有人陪着我一起看，我看内容，也会看弹幕。比如我看东西喜欢一边看一边问一些内容中无法理解的东西，像内容中无法get到的点，经常能看到弹幕里有人就会问，随后就会有弹幕解答，这种感觉就和几个同学朋友坐在一起看东西的感觉差不多，我还蛮享受的。”(SQZR)

通过对《如果国宝会说话》的5000条弹幕进行分析发现(参见表1-3，表1-4)，互动型弹幕共有1892条，占样本比例的37.84%，位居弹幕文本内容分布数量的第二名，与第一名的观点型弹幕仅相差101条。由此可以看出，B站用户发送弹幕的行为，很大程度上源自弹幕的社交功能，以及在交往互动中形成的群体聚集与群体认同。作为“二次元”爱好者的聚集地，B站的弹幕更容易让这群爱好者找到与自身兴趣更为贴合、匹配的另外一部分受众，一条表达情绪的弹幕，可能就能令双方互引为知音，而随着这部分“知音”群体的扩大，B站用户也由此来获得归属与认同，形成一个线上共同体。“‘民族’在本质上其实是一种现代的想象形式，是一种社会、心理学上的‘社会事实’”②。观众在线上的观看活动，一定程度上也是为了满足一种“观看陪护”的特殊心理，两人以上的多人观看才能激发出彼此之间的观看热情。这不同于在家中观看电视时，与家人因年龄代际而产生的交流无力感，也不同于在电影院中因为环境原因而只能与朋友小声、简短地沟通。这种想象中的观赏共同体，减少了来自互联网的孤寂感，又获得了超越现实世界的沟通乐趣。

丹尼尔·戴扬曾提出“流散仪式”的概念，他认为这是一种新的仪式的发明，将大众仪式的观众转变为了电视节目的观众，并且电视作为一种媒介仪式提供

① 邓昕. 互动仪式链视角下的弹幕视频解析—以Bilibili网为例[J]. 新闻界. 2015(13)：14-19。

② 本尼迪克特·安德森. 想象的共同体：民族主义的起源与散布[M]. 吴叡人译. 上海：上海人民出版社. 2005：42。

了全新的语境[①]。视频弹幕则将这一语境进行了更新，其将用户的评论以飞快掠过的形式覆盖于视频内容之上，使得仪式的情景发生了新的变化，有些学者称这种变化为“弹幕仪式”[②]。“弹幕仪式”弥补了观众在“电视仪式”语境中的想象，观众不再需要自我想象究竟有多少人一同观看视频，在B站观看的过程中，飞逝而过的弹幕给予了观众其他用户“在场”的可视化证据，而在视频进度条下方所显示的实时观看人数和实时弹幕也成为了可视化保障（参见图1－4，图1－5），使得观众即便远隔千里也能营造出统一在场的虚拟观看体验，减少了观看时的孤独感，成为观赏共同体中的一分子。

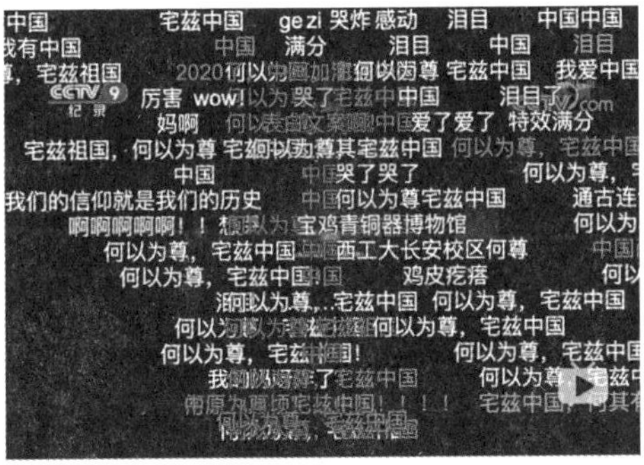

图1－4　“何以为尊　宅兹中国”

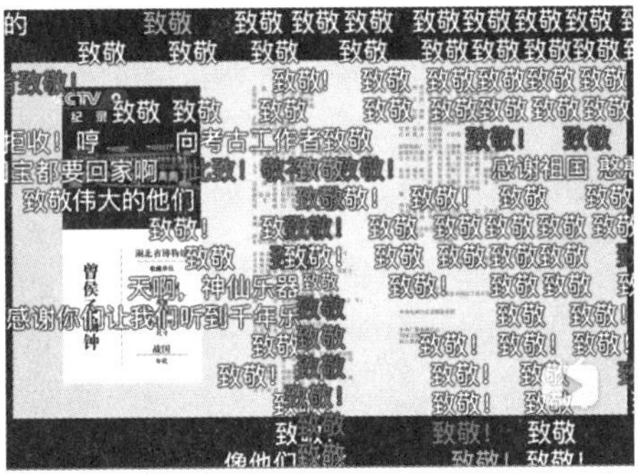

图1－5　“致敬”！

情感体验作为弹幕仪式中的核心，在柯林斯的学术名著《互动仪式链》中有明显强调：“一个人会从参与群体的互动中得到充分的情感能量。”[③]在《如果国宝会说话》中，有一句旁白是：“您有一条来自国宝的留言请注意查收”，此时视频中会出现许多“查收”字样的弹幕。通过统计，“查收”位居弹幕高频词第一名，共出现1324次，在每一集中，几乎都会掀起弹幕高潮。除此之外，一些经典的文案语句，同样能够覆盖视频内容，达到弹幕齐发的视觉效果。用户在观看与发送弹幕的过程中，对视频内容的关注点趋于同向，他们所发送的弹幕不仅是对于视频文本内容的回应与互动，更是基于情感的基础；他们被彼此的情感所吸引，越来越受到情感的支配，当视频或弹幕的内容能够引起他们共鸣时，用户几乎就会齐发

① 丹尼尔·戴扬，伊莱休·卡茨. 媒介事件[M]. 麻争旗译. 北京：北京广播学院出版社. 2000：165。
② 吕鹏，徐凡甲. 作为杂货店的弹幕池：弹幕视频的弹幕研究[J]. 国际新闻界. 2016(10)：28－41。
③ 兰德尔·柯林斯. 互动仪式链[M]. 林聚任译. 北京：商务印书馆. 2012：59。

弹幕，致使整个屏幕空间都充斥着统一的弹幕内容。如若有一人发表不同意见的弹幕，也会瞬间被其他用户群起而攻，由此用户的情绪振幅达到了高度的契合①。

《如果国宝会说话》作为一部历史文物题材类的微纪录片，全片中所展现的民族情感、文案的修饰和配乐的烘托都恰到好处，极其容易调动起用户的情绪，弹幕对民族情感的氛围营造显得尤其重要，“看到曾侯乙编钟，听到声音真的起鸡皮疙瘩，来自千年前的声音，泪目”。(MXH)每一个能够调动起用户民族情感的地方，都能够得到大批弹幕的呼应，用户的情绪在此处得以宣泄。不同时空的用户在同一个视频内容中，得到了彼此情感上的回应与互动。弹幕让用户在观看时产生了沉浸式体验：通过互联网虚拟的互动形式，用户通过话语实践找寻到群体，获得归属感，形成了观赏共同体。用户乐于见到这种民族文化的广泛传播，对于代表民族文化的文物也充满了极大的自豪感，弹幕里就会常常出现图1-4、1-5画面。

在弹幕情绪的高度渲染下，“何以为尊，宅兹中国”“此生无悔入华夏”“致敬”这样的弹幕话语纷纷组团刷屏。经过刷屏式的情感共振，众多用户群体表达着自己对民族文化的热爱与崇敬。在这样的弹幕环境中，即便是有不同的弹幕观点，也会瞬间被淹没其间。由此，用户通过弹幕仪式形成观赏共同体，经由刷屏式弹幕的情感共振，用户的情绪达到高度契合，完成了在不同时空中对主流文化的情感认同。

2. 拼贴与同构：亚文化元素与民族情感话语的互嵌

在个案的话语实践中，民族情感话语始终贯穿着各种各样的亚文化元素，体现出民族情感话语与亚文化元素的拼贴组合。“拼贴”这一概念由列维-施特劳斯提出，他认为：“作为一种连接体系，各种不同的元素可以进行即兴的拼贴，因为彼此太过于不同，就会有无数的可能，从而产生新的意义。这些作为对当下社会环境回应的‘即兴地拼凑’”，被用来在社会秩序与自然秩序中找寻新的突破口，建立起一种相似的关系，从而用来“解释”世界②。

---

① 邓昕. 互动仪式链视角下的弹幕视频解析——以Bilibili网为例[J]. 新闻界. 2015(13)：14-19。

② 迪克·赫伯迪格. 亚文化：风格的意义[M]. 陆道夫、胡疆锋译. 北京：北京大学出版社，2009：128-129。

迪克·赫伯迪格认为，所谓亚文化与主流文化的对抗，并非通过正面的、直接的挑战，而是运用风格来表达亚文化的抵抗意义。之后，约翰·克拉克对风格这一概念做了更为详实的阐释，他认为亚文化借由拼贴的方式实现了风格，而拼贴则作为亚文化的主要表征。这种拼贴方式将主流文化作为一种资源进行利用，并在实现风格的基础上对主流文化与亚文化进行区分，表达出某种认同和禁止的意义①。作为亚文化重要风格之一的拼贴，也存在两个方面的作用，其一是在传递着拼贴者本身对于一些话语形式的改写、延伸或者是颠覆，其二也在某种程度上"隐性"传递着拼贴者的内在认同②。

B站用户的"纺锤体人群"通过拼贴规则，将民族情感话语与亚文化元素进行拼贴，对文化进行整合改编，加强了文本开放性的同时，也产生了新的意义。一方面，《如果国宝会说话》点燃了用户心中对民族文化的自豪感；另一方面，B站用户群体也通过话语实践实现了对主流文化的情感表达。

如表1－7所示，用户在观看《如果国宝会说话》，进行话语实践的过程中，多次使用了具有浓厚的粉丝文化和ACG文化色彩的话语。在下表话语的表达过程中，一方面，缓解了部分传统文化题材的视频让"纺锤体人群"感到难以忍受的沉闷感，另一方面又将民族情感话语与亚文化元素进行拼贴组合，呈现出的效果也能为B站用户所接受和认同（参见表1－7）。

表1－7 民族情感话语与B站特色话语的拼贴

	弹幕举例
拟人化官方	"央视爸爸就是央视爸爸!!!""国家队凑是不一样!!""为央视爸爸打call!""央视你也太傲娇了""给爸爸跪了"
文化成就	"6666666！为什么我的眼泪充满泪水，因为我对这片土地爱得深沉""我好爱我的祖国，嘤嘤嘤，眼泪止不住""好骄傲，这才是真正的中国文化""壮哉我大中华""要多老都给你找出来，这就是文化自信""此生无悔入华夏，来生还在种花家"
萌系语言	"敲萌!""这个也太可爱了吧?""你们确定自己不是在卖萌吗?""全是亿万手办，颤抖的双手""央视卖萌犯法吗?"

资料来源：本书作者整理。

① 李彪. 亚文化与数字身份生产：快手新生代农民工群体土味文化研究[J]. 东北师大学报(哲学社会科学版)，2020(03)：1－11。

② 迪克·赫伯迪格. 亚文化：风格的意义[M]. 陆道夫、胡疆锋译. 北京：北京大学出版社，2009：128。

拼贴和同构是亚文化风格的“一体两面”。拼贴之所以能够成为亚文化的表征，主要在于拼贴虽然将看似毫不相关的元素进行整合、叠加，但它有其自身的秩序，即这种“混搭”的拼贴方式终将能够生成为一种井井有条的、完整的意义整体。拼贴的目标或效果是“同构”，通过拼贴，构成了“某种结构上的复制和翻版”①，从而达成一组想象性的关系，建立起群体内部的集体认同。对《如果国宝会说话》的弹幕进行内容分析，可以发现：虽然弹幕的表达形式各自有所不同，有些是文字表达，有些是符号或是数字，还有些是颜文字等，十分杂乱无章。心理学上有一种说法，叫“一致性需求假设”②，即寻求一致性是人类生而就有的一种心理需求。在弹幕中，同构就是在强调这种群体心理上的一致性。不论弹幕是用何种文字、符号进行表达，大多数弹幕的涵义内容都是对民族文化的认可与赞同，是对中华文化的千年底蕴的惊叹与赞美。当用户坐在屏幕前，看到大多数的弹幕内容与自己的思想、心情保持一致时，这种群体认同的心理就会得到无限放大，而群体的情感共振也会得到强化。

拼贴、同构的方式不仅体现在弹幕中，也出现在B站的UP主们运用《如果国宝会说话》的素材重新剪辑的视频文本中。视频文本的重新剪辑主要内容分为两大类：一类是重新打乱纪录片的故事播放顺序，根据UP主自己的主观意愿重新剪辑成一个新的故事序列；二是将纪录片与UP主自己所喜欢的明星、偶像或是网红的视频内容进行剪辑，从而成为全新题材的视频。

访谈对象GSL就将该纪录片和偶像明星进行剪辑，“我很喜欢郑云龙，也很喜欢《如果国宝会说话》，我将她们剪辑在一起，也是希望更多的饭圈小姐妹能关注到这部纪录片，也希望喜欢这部纪录片的人能够更多地关注郑云龙”。同时，也有将内容叙事重新打乱剪辑的UP主，“在重新剪辑的过程中还加入了一些航拍中国的素材，是为了展示祖国的文化和山川，当时看这部纪录片的时候就很激动，这才是我们国家民族应该展示出来的，而且还添加了很燃的BGM，整个视频看完自己都很热血”。(YZJ)“我特别喜欢看动漫，自己也会画，所以就把两者结合起来，做了一些国宝的动漫形象，再剪辑成视频”。(NN)

---

① 约翰·费斯克等. 关键概念：传播与文化研究辞典(第二版)[M]. 李彬译. 北京：新华出版社，2003：126。

② 迪克·赫伯迪格. 亚文化：风格的意义[M]. 陆道夫、胡疆锋译. 北京：北京大学出版社，2009：136。

文化意义的循环和再生产必须要借助外力，即它必须要进入循环并且被展演[①]。在B站上民族情感话语的展演并不少见，凸显出B站用户对于传统文化资源的熟练运用与喜爱。用户将民族情感话语与亚文化元素进行拼贴，形成了一种新的话语形式，由此也传达出了一种新的民族情感话语和心态。

在亚文化的环境中，不少动漫都有这样一种对于主角的设定，他们天生具有强大的实力，但由于各种原因无法展现，或展现实力后遭人暗算，之后历经千辛万苦，终于获得了世俗意义上的成功。在中国的历史长河中，有过造就灿烂文明的时代，也有受尽屈辱的朝代。B站用户在观看的过程中，不免将这些动漫人物的设定与现实中的历史进行联想，主角就像国家，而文物是他们的实力象征，在走向成功的过程中，有许多文物不断流失，但随着国家的发展壮大，这些文物将重回中国，历史终将过去，中华文明终会再度焕发光彩，中华民族的伟大复兴也将一定会实现。"一想到还有那么多国宝流落海外，实在心疼"，"总有一天吧，总有一天他们都会回来。"[②]

《如果国宝会说话》的故事叙述与动漫的讲述相差实在太大，但将动漫人物的设定与国家文物进行拼贴、同构，最终就会形成一组想象性的代入关系，观看《如果国家会说话》的B站用户会将国家代入主角身份，而自己则是国家的一分子，这样的身份代入也正呼应了主流集体意识。这恰恰暗合了B站用户群体所说的"此生无悔入华夏，来生愿在种花家"的弹幕内容，实现了亚文化元素与民族情感话语的互嵌。

3. 亚文化认同让位于民族文化认同

《如果国宝会说话》微纪录片与其中的文物在B站受到热捧，由B站官方举办的国宝"拟人"大赛也受到许多B站用户群体的簇拥。或是给文物设计拟人的动漫形象，或是制作文物表情包，俨然要将这场关于文物的狂欢进行到底。但从受访者的访谈来看，看似他们将文物与自身所喜爱的动漫、表情包等进行无差别的对待，但实际上，他们对于文物的热爱源自民族文化的认同与自豪感。

---

① 扬·阿斯曼. 文化记忆：早期高级文化中的文字、回忆和政治身份[M]. 金寿福、黄晓晨译. 北京：北京大学出版社. 2015：148。

② 内容来自弹幕文本。

“我倒真不是为了拿那些奖金，纯粹就是想做些更有意义的事情，我们的文化这么优秀为什么不能用更多的方式让别人知道呢？”(LH)

“看动漫是因为兴趣爱好，喜欢文物是因为心里对传统文化的自豪。”(MC)

这些受访对象普遍有着广泛的亚文化兴趣，他们热爱“二次元”，但也不仅限于“二次元”文化，追星、游戏、古风汉服等都是他们的兴趣所在。在他们看来，“二次元”、亚文化与民族文化、国家并没有矛盾的地方，他们不是非黑即白的两个对立面；在他们的世界中，这二者在很大程度上是可以彼此相安无事的，但若有一些非正常情况，如两者之间出现难以调和的矛盾，那他们也会自然地选择站在民族与国家的立场上。

“我上B站就是为了看从YouTube搬运过来的偶像视频，那时候特别喜欢朴宝剑，后来知道他拍摄辱华广告，我就迅速脱粉了。不管什么原因，再也不想看了。祖国前面无爱豆。”(BY)

“看番很多时候也只是娱乐消遣，在我看来扯上民族文化还有点远。我觉得热爱中国的文化和喜欢日韩的东西并不冲突。”(DMAS)

“我很反感在弹幕一直刷盗墓笔记的人，虽然我自己是南派三叔的粉丝，这套书也很喜欢，但是在弹幕里刷，就觉得是一种对文物的玷污和亵渎。不论小说多么精彩，盗墓终究是不好的。”(HY)

涂尔干指出，虽然在启蒙运动后，宗教被认为是迷信和非理性的存在，但不能否认，在人类的生活中，某些意义的赋予是离不开宗教的内容与力量的，宗教在人类社会的影响力并不因为理性地位的上升而得到大范围的削减①。宗教所带来的神圣感，构成人类生活中重要的一部分。同时，它不仅作为一种机制对社会各方面进行着整合，更是一种忠诚与信仰日常化的显示方式。

在研究中，发送弹幕就是B站用户对于民族、国家作为他们信仰的一种日常化的显现方式，使命感与责任感被赋予进神圣的国族文化认同之中，同时也成为了他们的精神支柱。

---

① 米埃尔·涂尔干. 宗教生活的基本形式[M]. 渠东、汲喆译. 上海：上海人民出版社. 2006：429。

FM3A 认为："对民族文化的认同是自然而然的事情，谁让咱们是中国人呢？天生的。"CZ 说，"虽然网上依然有很多键盘侠说我们的国家、民族、文化这里不好那里不好，但你和他们吵也没用，多干些实在的事情比较重要，我相信还是有很多人想为国家、民族出一份力的。"

QKQ 认为："90 后作为 B 站的主力，很多时候也该去关心一些民族发展、文化传承的事情，毕竟我们 90 后已经接班扛旗了，我们有责任把这些事情做得更好。"

在涂尔干的著述中，社会生活被分割为"世俗的"与"神圣的"两个部分，"神圣的"社会生活需要被严格地保护，并且同"世俗的"进行严肃的区隔。正因为 B 站用户的民族文化认同是"神圣的"，是处于"被保护"的状态，因此对于它的话语实践中就存在着一些用户共同达成的共识与话语规则来维护这份"神圣感"。这种共识与话语规则由 B 站用户通过论辩、努力与意义的协商而形成①。

同时，在 B 站用户的成长过程中，爱国主义教育始终贯穿于中国当代青年群体的学习生涯和成长环境中，也是国家自 90 年代以来加强爱国主义教育的成果。在 1994 年颁布的《爱国主义教育实施纲要》和 1995 年发布的《关于向全国中小学推荐百种爱国主义教育图书的通知》等文件中，与爱国主义的相关话语都在形塑"爱国"的高度与神圣。爱国主义始终在教导当下年轻人对国家的爱与认同，对国家大事与同胞的殷切关注，对国家利益的无私奉献，爱国情感已经成为当下青年人民族文化认同的底色。

"从小到大受到的教育就是要爱国嘛，在我看来这是很正常很自然的事情。"(AJ)

"从历史课本中了解到很多都是别的国家怎么打开我们的国门，如何侵略我们。所以就会有吾辈当自强的念头，只要看到有关国家强大的，或者民族自信的内容就会很激动。"(YZJ)

"不爱国的人肯定有，但我觉得这是少数吧，感觉大多数年轻人在大是

① 约翰・费斯克等. 关键概念：传播与文化研究辞典(第 2 版)[M]. 李彬译. 北京：新华出版社. 2003：55。

大非面前还是分得清楚的，国家在我们心里的份量还是很重的。”(BJ)

“我之前在弹幕里有看到过诋毁民族国家言论被炮轰的，后来应该被举报删除了，B站现在跟以前不一样了，现在很多网友都非常正能量，很维护国家民族这方面的事情。”(YXS)

国家、民族的“神圣感”一方面源自用户长期受到的意识形态教育，另一方面也来自于亚文化场域中用户群体所带来的情感能量。柯林斯在研究人的互动交往行为中发现，“情感能量”正是源自这一行为中的互相关注与情感连带①。作为内在驱动力的情感能量，它能够为B站用户带来很大程度上的激情，这种激情不断传播、发酵，塑造着爱国主义的神圣感，也在说服着用户更深地投入爱国情感。个体情绪通过社交媒体的散布、发酵，容易形成一种以群体共有情绪为特征的社会情绪。因此，社交媒体的爱国主义表达通常伴随着强烈的情绪共振，当弹幕中打出一系列赞美祖国、维护祖国的文字时，屏幕前B站用户的爱国情绪就极其容易被调动。随着网络空间中，志同道合的人数越来越多，由此产生了更为强烈的集体认同，对于民族文化的认同在其中不断得到了投入与强化。

正是由于这份“神圣感”，才能让B站用户坚持认为“国家民族面前无偶像”，并在亚文化与民族文化的冲突中清楚地对娱乐与民族文化认同进行区隔。一定程度上，B站用户的亚文化认同似乎弥合于或让位于作为整体的中华民族文化认同。

四、B站用户的视频生产实践

1. UP主：消费者与小规模生产者合二为一

在亚文化场域中，有作为“普通消费者”的用户群体，也有从“普通的消费者”积极转变为“小规模生产者”的用户群体。后者对《如果国宝会说话》的视频文本开展诸多再创作，上传混剪视频，进行着一场轰轰烈烈的文化生产实践。

Abercrombie and Longhurts 在《受众》一书中，将受众分为五个层级：消费

---

① 兰德尔·柯林斯. 互动仪式链[M]. 林聚任等译. 北京：商务印书馆，2009：86。

者：无特定媒介使用的普通消费者；迷群：彼此之间并无接触的某类型文本的共同爱好者；崇拜者：他们因特定的文本和媒介使彼此相识且保持联系，由此组成了非正式的网络连接；狂热者：专注于特定的文本且有与之抗争基础的人群，会形成具有严谨规定的组织群体；小规模生产者：由狂热者发展出来的具有专业生产能力的群体[①]。受众按照自身的涉及程度，分别属于图 1－6 所示光谱中的五个类别，越往右的类别，投入的时间与精力越多，也能够产出更为优质和专业的分析解读。

消费者⟶迷群⟶崇拜者⟶狂热者⟶小规模生产者

图 1－6　受众类型连续光谱图

不同强度的 B 站用户群体分布于光谱之上，从投入的时间与精力而言，UP 主无疑处于五个层级中的“崇拜者”到“小规模生产者”之间。从对 UP 主进行的半结构访谈中可以发现，他们中几乎所有人都在《如果国宝会说话》的正片中发送过弹幕，在这里消费和生产的界限逐渐变得模糊，他们由参与发送弹幕越过“崇拜者”这个中间的层级，主动变身为积极的受众。他们对自己喜欢的纪录片的文本和形象进行二次创作，这些创作出来的视频文本，被称为混剪视频。混剪，即混合剪辑，原指剪辑中的电影蒙太奇手法之一，在亚文化的世界中，则是将不同的视频内容，在原有的影像基础上剪辑成新的视频，构成新的文本和意义。

B 站用户群体对于《如果国宝会说话》的混剪主要包括以下两个方向：一是沿用原片素材的混剪视频，通过重新拼接原片剪辑出新的视频内容；二是添加新的视频元素，突出 UP 主的创作能力和剪辑风格，二次创作的视频在内容和叙事方面都与原文本具有较大的差异。下面分别加以考察：

一类是沿用原片素材的混剪视频（参见图 1－7、图 1－8、图 1－9、图 1－10）。这类视频主要是沿用原片中的视频素材，通过将原片素材重新打乱叙事顺序，或提取出原片素材的经典、高能时刻，再配以全新的文字和音乐，与原片保持了相对的一致性和连贯性，一般这样的创作视频被称为“剪辑向视频”。在 UP 主创

① N. Abercrombie & B. Longhurst. *Audiences: A Sociological Theory of Performance and Imagination* [M]. London: Sage, 1998: 56.

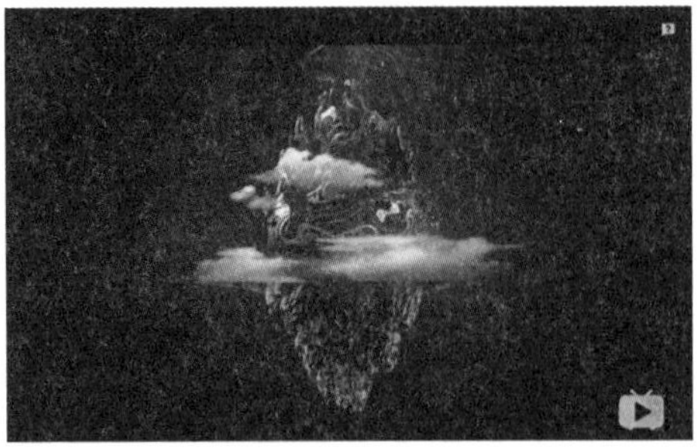

图 1-7　混剪视频举例

图 1-8　混剪视频举例

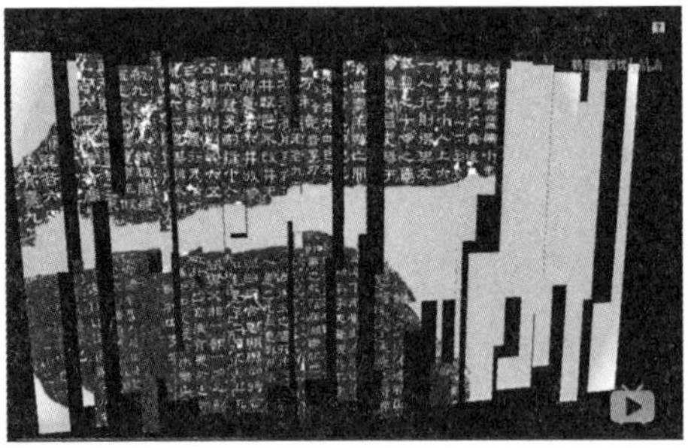

图 1-9　混剪视频举例

图 1-10　混剪视频举例

作的剪辑向视频中，如《【纪录片剪辑】厉害了！我们的祖先，〈如果国宝会说话〉热纪录九期》《PPT 学习|〈如果国宝会说话〉熹平石经 PPT 制作》等视频，还有将《如果国宝会说话》的宣传海报进行剪辑以及对该片添加各种方言配音。

第二类是添加新元素的混剪视频。所谓添加新元素完全根据作者本人的喜好来重新安排故事的剧情走向，在基于原视频内容的基础上，添加了一些“二次元”群体所钟爱的元素令其充满了“二次元”的文化色彩。同样是对妇好鸮尊的介绍，混剪视频《如果国宝会说话——妇好鸮尊：唯愿君臣千万世》中，便将妇好鸮尊这一文物形象“萌式拟人化”（参见图 1-11）。UP 主自身热爱动漫绘画，设计出妇好鸮尊的人形动漫形象，对人物的设定、打扮都根据原片对文物的解读设计了小男孩的呆萌外形，呈现出了可爱的效果，观众也更易接受这个“萌”感十足的小男孩形象。该片同时还给动漫形象配音，从视觉和听觉上真正做到了“国宝”开口说话。在原片的视频内容基础上，UP 主对文本展开合理的想象推测，根据文物性格特征书写新的故事。

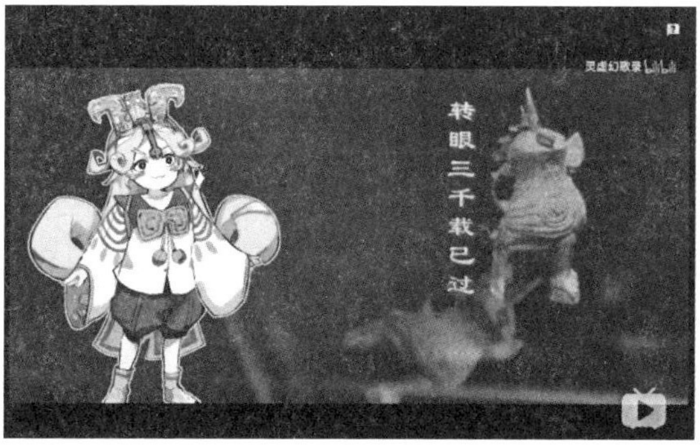

图 1－11　妇好鸮尊漫画形象

“吾主　您的心愿我已听到
吾定当启禀战神　以佑吾王此征大捷！
转眼三千载已过　当真如后世所言　是白驹过隙……
可那日　初见吾主的情景
于吾而言　却如昨日般清晰
每一个细节都不曾忘记
她站在吾面前　凝视着吾
她说　嗟而万方　悉听天命
她说　战神鸮　请助我王一臂之力
彼时……
她虽然只是静静伫立　却难掩通身凛然之气
吾从未见过此等女子
只是站在那里　只是几句祝词
便令吾甘心臣服　奉她为主
甚或后来　与她一同沉眠地下……
如今　吾虽醒来　见了这三千变化
吾主却早已不在……
若非要说……
这世间与吾还有什么眷恋的话……
这后世的酒心巧克力倒是滋味不错！
吾甚喜！

欸！吾袖子里的酒心巧克力呢？
有本事偷巧克力，有本事单挑啊！”

在这段文物自述的旁白中，前半部分系UP主根据文物的背景创作了一个较为符合的拟人化形象：它是“战神”的化身，同时也护佑国家战争的胜利；在后半部分，则对文物展开了合理的鬼畜式想象：在千年后，它爱上了现代的“酒心巧克力”，同时还会化用B站的鬼畜用语“有本事……，有本事……”。这样的呆萌形象，既符合B站用户对文物的传统认知，同时也运用这种方式令他们更易于接受文物，拉近与文物的距离。这种类型的作品更为注重文物背后的故事，通常以文物和主人的故事进行再创作，甚至在两者之间发展出感情线，且感情线也很丰富，同性异性皆有之。如《如果国宝会说话——各种釉彩大瓶：欲觅知音难上难》《如果国宝会说话——贾湖骨笛：老来多健忘　唯不忘相思》（参见图1－12）等皆是如此。

图1－12　贾湖骨笛漫画形象

在UP主的混合剪辑中，文物是可以拥有或俊美或可爱或温婉的形象外貌的，他们可以和旧时主人拥有深情厚谊，也可以和别的文物发展出一段旷世绝恋成为CP，或者是面对新时代的发展发出喟叹。从亨利·詹金斯的理论视角进行解读，UP主通过“盗猎”挪用视频原文本对文化产品进行重新阐释，并在其间烙印上丰富的个人经验，使其作品饱含个人色彩和风格①。

① 亨利·詹金斯.大众文化：粉丝、盗猎者、游牧民[J].杨玲译.湖北大学学报（哲社版），2008(04)：65－69。

UP 主所创作的混剪视频与其所在的"二次元"文化环境息息相关。"二次元"的环境中,CP 倾向、耽美倾向的创作并不少见,UP 主们也正是通过这种视频剪辑的方式,实现了他们对传统规训的抵抗,两者之间的情感取向不再是外界社会所规范和认可的,但却是对感情最纯粹的追求与渴望。在 UP 主的笔下,文物可以是彼此的"好基友",也可以为了主人奋不顾身、舍生忘死,完全跳脱出原视频文本中对于文物官方正统的讲解,文物被隐喻为拟人化的形象。这种更像是"野史"的文本再创作,冲破了原先的叙事逻辑,然而却并非仅仅对主流意识形态的抗争,而更像是一场"二次元"的自我狂欢。在这场狂欢中,UP 主们进行自由创作与表达,文物形象成为各种可能成为的文化符号,而 UP 主们也在视频的二次创作中,对这些文化符号产生了更多的情感。与此同时,UP 主在创作视频的过程中,也会得到别的 B 站用户群体的关注与认可。

"其实很大一部分动力来自于观众,他们催更,说明我的视频做得蛮好的,也很开心。"(LXHG)

"作为新人 UP 主,有一两个观众点赞投币我都开心得不行,只要有人看,我就会继续制作新的视频。"(JBY)

身为创作者的 UP 主们,由消费者变为生产者,他们从普通的消费者中获得反馈,得到来自"二次元"群体的欣赏与喝彩,并由此实现了自我认同。

2. "小粉红"与"杠精"的冲突

"我真的觉得林子大了什么鸟都有,如果你不喜欢这部纪录片,那你完全可以不看,没有必要因为不喜欢随便引战、乱骂,搞得整个弹幕乌烟瘴气的,我很反感这种人。"LDH 在讲述他在视频中碰到的网络喷子[①],十分气愤。"每个人都有表达自己不同观点的权利,但随意泄愤我真的感到无奈又气愤。"(LDH)当一部分用户群体对主流文化展现出亲近与热情时,便有另一些人表现出对主流文化进入亚文化场域的担忧与困惑。

---

① 泛指在网络上很能骂很能喷人的用户。

“总有一帮人见不得自己人好,以前天天吹外国人纪录片拍得好,现在我们也可以拍出一些好看好玩的纪录片了,又天天来骂。”(AZTL)

“这些人就觉得把这些东西放到B站上来做什么,认为是在对他们进行文化洗脑。”(BY)

在访谈的过程中,大多数的访谈对象都表示最讨厌的就是“杠精”弹幕。“杠精”①通常都是非理性的,这些用户为访谈对象所不齿,大多数访谈对象认为“他们就是杠精,为了反对而反对”。大部分访谈对象主张,“中华文化有好有坏,取其精华去其糟粕,何必非抓着一个地方不放”。而在他们与“杠精”群体发生冲突、斥责对方时,自己也被贴上了“小粉红”的标签。

“小粉红”这个称呼最早出现于晋江文学城,因其网站的配色为粉红色,且女性用户比例非常高而得名,早期的涵义更为单纯,也不具有贬义的色彩。而随着新浪微博等的崛起,“小粉红”一词的用法逐渐扩大化,如今“小粉红”早已不同于最初的意思,经常用来形容网络爱国青年,以年轻人特有的方式把党和国家荣誉与自己紧密联系在一起,成为线上线下、网内网外弘扬正能量的生力军。他们经常在一些社交网站上公开发表对于政治议题的见解,意见相左的人,一开始会给予感性的教导;如果始终无法说服对方,则会运用各种表情包和网络用语,对对方进行人身攻击和侮辱谩骂,因为在“小粉红”的眼中,他们就是不爱国的人。

对顶着“小粉红”帽子的B站用户来说,反击这些“杠精”成了他们的日常实践之一。反击手段主要有以下三类:一是创作出更多的混剪视频,表现出该片的高人气与高热度。二是对视频内容中提到的文物、历史作更为详细的科普评论。这种科普帖在《如果国宝会说话》的每一集视频下方基本都有,并且通过点赞的方式,让其成为热门评论。三是对评论中的不良言论进行反骂和批判,对弹幕中的内容则进行举报。

---

① 杠精系网络流行语,指经常通过抬杠获取快感的人、总是唱反调的人、争辩时故意持相反意见的人。从构词的词素来看,“杠精”一词由“杠”和“精”两个语素组成。“杠,床前横木也。从木,工声。”本义指“横木”,即家具(如桌椅)腿之间起固定作用的横撑木,后由物指人,引申为“专横自是,好与人争”。“精”“择米也。从米,青声。”该字本义为经过提炼或挑选的优质米,与“粗”相对,也指“提纯出来的东西”,如“酒精”,又引申为完美或最好的东西,如“精彩”。随后“精”由指称物转而延伸到指称人,用来形容人机警聪明,精细明察。“杠精”是网络组合衍生词,杠,即抬杠;精,即精灵、精怪。杠精,指“抬杠成精”的人。

反击“杠精”的场所主要以B站《如果国宝会说话》正片评论区为主。由于微纪录片的时长原因，视频内容只能对文物的某些突出特点做介绍，无法对文物进行一个全面细致的解说，因此科普评论更多地是想对“杠精”证明，“自己家的月亮也很圆”，以此来消解和抵抗对于他们的嘲讽。究其实，正片评论区内的部分科普评论并非完全做到“理性客观”，对历史知识的了解也并非“准确无误”；甚至有些评论披着科普的外衣行“讨伐痛骂”之实，这类评论下的回复最后几乎也以互相谩骂收场。

B站用户群体在线上的“冲锋陷阵”干劲十足，“战场打扫”也十分迅速，在《如果国宝会说话》的弹幕区、评论区已经鲜少见到反对的声音。线下的反击则更为干净利落，“安利，我几乎向玩得好的朋友都安利了”。(LG)她的做法，也是大多数受访者的做法。他们毫不掩饰对于《如果国宝会说话》的喜爱，将这部片子推荐给他人是他们认为的基本操作。

符号互动理论中对于“我是谁”这个问题的讨论，不仅仅限于自我，更关乎他人眼中如何看待“自我”。在社会转型的背景下，原新华社总编辑南振中甚至提出在现实生活中存在两个舆论场：由党报、国家通讯社、国家电视台等官方媒体形成的“官方舆论场”；民间尤其是互联网中自媒体和各种论坛等形成的“民间舆论场”。而《如果国宝会说话》则成功借用了一个大部分受众都不反感，甚至喜爱的主题进行拍摄，一方面通过纪录片的拍摄能够揭开文物神秘的面纱，拉近观众与文物的距离。另一方面文物作为中华文明源远流长的见证者形象已经深入了大多国人的内心，他们对文物既不反感也不排斥，认为文物是文明骄傲的象征，历史辉煌的标志。在视频制作上，“反差萌”的基调也带给观众焕然一新的观看体验，在潜移默化中，将官方话语镶嵌其中，令B站用户群体能够欣然接受。

正是基于这样线上线下的双重反击，致使B站用户的文化表征进一步得到了实现，由线上到线下，由“二次元”世界到三次元世界。

本章结语

本研究基于文化循环理论，运用了网络民族志、半结构访谈和内容分析三种主要研究方法，对B站用户群体的特殊文化表征和参与式实践进行了考察。

基于个案介绍，笔者对喜爱《如果国宝会说话》的B站用户群体的参与式文化实践进行了初步的描述。笔者通过参与式观察,浸入式观看了B站中与《如果国宝会说话》相关的144个视频;并通过爬虫的方式抓取弹幕内容,运用内容分析法将抽样弹幕进行逐一编码,对弹幕的高频词汇、文本构成、文本长短、文本内容和弹幕用语特色进行了详细的分类统计和宏观勾勒。同时,笔者通过B站私信功能联系到32位UP主作为访谈对象,在半结构访谈的过程中,笔者透过32位访谈者的信息和兴趣取向,描述了他们的参与式文化实践。虽然他们对主流文化进入亚文化场域的态度各不相同,但在民族文化和民族情感方面又趋向一致。

后亚文化理论认为,当下的亚文化群体对主流文化的抵抗已经不同于伯明翰学派时期的群体抵抗,二者之间的关系趋向复杂,并非仅仅是"抵抗与收编"的关系。笔者通过研究发现,当下的社会环境仍旧以主流文化作为导向,这就导致了B站用户群体文化承接的连续性,他们不可能"断裂"同民族文化之间的联系;而随着B站用户数量的急剧增长,亚文化在社会背景的转变下迫切寻求主流文化的肯定与认同,这些因素都导致了B站用户群体这一特殊文化表征的发生。

B站用户群体在观看《如果国宝会说话》的过程中对视频文本进行解读和接受,并由弹幕展开话语实践,与主流文化发生互动。话语实践主要指弹幕仪式,将情感体验作为弹幕仪式的核心,在寻求认同的过程中形成观赏共同体,经由刷屏式弹幕的情感共振,使B站用户情绪达到高度契合。运用亚文化元素与民族情感话语进行拼贴与同构,反复强化了B站用户群体的情感共振,完成了B站用户群体对主流文化的情感认同。

B站用户群体的视频实践促进了主流意识形态的内化。在亚文化场域中,有作为"普通消费者"的用户群体,也有从"普通的消费者"积极转变为"小规模生产者"用户。他们对《如果国宝会说话》的视频文本开展二次或N次创作,上传混剪视频,进行着一场生产实践。同时,在B站用户完成了自己的情感投入,与其他群体的交流中,由于被贴标签而加剧了亚文化群体之间的冲突,由此引发了一系列线上线下的双重反击。然而在其中依然不能忽视主流意识形态对其产生的影响。

本研究只是基于霍尔的文化循环和表征理论对个案进行研究,由于个案本身的特殊性质,因此本研究的结论未必值得广泛推广。且由于本研究对B站用户群体的参与式文化实践的描述基于对32位访谈对象的半结构访谈得出,因此并不能完全描绘B站用户群体的日常实践。另外，笔者所能接触到的仅仅只是B站用户群体庞大数量中的一部分，同时笔者在描写B站用户群体的日常生活实践过程中，不免会带上个人较为主观的学术理解进行考察，所以结论可能存在一定的偶然性，一些有价值的学术问题也会在研究过程中被遗漏。未来倘若能够通过问卷调查对B站用户群体进行大量样本的调查研究，或许能够得到更具有代表性的研究结论。

（朱子徽、张健）

本章参考文献

1. Henry Jenkins. *Confronting the Challenges of Participatory Culture：Media Education for the 21st Century* [M], Cambridge：The MIT Press, 2009.
2. 胡疆锋. 伯明翰学派青年亚文化理论研究[M]. 北京：中国社会科学出版社，2012。
3. 约翰・费斯克. 关键概念：传播与文化研究辞典(第二版)[M]. 李彬译注，北京：新华出版社，2003。
4. 陶东风，胡疆锋. 亚文化读本[M]. 北京：北京大学出版社，2011。
5. 迪克・赫伯迪格. 亚文化：风格的意义[M]. 陆道夫、胡疆锋译. 北京：北京大学出版社，2009。
6. 马中红，陈霖. 无法忽视的另一种力量——新媒介与青年亚文化研究[M]. 北京：清华大学出版社，2015。
7. 欧文・戈夫曼. 日常生活中的自我呈现[M]. 冯钢译. 北京：生活・读书・新知大学出版社，2008。
8. 塞缪尔・亨廷顿. 我们是谁——美国国家特性面临的挑战[M]. 程克雄译. 北京：新华出版社，2005。
9. 罗伯特・V・库兹奈特. 如何研究网络人群和社区：网络民族志方法实践指导[M]. 叶韦明译. 重庆：重庆大学出版社，2016。
10. 彭学军. 媒介内容分析法[M]. 北京：中国人民大学出版社，2012。
11. 米歇尔・福柯. 知识考古学[M]. 谢强、马月译. 北京：生活・读书・新知三联书店，2003。
12. 亨利・詹金斯. 参与的胜利：网络时代的参与文化[M]. 高芳芳译. 杭州：浙江大学出版社，2017。
13. 斯图尔特・霍尔. 表征：文化表征与意指实践[M]. 徐亮、陆兴华译. 北京：商务印书馆，2013。
14. 保罗·杜盖伊、斯图亚特·霍尔、琳达·简斯、休·麦凯、基思·尼格斯. 做文化研究——索尼随身听的故事[M]. 霍炜译. 北京：商务印书馆，2003。
15. 本尼迪克特·安德森. 想象的共同体：民族主义的起源与散布[M]. 吴叡人译. 上海：上海人民出版社，2005。
16. 丹尼尔·戴扬、伊莱休·卡茨. 媒介事件[M]. 麻争旗译. 北京：北京广播学院出版社，2000。
17. 兰德尔·柯林斯. 互动仪式链[M]. 林聚任等译. 北京：商务印书馆，2012。
18. 扬·阿斯曼. 文化记忆：早期高级文化中的文字、回忆和政治身份[M]. 金寿福、黄晓晨译. 北京：北京大学出版社，2015。
19. 米埃尔·涂尔干. 宗教生活的基本形式[M]. 渠东、汲喆译. 上海：上海人民出版社，2006。
20. Abercrombie, N. & B. Longhurst. Audiences: *A Sociological Theory of Performance and Imagination* [M]. London: sage, 1998.
21. 米歇尔·福柯. 规训与惩罚——监狱的诞生[M]. 刘北成、杨远婴译. 北京：生活·读书·新知三联书店，2003。
22. 宋雷雨. 虚拟偶像粉丝参与式文化的特征与意义[J]. 现代传播(中国传媒大学学报)，2019，41(12)。
23. 白晓晴. 网络视频平台中参与式文化的逻辑与运作[J]. 当代电影，2019(07)。
24. 赵丽瑾，侯倩. 跨媒体叙事与参与式文化生产：融合文化语境下偶像明星的制造机制[J]. 现代传播(中国传媒大学学报)，2018，40(12)。
25. 许玲. 用户创作时代的媒介与文化——小议参与式文化及其民主潜力[J]. 湖北社会科学，2010(09)。
26. Beer. David. *Power Through the Algorithm Participatory Web Cultures and the Technological Unconscious* [J]. New Media&Society. vol. 11, No. 6, 2009.
27. Langlois. Ganaele. *Participatory Culture and the New Governance of Communication: The Paradox of Participatory Media* [J]. Television&New Media, vol. 14, No. 2, 2012.
28. 潘忠党，於红梅. 互联网使用对传统媒体的冲击：从使用与评价切入[J]. 新闻大学，2010(02)。
29. 卢峰. 媒介素养之塔：新媒体技术影响下的媒介素养构成[J]. 国际新闻界，2015，37(04)。
30. 黄晓武. 文化与抵抗——伯明翰学派的青年亚文化研究[J]. 外国文学，2003(02)。
31. 胡疆锋，陆道夫. 抵抗·风格·收编——英国伯明翰学派亚文化理论关键词解读[J]. 南京社会科学,2006(04)。
32. 陈一.新媒体、媒介镜像与“后亚文化”——美国学界近年来媒介与青年亚文化研究的述评与思考[J].新闻与传播研究,2014,21(04)。
33. 闫翠娟.从“亚文化”到“后亚文化”:青年亚文化研究范式的嬗变与转换[J].云南社会科学,2019(04)。
34. 陶家俊.身份认同导论[J].外国文学,2004(02)。
35. 张淑华,李海莹,刘芳.身份认同研究综述[J].心理研究,2012,5(01)。
36. 卜玉梅.虚拟民族志:田野,方法与伦理[J].社会学研究,2012,27(06)。
37. 谢新洲,赵珞琳.网络参与式文化研究进展综述[J].新闻与写作,2017(05)。
38. 岳改玲.小议新媒介时代的参与式文化研究[J].理论界,2013(01)。
39. 石义彬,岳改玲.数字时代的参与式文化——以互联网上围绕星球大战的受众创作为例[J].新闻与传播评论.2009(01)。
40. 曲春景,张天一.网络时代文化的断裂性和连续性:“B站”传统题材作品的“爆款”现象研究[J].现代传播(中国传媒大学学报),2018,40(09):86-92。
41. 董雪飞.文化研究的语境化:论斯图亚特·霍尔的接合理论[J].前言.2011(15)。
42. 丁依宁.受众的表演与想象:弹幕使用族群研究[J].新闻春秋.2015(11)。
43. 王蕊.走向大众化的弹幕:媒介功能及其实现方式[J].新闻记者.2019(05)。
44. 邓昕.互动仪式链视角下的弹幕视频解析—以Bilibili网为例[J].新闻界.2015(13)。
45. 吕鹏、徐凡甲.作为杂货店的弹幕池:弹幕视频的弹幕研究[J].国际新闻界.2016(10)。
46. 邓昕.互动仪式链视角下的弹幕视频解析——以Bilibili网为例[J].新闻界.2015(13)。
47. 李彪.亚文化与数字身份生产:快手新生代农民工群体土味文化研究[J].东北师大学报(哲学社会科学版),2020(03)。
48. 亨利·詹金斯.大众文化:粉丝、盗猎者、游牧民[J].杨玲译.湖北大学学报(哲学社会科学版),2008(04)。
49. 徐金海.学校教育中的规训与惩罚——基于福柯规训权力理论的视角[J].教育导刊(上半月),2010(07)。
50. 米歇尔·福柯.福柯的附语:主体与权力[A].L·德赖弗斯,保罗·拉比诺.福柯:超越结构主义与解释学[M].张建超、张静译.北京:光明日报出版社,1992。
51. 陈龙.转帖、书写互动与社交媒体的“议事共同体”重构[J].国际新闻界.2015(10)。
52. 陈龙.转型时期的媒介文化议题:现代性视角的反思[M].上海:上海三联书店.2019。
53. 齐格蒙特·鲍曼.作为实践的文化[M].郑莉译.北京:北京大学出版社,2009。

第二章　爱国主义的“二次元”表达

2011 年，一部名为《那年那兔那些事儿》的漫画在网络上掀起热议，漫画的主人公——一只头戴五星帽的卡通兔走进大众视野，成为“网红”。2015 年 1 月开始，改编自该漫画的同名动画开始在国内著名“二次元”视频网站 Acfun、Bilibili 连载，并在搜狐视频、爱奇艺、腾讯视频、乐视网等视频网站上同步播放。截至 2019 年 3 月，其在 B 站总播放量达 1.3 亿次，弹幕总数也近 1.3 亿条，追番人数 248.5 万。该动画以其新颖有趣的爱国主义表达方式聚集了一大批爱国“小粉红”并培养了一大批忠实“兔粉”，这些“兔粉”分别用“我兔”和“种花家”亲切地称呼中国和中华民族。一时间，以贴吧和微博为代表的社交媒体上，关于动画中的这只“兔子”的讨论此起彼伏。随着该动画角色的走红，这只外表可爱的兔子也受到了主流媒体和官方机构如《人民日报》、环球网、新华网、《中国青年报》、央广军事、中国军网、《中国日报》等的关注以及共青团中央、紫光阁、国防部等官方机构微博微信的宣传推广，中国人民解放军陆军政治部文工团参与第四季制作。

众所周知，以网络为主要话语据点的青年亚文化族群，从整体来看，始终处在社会文化的边缘位置。在网络技术快速而深刻的发展进程中，网络文化日趋兴盛，甚至对主流文化造成了强烈的冲击，但是这种生机勃勃的发展态势却和网络文化在社会文化中的现实地位不相匹配，如何为自己正名成为网络亚文化群体不可忽视的重要议题。在这点上，《那年那兔那些事儿》的创作主体主动对接主流意识形态但又不以主流话语的模式来呈现爱国主义或民族主义这样的宏大议题，而是采用自己特有的形式和特征，来重新阐释这个群体对民族国家发展的理解——在这里，一切严肃的话题都没有容身之地，都将面临到“二次元”族群狂欢式的解构和重组。事实上，像这种将历史、政治、军事等严肃内容“萌”化表达的话语方式已经成为如今新媒体时代尤其在亚文化群体中广泛存在的一种话语形式。

目前，学界对于爱国主义的研究大多集中在爱国主义教育尤其是对当代大学生爱国主义教育的研究上，对爱国主义实践的研究则大多集中在中国共产党从诞生迄今在中国革命与建设道路上的爱国主义行动，尤其是影视作品的爱国主义主题研究。周逵、苗伟山发现，进入 web2.0 时代后，视觉符号和表达成为唤起大众情感、塑造身份认同和动员行动的重要工具。“在互联网时代，视觉表达不仅成为人们获取信息的重要渠道（如图片、视频、动漫、游戏、虚拟现实等等），也极大地改变了网民的传播行为、社交方式、集体行为与历史记忆等等，因此也引发了传播新闻学领域的关注与讨论”①。叶淑兰、杨启飞通过观察网络青年群体对南海仲裁案的反应，发现“网络表达实质上是文字、表情、图画等符号的互动。新媒体技术带来网络动画、网络表情、手机动漫等信息‘微艺术’的发展，展现一种虚拟现实的视觉作品……南海仲裁案中青年网民呈现出旺盛的艺术创作力，采用表情包、诗歌、漫画、段子等艺术形式，以一种更具趣味性、幽默感、讽喻性和感染力的手法，传播青年爱国主义情感”②。栗蕊蕊、闫方洁注意到，数字化浪潮中以大学生为主体的青年一代正在使用“萌化”、视觉化和戏谑化的话语表达方式主动而赤诚地表达着对祖国的热爱，掀起网络爱国主义热潮。同时以网络新媒体为新的阵地、场域，衍生出了一种新形式的爱国主义话语——网络爱国主义③。

本研究将以上述网络爱国主义的研究为基础，将动画《那年那兔那些事儿》作为个案，以梅洛-庞蒂的表达理论为指引、多模态的话语分析为研究方法，剖析作为主流意识形态的爱国主义如何通过“二次元”形式表达出来，产生了怎样的结果，从而进一步探讨：是什么构成了青年亚文化群体关于爱国主义话语表达的内在逻辑？

话语表达的多模态性并不是一个新现象，而是伴随文本形式的不断发展、变

① 周逵，苗伟山．竞争性的图像行动主义：中国网络民族主义的一种视觉传播视角[J]．国际新闻界，2016(11)：129－143。

② 叶淑兰，杨启飞．社交媒体青年爱国主义表达的新态势——以南海仲裁案为例[J]．青年学报，2017(01)：52－58。

③ 栗蕊蕊，闫方洁．当代大学生网络爱国主义的话语特征，多维价值及引导路径[J]．思想理论教育，2018(05)：56－60。

化和完善、古已有之的人类现象。比如在中国古代，话语的多模态性突出表现在绘画和书法中，所谓“诗中有画，画中有诗”就是最好的说明。伴随传播工具的更新，人类表达和传递信息的方式也越发变得多样化。从早期的无线电、无声电影、广播，到现代声画同步的电影、电视、广告等，再到如今的多媒体融合的众媒时代，再到以 AR、VR 技术为支撑的场景时代；无论是课堂上教师使用 PPT 授课，在社交媒体上与人聊天时使用的表情包，还是新闻报道的图文结合……意义的表达和传递越来越呈现出文字、图像和声音等多种符号的共振，其结果不仅延伸了人类的感觉系统，更使得人类所有的感觉都可以以信息的方式来描述。尤其随着视觉技术的普及、视觉媒介在现代媒介中逐渐占据主导地位，视觉技术在制造各种视觉奇观的同时，还“将时间、空间、事件任意组合、拼贴在一起，表达全新意义”①。与此同时，“数字媒介所由形成的符号表意方式以一种文化姿态把一切都媒介化了，而新媒介也在为我们的思考与表达方式提供新的选择，并不断创造出自己的话语符号”②。

人类演化至今，主要通过视觉、嗅觉、听觉、味觉、触觉等知觉这个世界，而这五种知觉形式的发展又使人类获得了相应的五种与周围环境进行信息交换的通道。“模态”便是在这些感知渠道的基础上出现的一个与人类的信息交流方式有关的概念，指的是人类用于表达信息的各种符号模式的总称；而所谓“多模态”(multi-modal)，指的是一种整合了多种符号模式或表达手段的传播现象，而“多模态话语”(multi-modal discourse)则是指同时使用了两种或两种以上模态的话语③。学界普遍认为，判断是否为多模态话语有两个标准，即判断话语涉及的模态种类(视觉的、听觉的、触觉的、嗅觉的、味觉的等)和符号系统(文字、图像、音乐、颜色等)有多少。在这里，“话语”被定义为复数形式，是“关于某些方面的现实在社会中建构的知识”④。

“文字和图像之间的整合已经太密切，不再孤立地产生意义，而是需要依靠彼此来传递信息”⑤和构建意义，于是话语的多模态特征逐渐凸显出来。而原来

① 吴靖. 文化现代性的视觉表达：观看，凝视与对视[M]. 北京：北京大学出版社，2012：23。
② 欧阳友权. 数字媒介下的文艺转型[M]. 北京：中国社会科学出版社，2011：88。
③ 朱永生. 多模态话语分析的理论基础与研究方法[J]. 外语学刊，2007(05)：82－86。
④ 朱永生. 多模态话语分析的理论基础与研究方法[J]. 外语学刊，2007(05)：82－86。
⑤ Teun A. van. Dijk. 话语研究多学科导论[M]. 周翔译. 重庆：重庆大学出版社，2015：97。

“只注意语言系统和语义结构本身及其与社会文化和心理认知之间的关系，而忽视诸如图像、声音、颜色等其他意义表现形式”的话语分析模式，已经无法有效应对和解决越来越以整合语言、图像、声音、动作等多种手段和符号资源来进行表达的现象。20 世纪 90 年代，多模态话语分析应运而生。作为多模态话语理论基础的社会符号学，“关注符号选择过程中的多模态符号资源和意义建构过程，注重探讨符号选择过程中各模态之间的关系、各模态之间的融合，以及社会情境中多种模态资源的设计、制作和传播，各模态随着社会实践的进程而重新组合的过程”①。社会符号学的创始人韩礼德十分强调用符号学的方法来解释语言，他认为语言只是众多社会符号中的一种，除语言之外的如建筑、商品、音乐、美术、习俗、服装等也都是符号，文化就是“由这些符号系统构成的意义潜势（meaning potential）”②。“作为符号资源的各种模态发展成产生意义的互相连接的可供选择的网络，所有的模态及各种模态间的互动均具有表达意义的潜势，都对意义的创建起到作用。”③尤其是随着“图像转向”时代的到来，人们发现意义的构建和表达越来越依赖于各种符号资源的有效配合、协同作用，信息交流的多模态性日益凸显。

多模态话语分析的目的在于考察这些内容或素材资源是如何被运用于多模态话语的表达中，并导致传播事件发生的。以 Kress 和 Van Leeuwen 为代表的系统功能语言学多模态话语分析的研究者们关注符号资源在多模态交流传播中的意义及其产生意义的方式，他们将关注的范围从语言扩展到图像、颜色、表情、手势等其他“符号模式”（表达手段），考察这些模式各自的内在特征和传播潜力，并提醒我们“图像中的视觉符号不仅可以反映客观世界和主观世界发生的各种事件，而且可以表现各种各样的人际关系，与此同时，视觉符号内部也是一个有机的连贯的整体”④。

---

① 代树兰. 多模态话语研究：电视访谈的多模态话语特征[M]. 上海：上海外语教育出版社，2015：51。
② 胡壮麟. 韩礼德学术思想的中国渊源和回归[M]. 北京：外语教学与研究出版社，2018：51。
③ 李战子，陆丹云. 多模态符号学：理论基础，研究途径与发展前景[J]. 外语研究，2012(02)：1－8。
④ 胡壮麟. 韩礼德学术思想的中国渊源和回归[M]. 北京：外语教学与研究出版社，2018：51。

一、爱国主义的“二次元”模态再现

在梅洛-庞蒂的表达理论中，表达的首要意义在于它是人类对现实世界的再现的结果，再现以模仿为前提，构建起人与外部世界的关系。英文“represent”的本意指的是对某一事物的重新描述、重新呈现，在随后的词义演化中，逐渐被用以表示“用某物作为符号来代替另一抽象的或具体的事物”①，反映的是主体对客体的能动性，是一种“摹写、反映和认识客观世界的一种特殊方式和功能”②，这种作用尤其体现在以技术为支撑、符号为组成的媒介上。

技术的更新换代正逐渐把人类社会带入一个充满视觉和影像的时代，信息传播的图形化、动态化和互动化的特点越来越显著，与此同时也催生出了不同的话语表达形态。以青年群体来说，正如有学者所指出的，新媒体的发展“不仅改写着青年亚文化与主流文化之间的关系，新媒介对青年亚文化的构成要素的技术重组和创建也催生了新型的表达方式。……促成了青年亚文化表达方式的图像化转型”③。在众多风格化的表达方式中，以“萌”“宅”“腐”“燃”等为显著特点的“二次元”成为当下青年群体表达爱国主义的主要方式。有学者提出：“在数字化浪潮中，以大学生为主体的青年一代正在使用‘萌化’、视觉化和戏谑化的话语表达方式主动而赤诚地表达着对祖国的热爱，掀起网络爱国主义热潮。”④得益于网络技术的共享化，原来高深专业的影像创作领域逐渐向普通人开放，不论是社交软件上的小视频，还是视频网站上的自制视频，各式各样的影像作品不仅反映出网络时代青年的创作能力，也反映出青年的表达欲望从未间断，其表达方式也随着技术的发展得到不断的创新。其中，以全龄化为发展目标的网络动画深受网络青年群体尤其是“二次元”青年爱好者的青睐，成为他们表达爱国主义的

---

① Hanna Fenichel Pitkin. *The Concept of Representation* [M]. Berkeley: University of California Press, 1967, p. 241. 转引自陈后亮. 后现代主义与再现的危机——兼论后现代文学的创作特点及文化意义[J]. 国外文学，2014(01)：3-10+156。

② 宋伟. 一个问题史的勘察：从“再现”与“表现”看“主客二分”的传统美学[J]. 文艺争鸣，2014(07)：76-82。

③ 马中红. 新媒介与青年亚文化转向[J]. 文艺研究，2010(12)：104-112。

④ 栗蕊蕊，闫方洁. 当代大学生网络爱国主义的话语特征，多维价值及引导路径[J]. 思想理论教育，2018(05)：56-60。

新尝试。

1. 图像模态：对世界的再现和观念的视觉表达

作为一部网络动画，《那年那兔那些事儿》从本质上来说是一个视觉文本，视觉是其表达的主要方式。图像模态作为构成其视觉表达的主要模态，在对关于世界的观念再现及意义构建上占据首要地位。

其一，图像再现的世界。根据 Leeuwen 的划分，图像再现主要是概念再现和叙事再现两个部分。从功能角度上来看，多模态文本的再现意义主要由概念再现实现[①]。概念再现包含三个过程：分类过程、分析过程和象征过程。作为一部以动物来比喻国家、讲述国家间政治军事互动的动画作品，《那年那兔那些事儿》对现实世界中的"国家""空间""时间""地点""（国家）行为""组织机构""军事武器"等概念进行了图像再现。

第一类是图像再现的国家。在《那年那兔那些事儿》中，动画以拟人的手法、图像模态的方式对现实世界中的国家进行再现（参见表 2－1）。为了使这种再现更具针对性和直观性，创作者同时赋予了每一个表示特定国家的动物以符合其身份的、以国旗、徽章、特殊服饰等为代表的文化符号。这些具有文化象征意义的符号元素的运用，在为动画角色的形象增添美感的同时，因其文化意义使角色的身份信息得到确定和更直观的指向。

表 2－1　《那年那兔那些事儿》对国家的图像再现

动物	身份符号	代表的国家/地区	动画形象
兔子	五角星、五星军帽	中国	
秃子（"兔""秃"谐音）	中山装	中国台湾	

① 张德禄. 系统功能理论视阈下的多模态话语分析综合框架[J]. 现代外语，2018(06)：731－743。

续表

动物	身份符号	代表的国家/地区	动画形象
白头鹰	西装	美国	
鸡	太阳旗、缠头、武士刀	日本	
毛熊	镰刀、锤子	苏联	
约翰牛	米字旗	英国	
高卢鸡	法玛斯步枪	法国	
巴巴羊	捻角山羊	巴基斯坦	
玉米棒	五星军帽	朝鲜	

续表

动物	身份符号	代表的国家/地区	动画形象
玉米棒	美式钢盔	南朝鲜(韩国)	
河马	无	非洲各国	
辫子	清朝补服	满清政府/伪满洲国	
骆驼	阿拉伯长袍、头巾	中东各国	
麻蛇	龙角	作者	

资料来源：本书作者整理。需要说明的是，其他动物（如代表德国的波斯猫、东南亚各国的猴子等）不常出现，故不再说明。

以民族主义或爱国主义为主题内容的动漫画作品在国内的数量虽然不多，但在“二次元”文化圈内的影响却不可小觑。此类主题的代表性动漫画有日本的《黑塔利亚》、德国的《波兰球》和中国的《那年那兔那些事儿》，以及《黑塔利亚》的同人作品《为龙》等，它们的共同点在于都以“拟人”为创作手法，这是一种ACGN界的创作手法，通常是指对非人类的动物、军事武器、国家或地区、交通工具、建筑物等实体或非实体，借助图像模态，将它们描绘成具有与人相似的形体，赋予它们人的外表、性格和思想。

第二类是图像再现的社会政治空间。在地理学上，“空间”是世间万物的集合、地点的同时存在。如果说自然空间在早期人类的生存中处于决定性的地位，那么，随着人类社会的发展壮大，如同列斐伏尔所说，当人类社会成形并以稳定的结构不断扩大和深入后，自然空间消逝了，“自然被降贬为社会的生产力在其上操作的物质了”①。列斐伏尔向我们展示了，空间作为一种由实践生产的观念，既具有精神性，又具有社会性。空间的一系列社会实践以及由此产生的一系列社会关系致使空间在各个层次上爆炸，“不论其为生活空间、个人空间、学术空间、监狱空间、军队空间或医院空间”②。空间爆炸(the explosion of spaces)的结果使得空间成为一种可利用、可再生的生产资源，但每一种新的空间都并非独立存在，而是和其他空间有着密不可分的联系。

根据列斐伏尔的观点，包含了网络动画在内的“二次元”便也可以视作一种以 ACGN 等媒介为内容的文化空间。由于文化与社会、政治的相辅相成，无论何种形态的文化空间，势必会直接或隐晦地嵌入社会政治空间的影子。《那年那兔那些事儿》中的空间再现图像(表 2-2)就是这种嵌入的结果。

表 2-2 《那年那兔那些事儿》对社会政治空间的图像再现

动画中的空间	再现图像	所指含义
种花家		地理概念上的中国
高丽街		朝鲜半岛

① 亨利·列斐伏尔.空间：社会产物与使用价值[A].包亚明：现代性与空间的生产[C].上海：上海教育出版社，2003：48。

② 亨利·列斐伏尔.空间：社会产物与使用价值[A].包亚明：现代性与空间的生产[C].上海：上海教育出版社，2003：52。

续表

动画中的空间	再现图像	所指含义
三八线		朝鲜半岛上北纬 38 度附近的一条军事分界线
商场		世界贸易组织

资料来源：本书作者整理。

在《那年那兔那些事儿》中，社会政治空间的图像再现既是空间观念的视觉化结果，反映出创作者对真实空间的理解，但从文本层面上来说，创作者通过图像再现的方式生产出了一个以现实时空为蓝本的虚拟空间。这样一来，空间中(虚拟)行为主体的行动也在某种程度上被赋予了现实参照意义。

除此之外，表 2－2 也说明，从空间的表达效果来看，文字模态的参与进一步明确了图像所再现的空间指陈。

第三类是军事武器的图像再现。表 2－3 显示的是动画中较常出现的、动画角色的武器装备，是对现实中的军事武器的图像再现。从表中图片可以看出，除了兔子的随身武器外，其余武器均是以现实情况为样本复制而成，但在语言上对这些武器进行了重新定义和命名，这种设计既使得动画在内容上与现实有所联系，又在一定程度上刻意与现实保持了一定距离。

表 2－3　《那年那兔那些事儿》中军事武器的图像再现

动画中的军事武器	再现图像	所指含义
板砖：兔子的武器装备		小米＋步枪

续表

动画中的军事武器	再现图像	所指含义
蘑菇弹		原子弹、导弹
二踢腿		远程弹道导弹
水柜		坦克

资料来源：本书作者整理。

第四类是抽象概念的图像再现。表 2－4 显示了《那年那兔那些事儿》中抽象概念的图像再现。

表 2－4 《那年那兔那些事儿》中抽象概念的图像再现

动画中的军事武器	再现图像	所指含义
铁链	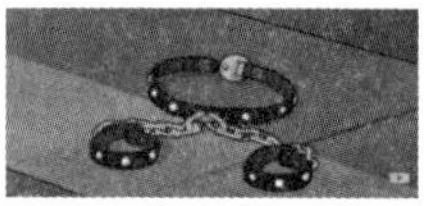	集体自卫权
苹果树		经济
国际军火孵化园		国际军火市场
冰激凌	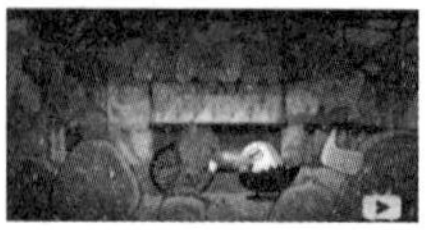	冷战

资料来源：本书作者整理。

对抽象概念比如国际局势、国际贸易行为、法律概念的图像再现，在很大程度上体现了作为创作者的“二次元”文化群体的主观能动性和设计能力，同时也以一种直接且形象的方式向观看者传递出了创作者对现实世界中的国际局势、国家行为等方面的理解。比如将日本“集体自卫权”定义为一条铁链，并在这条铁链上刻上“脸皮”二字，观看者在观看的过程中很容易将“铁链”与“脸皮”划上等号。当动画里代表日本的脚盆鸡从脖子上取下铁链并丢在地上，随后以铁链的特写画面结束脚盆鸡的这个情节向观看者传递出的两个信息：一是“脚盆鸡解下枷锁=日本解除集体自卫权”；二是透露出创作者的态度，即日本解除集体自卫权是一个非妥当的行为。换言之，动画对这些抽象概念的图像再现，实际要表达或传达的是创作者对图像与之相对应的这些实际行为或现象的判断和立场。

其二，复制和拼贴：图像意义的再现策略。《那年那兔那些事儿》主要通过两种图像再现方式——其一是占绝大多数的原创图像，第二种是对纪实影像的复制与改写，来完成意义的建构与表达。其中，对纪实影像的复制与改写是整个动画在视觉表达上的最大特点。本研究对动画《那年那兔那些事儿》中的复制再现图像做了整理（表2-5），并与其原图像进行对比分析。

表2-5　《那年那兔那些事儿》中的影像复制与改写

原始图像（图源：百度图片）	动画再现图像
 **（注：清末《时局图》）**	

续表

原始图像（图源：百度图片）	动画再现图像
 （注：开国大典）	
 （注：抗美援朝老兵采访）	
 （注：尼克松访华）	
 （注：尼克松访华）	
 （注：中国第一颗原子弹试爆成功纪实）	

续表

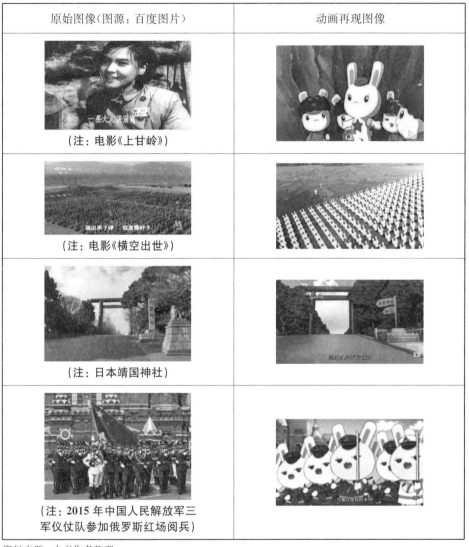

原始图像（图源：百度图片）	动画再现图像
 （注：电影《上甘岭》）	
 （注：电影《横空出世》）	
 （注：日本靖国神社）	
 （注：2015 年中国人民解放军三军仪仗队参加俄罗斯红场阅兵）	

资料来源：本书作者整理。

由于动画中的复制、改写影像较多，研究篇幅有限，故而只选取以上具有代表性的范例作说明。就文本层面而言，网络动画《那年那兔那些事儿》中的这些复制影像，属于费斯克所说的“生产者式文本”（producerly），指的是一种借助于新的媒介工具对现有文本进行拼贴、戏仿，从而产生具有新故事和新意义的“盗版”文本。有需要特别指出的一点，尽管恶搞文化的主体是青年，恶搞文化属于青年亚文化中的一脉，但一个基本现实是，青年群体并非泾渭分明地只生活在亚文化一个场域内，他们势必受到主流文化以及其他形态青年文化的影响。如同有学者指出的那样，“青年作为主动性极强的实践主体，在每个(文化)板块中的位置也并非岿然不动，而是灵活多样的，鲜明而单纯的青年社会角色已经不复存在”①。在这种情况下，尽管“抵抗”在很长一段时间内依然会是青年亚文化的主要特点，但却不会是唯一主题。从这一点上来说，当下的青年文化研究应该更多地关注青年的文化表达上来，因为正是表达使青年得以向外界呈现自身，表达的意向性是青年进行文化实践的内在驱动力。

结合中国青年群体的成长环境来看，中国青年群体既长期受主流文化的熏陶，另一方面又在自己的亚文化场域中狂欢。学者们普遍发现，目前新媒介语境下的青年亚文化正表现出与主流文化进行对话的尝试趋势，在“用户至上”的web2.0时代，青年亚文化已经无法仅仅满足于随时可能退出的受众，而是需要足够粘度的用户群以壮大亚文化群体的规模，为自己正名。那么，为了达到这种诉求，青年亚文化就势必要尝试和主流文化对话，使主流文化正视到自己的存在和影响，亚文化群体的对话尝试首先就从弱化自身抵抗色彩和精神向度，并同时将意义稀释于娱乐化的表达之中②。从表达的需要和近便性来说，作为“二次元”文本的网络动画《那年那兔那些事儿》选择了最能和主流文化达成一致的爱国主义话语，以“二次元”的方式对其进行编码。

2. 声音模态：图像意义的呈现辅助

声音“向我们倾诉着生活的丰富内容，不断地影响并支配着我们的思想和情感”③。《那年那兔那些事儿》的声音模态突出表现在声响、音乐和配音上。

其一，声响：补充信息，推动情节发展。声响是“除音乐和人声以外的一切声音，主要是故事发生的环境声”④，比如走路声、杯子摔碎的声音、商场喧闹声、飞机轰鸣声、枪声、炮弹爆炸声，等等。

环境声的运用一方面烘托了具体的场景氛围，另一方面也能够表达图像模

---

① 胡疆锋.中国当代青年亚文化：表征与透视[M].北京：中国电影出版社，2016：14。

② 马中红.新媒介与青年亚文化转向[J].文艺研究，2010(12)：104－112。

③ 贝拉·巴拉兹.电影美学[M].何力译.北京：中国电影出版社，2003：208。

④ 马睿，吴迎君.电影符号学教程[M].重庆：重庆大学出版社，2016：81。

态无法呈现的信息，对人物的行为、情感、处境等进行补充说明，或者对故事的发展起到推动作用。《那年那兔那些事儿》第二季第 10 集“圣光啊！看见那条营销狗了吗?”讲述的是兔子(中国)对骆驼(阿富汗)售卖军火武器的故事。本集最后一个画面是兔子望着满载而归的骆驼的身影逐渐没入夕阳下的沙漠中(图 2-1)，伴随这个画面一起结束的是一阵达 8 秒左右的枪声。当枪声结束后，兔子说:“我会把这些事情挡在种花家之外的，一定!”(图 2-2)在这一情节中，枪声的出现一方面告诉观看者，从兔子那里买了军火武器后的骆驼在回到自己的国度后随即进入了战争状态，另一方面兔子是在听到枪声后自言自语的，说明正是

图 2-1 《那年那兔那些事儿》第二季第 10 集截图

图 2-2 《那年那兔那些事儿》第二季第 10 集截图

枪声的出现导致了兔子的言语行为，对于动画中的兔子而言，枪声起到了警示的作用。

第二季第5集“珍宝岛之战”中，兔子从鹰酱那里得知了毛熊想对兔子种蘑菇的事情（即20世纪60年代中国受到的苏联核威胁）。当兔子露出震惊的表情时，与之相配合的还有一段弹簧跳动的声音，在强化兔子惊讶的同时，也从侧面说明了毛熊意图对兔子进行核打击这一事情的严重性（图2－3、图2－4）。

图2－3 《那年那兔那些事儿》第二季第5集截图

图2－4 《那年那兔那些事儿》第二季第5集截图

其二，音乐：调节、渲染或强化画面。“音乐诉诸人们的听觉，能够表现情绪、情感，还能对事物进行一定的描绘，使人产生丰富生动的联想，从而体验到创作者所要表达的感情和意境。”[1]音乐作为动画声音的一个重要模态，不仅对动画的画面起补充、深化、烘托和渲染作用，而且是主题内容的重要组成部分。

例如，在《那年那兔那些事儿》第二季第 6 集中，鹰酱访问种花家、在机场与兔子握手这段情节，实际对应的是尼克松访华这段历史，在兔子走向鹰酱、与鹰酱握手的这段过程中，插入了交响乐《红旗颂》作为这段画面的背景音乐。创作于 20 世纪 60 年代的《红旗颂》乐曲宽广明亮、饱满激昂、悠扬舒展，将历史的风起云涌、壮丽豪迈体现得淋漓尽致。尽管动画是以虚拟的方式再现这一历史场景，但这样一首曲调高昂的音乐实则是以最直接的方式将创作主体对该历史事件的态度表达了出来。

《那年那兔那些事儿》第二季第 11 集对苏联解体事件的再现中，使用的是《国际歌》作为背景音乐，既是对这个曾经辉煌一时的国家瞬间陨落的惋惜，也有对国际共产主义运动艰难过程的慨叹；再如第四季第 12 集中，动画对 2015 年中国陆海空三军仪仗队首次赴俄罗斯参加俄罗斯卫国战争 70 周年阅兵的情景再现，当动画中的军兔们穿过红场时，配合的背景音乐是苏联著名歌曲《喀秋莎》。作为一首在战争年代产生的民族歌曲，特殊的时代背景给予了《喀秋莎》特殊的含义。“在战火洗礼后，这首极具俄罗斯民族音乐传统特色的歌曲载着对战争历史的纪念被几代人传唱，在今天的和平年代有着更为耐人寻味的意义和文化价值。”[2]除了背景音乐之外，高昂澎湃的片尾曲《追梦赤子心》《骄傲的少年》《飞——我们的星辰大海》也作为声音模态的重要组成部分在渲染情节的同时，帮助营造了画面的氛围。

其三，角色配音：激活动画形象。动画的一大功能在于，它可以依照自身特性使一切物体“活”起来，而让动画人物“活”起来最鲜明的体现就在于让它们跟人一样开口说话。动画的角色配音发挥的就是这个作用，人物说话的腔调、力度和语速等都将对情感的表达和呈现产生不同的效果。表面上看动画人物的声音是由虚拟角色发出的，实则是由人在幕后配音演绎而成。配音是动画不可忽略的重要环节，也是表现角色个性的重要手段。《那年那兔那些事儿》的每个角色

---

① 万小菡. 用音乐来讲述——关于音乐纪录片摄制的创作思考[J]. 电视研究，2014(11)：52 - 53。

② 韩雪莹. 从跨文化传播视角看《喀秋莎》唱响三军仪仗队红场阅兵之路[J]. 新闻研究导刊，2015(11)：179 - 180。

各具特点——作为主角的兔子，配音可爱软萌，具有很强的亲切感；作为重要角色之一，鹰酱的配音则呈尖锐、狡猾的音色；代表苏联的毛熊，其配音特色则明显比较雄厚和坚实，借以表现战斗民族的强大；而代表印度的白象，其声音则比较低沉，给人一种笨拙的感觉……可以说，只有当形象和配音完美结合时，动画角色才算真正成型，创作主体才能借角色之口表达自己对事物或现象的情感、态度和观点。

3. 文字模态：配合图像模态、声音模态，再现价值取向

“在文本系统中，文本生产者面前始终存有一个问题，即如何使用文字模态来清晰地表达意图，传递价值。不同的文字模态受制于不同的文化场域、权力关系和情感诉求。因此，对文字模态的使用策略做有意识的挖掘与探讨是明晰文本生产者价值取向的重要方式。”①

其一，动画标题：内容精缩。网络动画《那年那兔那些事儿》的文字模态首先反映在每一集的标题上，无论在哪种类型的文本中，标题都是文本“内容、情绪、格调的高度浓缩体”②，本研究对动画每一集的标题进行了整理和分类（参见表 2－6、表 2－7）。从整体来看，《那年那兔那些事儿》的标题内容主要以陈述和评价为主，情绪表达最少。这一结果表明，标题的设置既起到概括剧情的作用，更重要的在于动画制作者可以借由标题表达自己隐藏的倾向。

表 2－6　网络动画《那年那兔那些事儿》标题

集数	第一季	番外	第二季	第三季	第四季
1	种花家的崛起	隐身跨过鸭绿江	第一个朋友	两驼战争	最好交情见面初
2	进击的思密达	松骨峰阻击战	河马的战斗力	西瓜与糖	南昌起义
3	寒风中的冲锋枪	转折的线	卡大佐登场	不能把梳子卖给和尚的不是好商人	星星之火，可以燎原

① 刘煜，张红军. 政论纪录片塑造国家形象的多模态话语分析[J]. 现代传播，2018(09)：118－122。

② 李少丹. 微信文本标题修辞特征与修辞过度现象探析[J]. 福建师范大学学报(哲社版)，2015(03)：70－75＋169。

续表

集数	第一季	番外	第二季	第三季	第四季
4	当归篇	铁与血	熊兔撕逼	和平典范	路上未知的征程
5	游子归	英雄不朽	珍宝岛之战	二七往事	红军不怕远征难
6	谈判与蘑菇弹		兔鹰合作	海湾风云	兄弟同心其利断金
7	艰难起步的基础工业		花式弃权	春天在哪里	誓拼热血固神州
8	毛熊鹰酱联合欺压兔子，兔子算盘两年内打出蘑菇弹！		作客鹰家	东风快递海外事业部	男儿立志出夔关
9	忠诚于荣耀汇聚的果实		穷兔子桑不起	搬不走的邻居呗	人间正道是沧桑
10	兔子奋发研究蘑菇弹，鹰酱竟无意成为预言帝		圣光啊！看见那条营销狗了吗！	那年银河号（上）	蓝星之巅显威风
11	进击的白象		白桦林刻着的那个名字	那年银河号（下）	铁甲雄风永长存
12	相爱相杀		第二次握手	北南相望又一年	厉兵秣马朱日和

资料来源：本书作者整理。

表2-7 《那年那兔那些事儿》标题内容倾向

标题内容倾向统计	
标题内容偏向“（陈述）内容”	26
标题内容偏向“态度/情绪”	5
标题内容偏向“评价”	22

资料来源：本书作者整理。

以第一季第4集“当归篇”为例，这一集前半段内容讲述的是兔子在上甘岭遭到鹰酱的打击，从内容上来说既是对上甘岭战役这一历史事件的再现，也是对电影《上甘岭》的画面复制和再现；后半段则是对抗美援朝志愿军英魂归国的情景想象和再现。标题中的“当归”二字一方面表达了对志愿军烈士的敬意，另一方面也表达了对抗美援朝志愿军遗骸归国的赞同和肯定。第四季第 7 集是对平型关战役的再现，标题“誓拼热血固神州”既表达了中国军人在抗日斗争中的坚定意志，也表达了创作主体对祖国山河寸土不让的坚定态度。

在《那年那兔那些事儿》的标题中，陈述倾向的标题最多，这类标题从话语的表达上又可进一步分为一般性表达和特殊性表达，前者以“南昌起义”（第四季第 2 集）为代表，后者以“熊兔撕逼”（第二季第 4 集）为代表。通过观察可以发现，这两种表达在词语的选择和语言的风格上呈现明显区别。“南昌起义”“海湾风云”“珍宝岛之战”“那年银河号”“第二次握手”等一般性表达都是现实中约定俗成的表达，而“进击的白象”“谈判与蘑菇弹”“熊兔撕逼”“作客鹰家”等表达则自成一种风格。从表达效果上来说，一般性表达的标题是对动画真实内容的反映，而特殊表达的内容指向则并不直接呈现出来。

其二，台词：风格的再现。《那年那兔那些事儿》人物角色的台词是以文字模态的形式呈现出来的，具有非常鲜明的网络话语和“二次元”世界交际话语风格。

第一季第 5 集借两个无名角色的对话如此介绍故事主角兔子：

“新山海经有云，有兽焉，其毛雪白，耳长，性土，喜食鹰酱。遇毛熊即刻变为伸手党，嘴里念叨：场子、银子、妹子，并会谢大大发片；其笑声如铜铃般，座右铭是：武功再高，也怕菜刀；衣服再叼，一砖拍倒。”

一方面表现出了兔子的外貌和个性，另一方面也为兔子在不同动物面前的不同态度和行为作出了合理解释。为了营造出兔子群体内部“兔兔相亲”的氛围以及兔子和善可亲的性格特征，《那年那兔那些事儿》使用了一个在网络上被广泛使用和传播的淘宝体“亲”，作为兔子对所有动物的统一称呼。同时，在对话中又加入一些如“骚年”“滚粗”“开挂”“元芳你怎么看”“一时爽，火葬场”等等网络话语，这无疑能够拉近观看者和作品的距离。

其次，“二次元”交际话语的信手拈来既是创作主体的“二次元”文化身份证明，在另一方面也是对观看者设置的门槛。动画大量采用的“二次元”文化用语，比如代指经济建设的“赚小钱钱”，代指核弹的“蘑菇蛋”，代指白旗的“白裤衩”，以及代表国民党的秃子在求援代表美国的鹰酱时说“最强召唤兽鹰酱”等等，尽管相比于网络语言来说其受众范围相对较窄，但却更为生动有趣，能够引起“二次元”文化群体的共鸣。

最后，由于新媒体的发展带动和促进了媒体语言的丰富，社会生活和文化的改变不断反映到网络世界形成新的网络语言，“媒体不再只是单纯地运用语言，而是出现了以字母词、缩略语、方言、新词新语、模仿港台腔等多重话语形式并存的现象”①，《那年那兔那些事儿》在媒体语言使用上的一个突出特点是，使用不同的地方方言进行片头预告——“本动画由布卡漫画、AcFun、哔哩哔哩基情支持”。使用地方方言的优势在于它能够迅速引起观众的情感共鸣，即使本集使用的不是观看者自己家乡的方言，也能让观众对下集或者后面集数中会否出现自己家乡方言产生期待。

语言，作为人类使用时间最长、使用最频繁的一种媒介，不仅是帮助和实现人与人之间沟通与交流的工具，更是一种代表自身文化属性的符号，借由这种符号，人们在其潜移默化的作用下对自身的身份归属产生认同。《那年那兔那些事儿》通过对地方方言的使用，实现了对观众的身份召唤。值得指出的是，由于《那年那兔那些事儿》是在新媒体环境背景下创作的动画，其语言也带有明显的新媒体话语的色彩，即具有草根性、低龄化、情绪化和夸张性的特点。比如，面对鹰酱的攻击，兔子不甘示弱地说：“有本事过来打我一梭子啊”；兔子集体作战时，异口同声地喊着“我们的口号是：专打鹰酱，不疼不要小钱钱”；在与敌军殊死战斗时呐喊出的“胜利属于我们，祖国万岁”“漂泊的人生已经结束了。回来吧！祖国需要你，需要每一只拥有大国梦的兔子们”“我们想回家，回去建设种花家”等等具有“燃”性特点的话语，煽情性的话语能够击中观众泪点，让观众产生共鸣。这些语言背后折射出的是生活在网络时代的人们，尤其是年轻群体在观念、思维方式和话语表达上的转变以及话语主体的多元化趋势。网络的发展赋予了一般公众不断增多的表达权和话语权，借由互联网的特殊功能，公众的公共交流空间不断扩大，交流的话题、面向也不断增多，与人们现实生活切实相关的历史、政治、军事等话题自然而然地会进入到这个对话空间中。

其三，旁白：弥补叙事空白。旁白是动画作品的重要组成部分之一，对动画的故事、人物、背景等起到解释说明的作用。《那年那兔那些事儿》的旁白以文字

① 崔梅，矣琴. 媒体语言多重话语形式并存的文化思考[J]. 云南电大学报，2007(04)：43－46。

模态和声音模态相结合的方式表现出来。本研究将《那年那兔那些事儿》全53集的旁白进行了整理（限于篇幅，本书省略）。通过对这些旁白的观察，本研究总结出了4种相对固定的旁白格式：

那年……话语对象→话语对象状态

那年……行为主体→行动内容

于是那年……行为主体……行动原因→行动结果

于是那年→行动结果

郑友阶、罗耀华对自然口语中“这/那”的话语立场表达进行了研究分析。①他们认为从语用功能的角度来说，“这/那”标示了表达主体的主观评价，其最终目的在于表达话语立场。可以看到，《那年那兔那些事儿》的旁白绝大多数以“那年”或者“于是那年”作为开头。从词性上分析，“那年”是一个对过去了的时间特指，是对于说话者来说具有特殊意义的时间，而这个特殊意义则是通过故事的形式储存在说话者的大脑中并转化为记忆。但是，《那年那兔那些事儿》旁白中的“那年”并不特指某一个具体年份，而是表示无数单个具体年份的集合——“那些年”。从“那年”到“那些年”，这种转换时间的表达方式模糊了事件发生的具体时间，其目的在于为动画的重新叙事提供便利；但另一方面，由于动画内容全部取材于现实事件，这就使得整部动画制作者不得不游走于虚拟和现实两个世界中——从现实生活中取材装饰自己的“房子”。换言之，尽管动画《那年那兔那些事儿》从形式上看是“二次元”的，但从内容上来说，却是对现实世界的设计性再现。

总之，无论是以“那年”还是“于是那年”作为表达的开端，都说明了表达主体“对谈论的客体具有某种立场态度，该立场态度基于话语者在语境中对先前话轮的推理”②。

其四，片尾纪实影像图说：参与愿望的再现。《那年那兔那些事儿》文字模态的最后一种再现形式反映在动画的片尾纪实影像图说上。通过观察发现，片

① 郑友阶，罗耀华. 自然口语中“这/那”的话语立场表达研究[J]. 语言教学与研究，2013(01)：96－104。

② 郑友阶，罗耀华. 自然口语中“这/那”的话语立场表达研究[J]. 语言教学与研究，2013(01)：96－104。

尾的画面由三个部分组成，即“纪实影像＋动画人物＋文字说明”的拼贴方式，这种对符号资源的重组和再语境化使得新的意义得以生成和分享。

和其他类型的动画一样，网络动画也是一种图像叙事。既然如此，那么如梅洛-庞蒂所认为的，绘画以它的方式向我们呈现了“说话者的在场，进行中的事件，连续的即席发言中人物的动作、面部表情和情绪”①同样适用于网络动画。《那年那兔那些事儿》片尾的图像叙事“以其在场（的符号/符形）和不在场（的意指的存在）的紧密相拥使人产生了‘快意’，俘获了我们的身心，使我们忘记了自身又忘记了生活世界”②从而置身于虚拟世界的历史狂欢中，而这些被拼贴进纪实影像中的动画人物则表达了创作者们强烈的、对历史的在场愿望和参与愿望。

根据梅洛-庞蒂的表达理论，表达从本质上来说就是“一种让公共性的表达资源去表达意义和指称事物的活动”③。表达资源的概念涉及了表达的历史。在梅洛-庞蒂看来，表达的动态发展致使新旧表达不断更迭，旧的表达让位于新的创造性表达而成为经验性表达，创造性表达又沦落为经验性表达，更新的表达又再出现，如此周而复始。经验性表达不断在历史发展中沉淀下来成为新的表达形式和表达活动生成、运行和展开的历史资源。这样，梅洛-庞蒂开始注意并思考表达和历史的问题。在梅洛-庞蒂看来，历史是一系列可被言说的事件集合，但也正是在这个意义上，历史并不完全等同于历史事件，这是因为历史事件只有在持续不断的表达活动中才具有传承性。因此，梅洛-庞蒂认为从根本上来说，历史产生于表达，“每一个事件都是以前一个事件为范本并对之加以变形，而每一个事件也都将在其后要求成为范本并期待对自身的变形，这样历史就不再是事件的外在拼凑，而是一个唯一事件的不断变形，因而是一种‘发生’”④。换言之，创造性表达的发生必须以对世界的变形为前提，只有在这个基础上，创造性表达才能区别于以前的表达。

从这个意义上，完全有理由可以将动画《那年那兔那些事儿》的多模态表达

---

① 梅洛-庞蒂．符号［M］．姜志辉译．北京：商务印书馆，2003：68。

② 赵宪章．语图叙事的在场与不在场［J］．中国社会科学，2013(08)：146－165＋207－208。

③ 唐清涛．沉默与语言：梅洛-庞蒂表达现象研究［M］．北京：中国社会科学出版社，2013：254。

④ 刘连杰．符号学艺术史论——对梅洛·庞蒂《间接的语言与沉默的声音》的解读［J］．当代文坛，2012(05)：63－66。

视作一种关于国家历史的创造性视觉表达。观众在收看的过程中,能够直观地感觉到一种新的类似于图腾的符号出现。图腾形象作为一种名副其实的符号,它首先是一个标记,是对某个事物的形象化的表达。媒介技术发达的现代社会,尽管图腾信仰已经逐渐淡出人们的观念,但图腾形象的本质——符号的创造却经久不衰。“从最初图腾崇拜,到现代社会的国家形象符号化的塑造和发展,尽管经历了社会的变迁,但是最初部落的图腾崇拜与今天的国家形象的认同的本质是一样的。”①涂尔干对图腾制度的研究说明人类自产生以来就具有用符号标记事物、制造概念和表达情感的能力,“社会生活在其所有方面,在其历史的各个时期,只有借助庞大的符号体系才会成为可能”②。

毋庸置疑,在中国文化中,龙、雄狮、熊猫作为中华民族和中国的象征已经是人们的共识。这种共识提供了我们“关于应该怎样在特定社会和文化语境中使用符号资源的、在社会中建构的知识。”③但是,动画《那年那兔那些事儿》却另辟蹊径,创造出与龙、雄狮、熊猫等文化图腾在作用上异曲同工的兔子形象,反映出掌握了媒介技术手段和技术装置的亚文化群体对主流的、经验性表达的不屑、反叛和破坏,并积极地在自己的文化世界里创造新的表达方式。但这并非表达的终点,如同梅洛-庞蒂所说,表达活动致力的目标在于“实现再现世界的愿望:世界已经伴随某一语言——也就是说某种自称原则上能够接收呈现出来的全部存在的完善的符号系统——的出现而被述说”④。

二、爱国主义的“二次元”隐喻实践

《那年那兔那些事儿》对各种概念、观念的多模态再现构造出一个以人格化的动物为能指、现实国家为所指的符号系统,但如前文所指出的,动画的表达并不止于此。梅洛-庞蒂认为:“每一符号只能通过诉诸于某一心理机制,诉诸我们的文化工具的某种安排才能表达,而且它们整个地一起成为我们尚未填满的空

---

① 翟石磊,魏渊. 文化图腾与国家形象——跨文化交际视野下国家形象符号化比较研究[J]. 中国矿业大学学报(社会科学版),2010(01):115-119。

② 爱弥尔·涂尔干. 宗教生活的基本形式[M]. 渠东、汲喆译. 上海:上海人民出版社,1999:303。

③ 图恩·梵·迪克. 话语研究:多学科导论[M]. 重庆:重庆大学出版社,2015:110。

④ 莫里斯·梅洛-庞蒂. 哲学赞词[M]. 杨大春译. 北京:商务印书馆,2000:59。

白表达式，成为指向和划定我不能看到的（关于）世界对象的他人姿势。”[①]也就是说，必须更进一步地关注表达的语法规则，在此基础上探究思想和观念的生成过程。任何一种形态的表达都有其独特的“语法”规则，这种规则涉及了人的大脑对语言的加工方式和认知处理模式。在这一点上，认知语言学的观点认为，人与生俱来地拥有通过隐喻来认识事物、建立事物之间的联系的能力，从而形成对世界的认知。因而，隐喻不仅是语言的特征，也是携带意义的认知表达；既是人类认知和思维的模式之一，也是话语得以生成和理解的基础。图 2－5 显示了表达、话语和隐喻之间的关系。

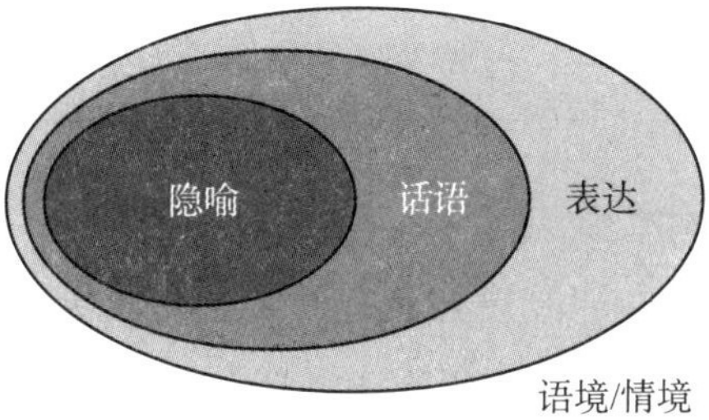

图 2－5　表达、话语和隐喻的关系

在这里，话语是关于某一个特定话题的建构活动，具有实践的特点，隐喻的作用在于为话语的意义建构提供了一种策略，话语和隐喻只有通过表达才能被知觉到，并形成意义。除此之外，话语的表达一方面受制于一定的语境或情境；另一方面，“我们不但通过语言而且通过在行动、交流、感觉、非语言符号系统、物体、工具、技术和独特的思维、评价、感觉和信仰方式中一起使用的语言不断地、积极地构建并重建我们的世界”[②]。

在信息技术日益发达、数字媒介迅速普及的时代，“数字媒介革命的巨大历史性推力所形成的图像文化转向，引发了社会符号生产的文化经济接轨，将图像生产打造为物质生产和消费的文化法则”[③]，图像符号的表意功能开始凸显。人们不再仅仅局限于语言文本叙事，转而开始使用各种非语言符号资源构建话语。在这种情形下，隐喻理论也逐渐开始迈出文字模态的范围，将以图像为代表的模

① 莫里斯·梅洛-庞蒂. 哲学赞词[M]. 杨大春译. 北京：商务印书馆，2000：51。
② 詹姆斯·保罗·吉. 话语分析导论：理论与方法[M]. 杨炳钧译. 重庆：重庆大学出版社，2011：11。
③ 欧阳友权. 数字媒介下的文艺转型[M]. 北京：中国社会科学出版社，2011：18。

态纳入研究范围中。“动画具有传播信息、情感和知识等交流功能，是一种语言体系。动画语言的音符、文字和图像又依时空速度的先后顺序排列，所以它是由绘画图像和电影语法构成的视听、时空混合的多模态语言形式。”①动画“狂欢化的文化语境与其文本上的复调特征和多元伦理的杂糅”共同构成了动画的互文性(intertextuality)特征。

1.《那年那兔那些事儿》的宏观隐喻叙事

“动画是意指的叙事。”②隐喻和转喻的叙事手法是动画最重要的叙事特征，“它们不仅能够为动画创作提供新的表达方式和思维角度，还能够在符合观众的思维模式及认知习惯的基础上构建更广泛的逻辑联系，增添更有趣味的寓意解读。”③

其一，转喻叙事：隐喻构篇的前提和基础。

“用转喻的方式对人和事物进行概念化的能力是人类与生俱来的能力”④。从话语实践的角度上说，《那年那兔那些事儿》的话语表达首先是一种转喻叙事，是对抽象的国家及国家行为的概念转喻，以国家为主体的历史事件则充当了转喻叙事的材料。由于网络动画的篇幅有限，因而，在对其进行转喻叙事分析之前的首要工作是要观察动画选择和呈现的历史事件有哪些，这些事件是如何被排列组合的，背后隐藏了哪些创作信息，实现了怎样的表达目的。在这些问题的基础上，本研究首先对各季《那年那兔那些事儿》的剧情进行了概述(表2－8)：

表2－8　网络动画《那年那兔那些事儿》剧情概述

剧集	主要剧情
第一季	兔子家——古代种花家的兴衰；兔子们打败秃子，创立自己的祖国；和鹰酱斗争、毛熊等自我主义者对抗，历经磨难正在腾飞崛起。

① 高晨.易位：动画伦理的语言逻辑[J].当代动画，2018(01)：38－44。
② 聂欣如.动画本体美学：叙事的意指[J].艺术百家，2013(03)：182－188＋163。
③ 曾新，陈文静.探讨隐喻和视觉隐喻与动画的关系[J].艺术与设计(理论)，2010(10)：249－251。
④ 李勇忠.话语叙事中的喻性思维[M].北京：中国社会科学出版社，2017：36。

续表

剧集	主要剧情
第二季	1949年前后兔子们被封锁，与第三世界的河马们合作；在基乐永生与喧哗上等的冷战中夹缝中求生存，并重新回到世界舞台；与鹰酱、毛熊重修旧好。
番外	第一季未出现的抗美援朝篇，作者的怨念在此得到了解脱。
第三季	兔子在近现代竭力抗击大规模的外来威胁；与其他动物交流时仍会遇到种种困境；受尽其他动物的侮辱、鄙夷和委屈，但仍不轻言放弃。
第四季	1912年前后，最先醒悟新思想的兔子们与最早生活在种花家的秃子们历经分分合合，直至秃子发动“四·一二”政变，兔子与秃子分道扬镳。

资料来源：根据百度百科《那年那兔那些事儿（翼下之风制作的网络动画）》整理，https://baike.baidu.com/item/%E9%82%A3%E5%B9%B4%E9%82%A3%E5%85%94%E9%82%A3%E4%BA%9B%E4%BA%8B%E5%84%BF/16854144?fr=kg_qa#2。

《那年那兔那些事儿》是以真实历史事件为题材进行叙事的动画，结合表2-8，本研究对该动画第一季每一集故事所对应的历史事件作了整理（见表2-9）：

表2-9 《那年那兔那些事儿·第一季》所对应的历史事件

集数	剧集名称	对应事件
第1集	种花家的崛起	南京条约、八国联军侵华战争、辛亥革命、第一次国共合作、土地革命、抗日战争、解放战争、中华人民共和国成立
第2集	进击的思密达	冷战（背景），朝鲜突袭韩国、志愿军横跨鸭绿江、仁川登陆、朝鲜战争
第3集	寒冬中的冲锋号	抗美援朝、长津湖战役
第4集	英雄当归	抗美援朝、上甘岭战役、志愿军忠烈遗骸归国
第5集	游子归	海外华人学者归国
第6集	谈判与蘑菇蛋	日内瓦会议（1954）
第7集	艰难起步的基础工业	一五计划（1953—1957）
第8集	毛熊鹰酱联合欺压兔子	部分核禁试条约（1963）
第9集	忠诚与荣耀汇聚的果实	596工程、我国第一颗原子弹爆炸成功（1964.10.16）
第10集	兔子奋发研究蘑菇蛋	首次空投原子弹实验成功、首次发射导弹核武器成功、首枚氢弹试爆成功、中印建交

续表

集数	剧集名称	对应事件
第 11 集	进击的白象	印巴战争(1947)、克节朗战役、中巴建交(1951)
第 12 集	相爱相杀	解放战争、金门战役、黑蝙蝠中队、台海危机

资料来源：根据百度百科《那年那兔那些事儿(翼下之风制作的网络动画)》整理，https://baike.baidu.com/item/%E9%82%A3%E5%B9%B4%E9%82%A3%E5%85%94%E9%82%A3%E4%BA%9B%E4%BA%8B%E5%84%BF/16854144?fr=kg_qa#2。

通过表 2－8、表 2－9，不难发现《那年那兔那些事儿》前后集之间的情节联系较弱，每一集基本自成一体。到第四季上线之时，《那年那兔那些事儿》共“4 季＋1 个番外”，每一季由 12 集组成，共 53 集，每集时长最长不超过 15 分钟，剧情内容的时长基本在 6 分钟左右(除去片尾及广告)。这种篇幅特征决定了若要在极短的时间内清晰、完整地完成一个故事的讲述，就必须做到故事主线突出、事件集中、脉络清楚以及情节连贯。总体来说，《那年那兔那些事儿》采用的是三幕式的叙事框架。按照有些学者的分析，这种叙事框架通常包括一致的模式化叙事路径：“第一幕通常发生在正常世界里。主人公作为一个普通人，为了一个目的去冒险。第二幕包括长期而又危险的进入神奇世界的旅途。主人公见到了他的敌人，并产生冲突，直到与敌人面对面的交锋，冲突逐渐上升。在这个阶段，主人公获得他的奖励。第三幕进入故事的高潮(最后的胜利)，主人公战胜对手并重建家园。”①

《那年那兔那些事儿》每集总体上沿用这种屡试不爽的叙事框架(参见图 2－6)：

S1：主人公兔子生活的种花家曾经和平而安定，直到某一天，平静被打破，种花家被外敌入侵、瓜分，兔子为保护种花家的完整性不断战斗。

S2：种花家重新统一，只有台湾尚未回归。兔子开始了建设种花家的重任，但兔子不断地遭遇到困难。

S3：兔子和各方势力角逐，斗智斗勇，种花家在兔子的努力之下越来越强大。

---

① 王筱竹. 动画电影剧作与角色塑造[M]. 北京：清华大学出版社，2017：71。

从以上分析中可以得出这样的结论：叙事的介入不仅实现了网络动画《那年那兔那些事儿》对国家及其发展历程的转喻，更在叙事过程中实现了对国家发展历程的隐喻——即，通过讲述兔子的艰难经历来说明国家发展之路的艰辛和不易。

除此之外，根据上述叙事过程，结合表 2-8、表 2-9，将《那年那兔那些事儿》各部分与上述三个叙事环节对应（参见图 2-6）。

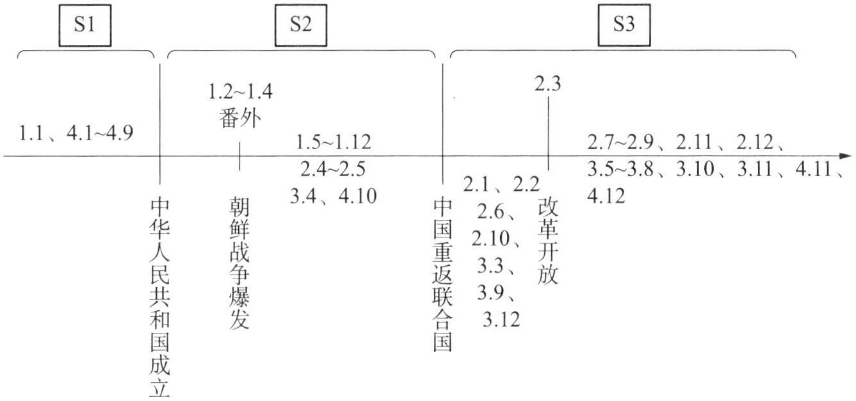

图 2-6 《那年那兔那些事儿》全四季整体叙事框架；1.1 表示《那年那兔那些事儿》第一季第一话，其他以此类推。

由图 2-6 可知，第一季到第四季的《那年那兔那些事儿》以四个重要事件/时间为节点，将整个故事分成三个部分进行叙述：中华人民共和国成立；朝鲜战争爆发；中国重返联合国；中国改革开放。但在每一集的单篇叙述中又没有拘泥于这个时间上的演进历程，而是有选择地对事件素材，按照时间和事件性质的相关性进行重新排列组合。例如第二季第 12 集，这集剧情对应的历史事件有苏联解体（1991）、中俄睦邻友好条约（2001）、中国参加俄罗斯 2015 年红场阅兵；第三季第 12 集，对应的历史事件有蒋介石去世（1975）、台海攻心战（1958—1978），以及心战墙掉漆事件（2017）；第四季第 12 集对应的历史事件——2005 年朱日和军事演习、2017 年朱日和阅兵……将这些具有一定相关度、相关性的事件放在一个叙事架构内，使得《那年那兔那些事儿》中对国家发展的讲述呈现出一种表面的延续性特征，但实际上却遮盖了因事件之间的时间跨度所带来的跳跃性本质，这个跳跃性一方面指向该动画的叙事特征，另一方面也指向这种叙事方式背后所隐藏着的对事物发展规律的认知态度。换言之，在《那年那兔那些事儿》的叙事中，国家和社会发展的延续性被有意忽略。

其二，角色结构里的关系隐喻。

人物是叙事的基础，是故事的“心脏、灵魂和神经系统”[①]。对于动画而言，人物角色的塑造是其创作的首要任务。不同的人物角色有不同的行为动机和行为模式，这些动机和模式共同推动故事的情节走向。法国著名符号学家格雷马斯在研究叙事文本中的人物关系时，引入了“行动元”的概念。他发现一个故事行动中包含了三组对立的行动元（actants）——主体/客体、发送者/接收者、辅助者/反对者，并提出了“行动元模型”（schéma actantiel；也称“行动元叙述图式”（actancial model）（如图 2－7），用以分析叙事文本意义的基本结构表征。格雷马斯认为，此模型适用于任一故事的描写。

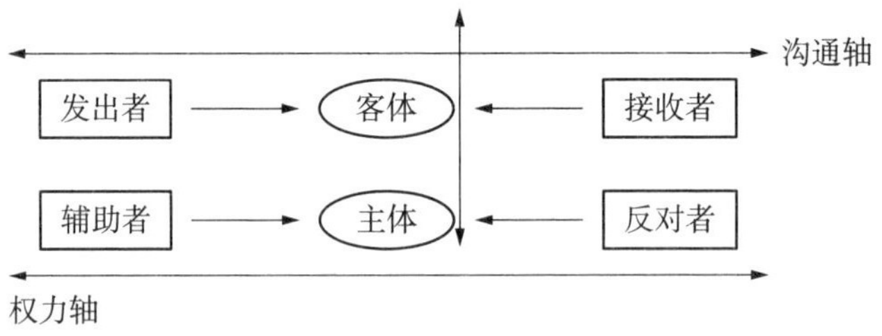

图 2－7　行动元模型。

资料来源：A. J. 格雷马斯. 结构语义学[M]. 蒋梓骅译. 天津：百花文艺出版，2001：264；齐隆壬：电影符号学[M]. 上海：东方出版中心，2013：211。

在叙事作品中，主体通常为故事的行动者，也就是叙事作品所要塑造的对象，即主人公；客体则是主体所要追求的欲望或想要达成的目标。发出者指的是引发主体欲望的行动或力量，接收者指的是接受发出者所发出的信息。辅助者，顾名思义，即帮助主体实现欲望、达成目标的各类因素，反对者则与此相反。模型中的轴线表示的三组对立行动元各自的关系。

在整个图 2－7 所示的模型中，“客体处于发送者和接收者之间，是交际的内容，辅助者和反对者则是主体的愿望投射点。”[②]本研究按照格雷马斯的“角色”

---

① 悉德・菲尔德. 电影剧本写作基础[M]. 鲍玉珩、钟大丰译. 北京：中国电影出版社，2002：30。

② 杨春. 张爱玲小说的深层结构——基于格雷马斯行动元及语义矩阵理论视角下《花凋》的研究[J]. 北京科技大学学报（社科版），2016(01)：91－96。

模式原理，对《那年那兔那些事儿》中的各个角色进行概括研究。首先，本研究整理出了动画中每一集出现的角色（参见表 2 - 10；表中 1.1 表示动画第一季第 1 集，其他以此类推；E 表示番外），并对这些角色的出场次数（见图 2 - 8）和出场频率（见图 2 - 9）做了统计。《那年那兔那些事儿》中的动画角色共 21 类，其中，兔子是主要角色，鹰酱、毛熊、秃子等为次要角色。但值得注意的是，有些出场频率高的角色，比如汉斯猫、无名配角，其“戏份”却不多，甚至只作为背景或者见证者出现，其作用类似于影视剧中的群众演员。因而，对照表 2 - 10、图 2 - 8、图 2 - 9，结合动画每一话的故事内容，本研究对《那年那兔那些事儿》的角色分配作了如下归纳：

表 2 - 10　《那年那兔那些事》角色数量统计

剧集	角色	剧集	角色
1.1	辫子、毛熊、约翰牛、脚盆鸡、鹰酱、兔子、秃子	3.1	骆驼、狮子、兔子
1.2	毛熊、鹰酱、南棒、北棒、兔子	3.2	骆驼、兔子、狮子、鹰酱
1.3	兔子、北棒、鹰酱、高卢鸡、南棒、约翰牛	3.3	狮子、骆驼、鹰酱、兔子
1.4	兔子、鹰酱、高卢鸡、约翰牛	3.4	兔子、毛熊、鹰酱
1.5	无名配角、鹰酱、兔子、河马、毛熊、汉斯猫、鹰酱、约翰牛	3.5	大毛、白象、兔子
1.6	白象、兔子、鹰酱、高卢鸡、约翰牛、汉斯猫、南棒、北棒	3.6	骆驼、兔子、鹰酱、无名配角
1.7	兔子、毛熊	3.7	兔子、鹰酱
1.8	鹰酱、毛熊、兔子、无名配角	3.8	兔子、骆驼、鹰酱
1.9	兔子	3.9	脚盆鸡、鹰酱、兔子、毛熊
1.10	无名配角、汉斯猫、约翰牛、鹰酱、兔子、白象、巴巴羊	3.10	鹰酱、无名配角、汉斯猫、约翰牛、南棒、兔子、骆驼
1.11	白象、秃子、兔子、鹰酱、毛熊、巴巴羊	3.11	鹰酱、兔子、无名配角、高卢鸡、汉斯猫、约翰牛
1.12	秃子、兔子、鹰酱	3.12	鹰酱、兔子、无名配角、高卢鸡、秃子
E1	南棒、北棒、兔子、鹰酱	4.1	秃子、毛熊、兔子

续表

剧集	角色	剧集	角色
E2	鹰酱、兔子、南棒	4.2	兔子、秃子
E3	鹰酱、北棒、兔子、白象	4.3	秃子、兔子
E4	兔子、鹰酱、河马、约翰牛	4.4	秃子、兔子
E5	鹰酱、兔子	4.5	兔子、秃子
2.1	无名配角、鹰酱、毛熊、兔子、河马	4.6	兔子、秃子
2.2	兔子、河马	4.7	兔子、脚盆鸡
2.3	兔子、河马、疯鸭	4.8	秃子、脚盆鸡、鹰酱、兔子
2.4	毛熊、无名氏、鹰酱、汉斯猫、约翰牛、南棒、高卢鸡、兔子、北棒、汉斯猫、猴子	4.9	毛熊、兔子、秃子
2.5	毛熊、兔子、鹰酱	4.10	白象、兔子、无名配角、猴子
2.6	兔子、鹰酱	4.11	兔子、毛熊
2.7	兔子、鹰酱、无名配角、高卢鸡、猴子、约翰牛、汉斯猫	4.12	兔子、秃子
2.8	鹰酱、兔子		
2.9	鹰酱、兔子		
2.10	鹰酱、兔子、猴子、骆驼、毛熊、巴巴羊		
2.11	鹰酱、兔子、骆驼、毛熊		
2.12	大毛、二毛、鹰酱、约翰牛		

数据来源：本书作者根据动画内容整理。

按照格雷马斯的"角色"模式，结合图 2－9(《那年那兔那些事儿》全四季整体叙事环节)，还可以获得以下几种"角色"模式图：主角、重要角色、次要角色、群众演员等(见表 2－11)。

从上述三个角色模式图(图 2－10、图 2－11、图 2－12)中可以看到，主体兔子和客体种花家这对行动元范畴的关系是整部动画中最基础也是最为重要的一组关系，可以看作整个动画故事情节演进的基本框架。在这个框架内，种花家的完整、稳定和强大成为兔子一切行动的基础和核心。另外，从 M1 到 M3，主体依旧是兔子，但是客体却有所改变，而客体的内容受发出者的影响，也就是说，M1、

M2 和 M3 之间并不是互相独立而是相互联系的，且呈现出递进式和延续性的特点。

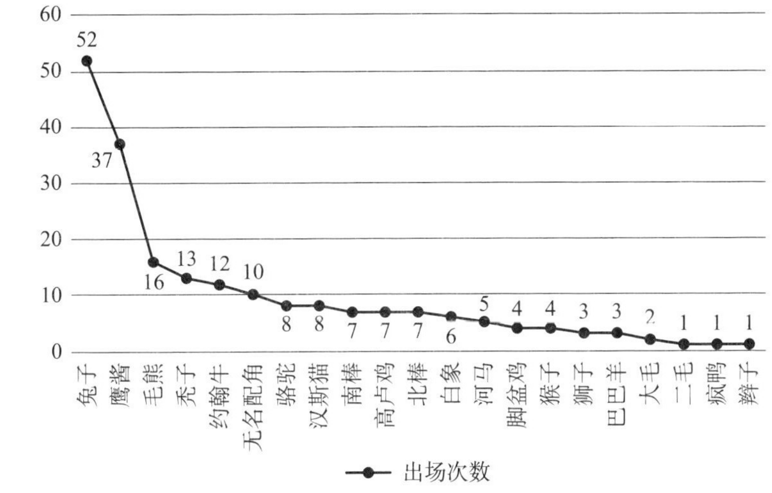

图 2－8　《那年那兔那些事儿》角色出场次数统计

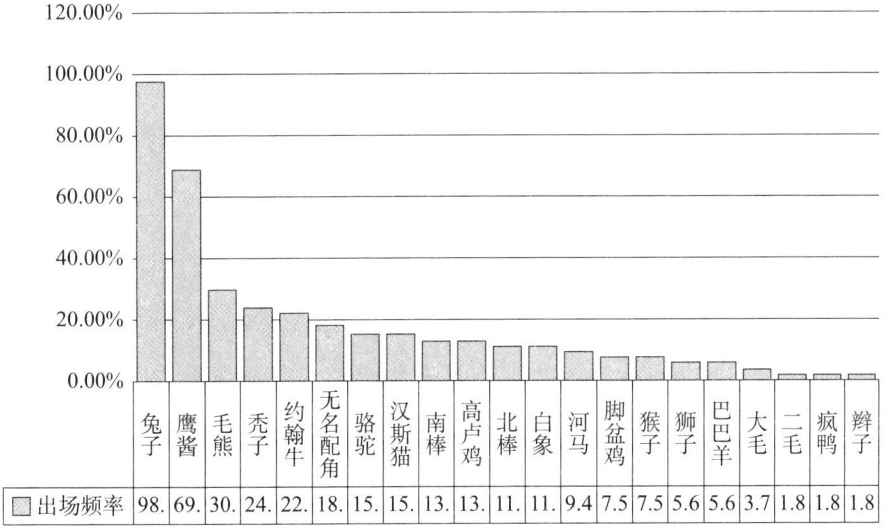

图 2－9　《那年那兔那些事儿》角色出场频率统计

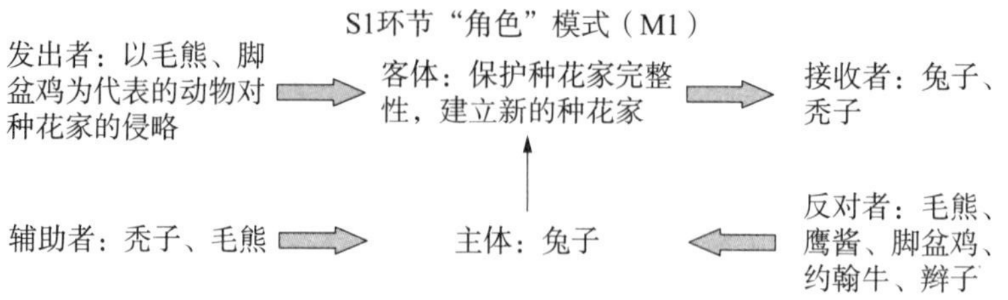

图 2-10 《那年那兔那些事儿》S1 环节角色模式

表 2-11 《那年那兔那些事儿》角色分配

角色类型	角色数量
主角	兔子
重要角色	鹰酱、毛熊、秃子
次要角色	骆驼、南棒、北棒、白象、河马、脚盆鸡、巴巴羊、大毛
群众演员	约翰牛、无名配角、汉斯猫、猴子、狮子、二毛、疯鸭、辫子

资料来源：本书作者自行整理。

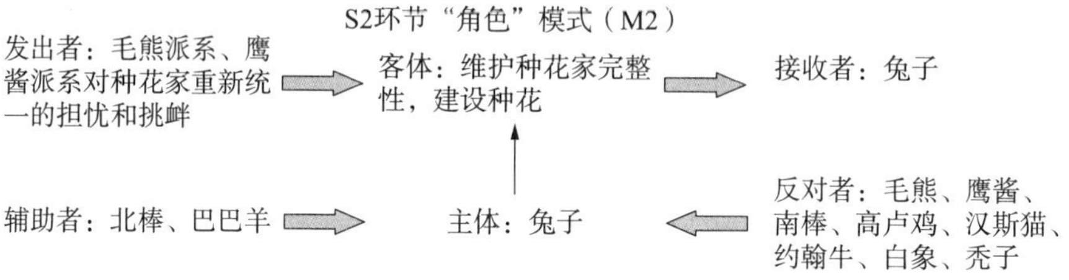

图 2-11 《那年那兔那些事儿》S2 环节角色模式

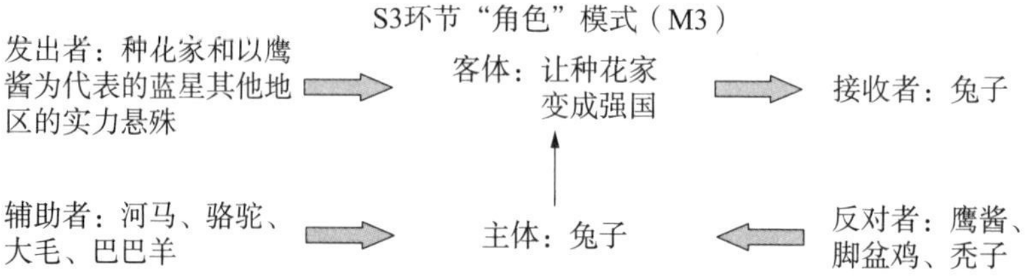

图 2-12 《那年那兔那些事儿》S3 环节角色模式

发出者和接收者之间是信息发送与接收的关系。从 M1、M2 到 M3，行动发出者始终以种花家和蓝星上其他国家的矛盾为主，这个矛盾成为推动主体、接收者采取行动、实现目标的主要力量，而在实际的叙事当中，同样作为接收者之一的秃子逐渐被兔子取代，种花家和其他国家之间的矛盾也被转化为兔子和各自代表其他国家的鹰酱、毛熊等动物之间的具体矛盾进行呈现。换句话说，在这个转化过程中：其一，秃子的身份发生转化，从接收者变成辅助者再变为反对者；其二，在秃子身份转化的过程当中，种花家的代表权也随之发生改变，从“兔子＋秃子”的模式变成以兔子为中心；三是种花家和蓝星其他国家的矛盾在叙事当中被隐藏了起来，取而代之的是兔子和其他动物之间的矛盾，并且这个矛盾被不断放大。

在 M2、M3 模式中的辅助者和反对者呈现出了明显团体对立（或派系对立）的特点。换言之，在这部动画中，各个角色被划分成了以兔子为首的派系和反兔子的派系。动画中的辅助者主要有秃子、毛熊、北棒、巴巴羊、河马、骆驼和大毛，这些辅助者除秃子和毛熊外，他们在动画中对主体兔子的帮助作用都是间接性质的，甚至可以说在兔子和这些角色之间的关系中，兔子扮演的才是辅助者的角色，比如，兔子帮助北棒建立了自己的国家、兔子帮助巴巴羊攻打白象、兔子帮助河马建铁路等。在这些过程中，兔子所扮演的角色明显是其他这些动物的辅助者，但兔子在这些过程中收获很多，从而使得自己的实力、种花家的实力变得更加强大，因而，从结果来看，可以将以巴巴羊为主的这些角色视作兔子的（间接）辅助者。由此来看，动画中对兔子提供直接帮助的力量，即实际的辅助者其实是缺失的。

另外，在 M1 模式中，作为辅助者和反对者的毛熊和秃子发生了不同方向的转化——毛熊身份转化呈现“反对者→辅助者→反对者”模式，而秃子则从 M1 的辅助者（甚至接收者）转为反对者，一直到 M3，秃子的身份以反对者呈现。值得注意的是，秃子和毛熊的这两种身份转化是不同性质的。如果以种花家与兔子的关系来看，秃子和种花家、秃子和兔子这两对关系属于内部关系，而毛熊和种花家、毛熊和兔子则属于外部关系。作为外部关系的毛熊的身份转变，说明一切和兔子、和种花家有关的外部关系都呈现不稳定和短暂性的特点；而对于兔子和秃子的内部关系，在动画中，兔子和秃子是一同出场的，在剧中，面对以毛熊、脚盆鸡为代表的动物对种花家的侵略，秃子出场时这样介绍自己：“你们好，我是种花家的新当家萌总”，随后指着兔子对侵略种花家的动物们说：“这是我们二当家兔子”。也就是说，在对种花家的代表性问题上，秃子和兔子存在一个先后关系——秃子是大当家，兔子是二当家，但在动画的叙事过程中，兔子的身份变化过程被隐藏和忽略了，直接赋予了兔子对种花家的代表权和统治权以自然性和合理性。

综合以上内容，本研究归纳出了《那年那兔那些事儿》的施动关系结构（图 2－13）。该施动关系共实现了五组概念转喻、四组关系隐喻。

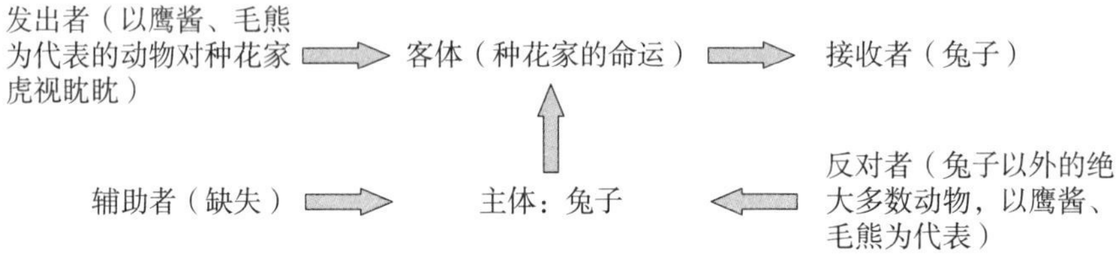

图 2－13 《那年那兔那些事儿》的施动关系结构图

一是“主体—客体”层——中国转喻为动物（兔子），中华民族转喻为生活空间（种花家），这两组转喻共同实现了“中国＝中华民族”的隐喻；

二是“主体—反对者”层——国家转喻为动物，将国家之间关系隐喻为竞争者之间的关系；

三是“客体—接收者”层——呈现的是“中国人—兔子”和“中华民族—生活空间（种花家）”的转喻，完成中华民族的命运与每个中国人息息相关的隐喻。

以上三组隐喻最终形成了这样的隐喻——中国在国家发展和民族发展的道路上始终存在挑战，人民必须以推动民族国家发展进步为己任。

其三，《那年那兔那些事儿》隐喻叙事的深层意义。

在对《那年那兔那些事儿》进行“角色”模型（即“行动元模型”）进行分析后，本研究引入格雷马斯的另外一个模型——“符号学矩阵”[①]（图 2－14），借以探究动画的深层意义。在格雷马斯看来，矩阵结构由四元义素（S1）组成。在此施动关系结构图中，存在四元义素（S1、S2、$\bar{S}1$、$\bar{S}2$），这四种元素又产生六种关系：

在《那年那兔那些事儿》中，用 S1 代表主体兔子，S2 代表兔子以外的其他动

① A. J. 格雷马斯. 论意义：符号学论文集（上册）[M]. 吴泓缈、冯学俊译. 广州：百花文艺出版社，2011：168。

图 2－14　格雷马斯符号矩阵图

物，$\bar{S}1$ 代表种花家以外的蓝星地区（如鹰酱所在的米粒家），$\bar{S}2$ 表示种花家。

图 2－15 中的四项元素之间的两两对立关系即为《那年那兔那些事儿》的叙事结构。在该动画中，兔子和兔子以外的其他动物之间的对立关系（S1 + S2，用 R1 表示）是最主要的关系，也是整部动画的基本叙事线索。兔子展开行动，一定会受到来自非兔子之类动物的影响或阻挠。这构成了第一层重要关系。

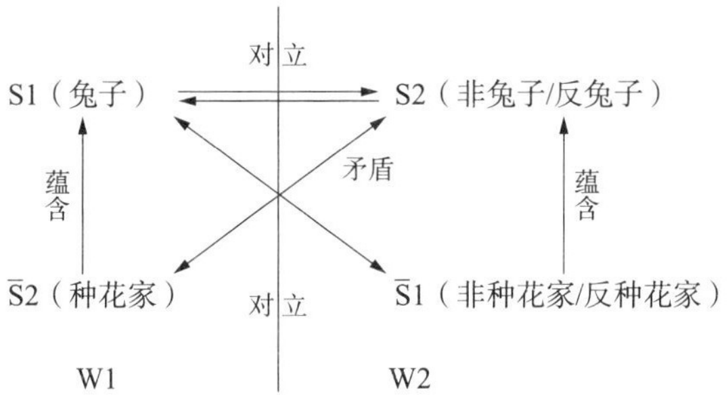

图 2－15　《那年那兔那些事儿》的叙事结构

第二层重要关系是种花家和非种花家之间的对立关系（$\bar{S}1$ + $\bar{S}2$，用 R2 表示）。兔子的行动宗旨是一切为了种花家，因此，非种花家自然便成了种花家的对立存在。

第三层重要关系——“S1 + $\bar{S}2$”（W1）和“S2 + $\bar{S}1$”（W2），本研究称之为隐藏关系，也是动画的最终隐喻。在这两种隐藏关系中，形成了 W1 和 W2 两种世界（国家），一个是以兔子为中心的种花家，一个是以非兔子/反兔子为中心的非种花家/反种花家，这两个不同的世界也呈对立关系，是上述两个关系的基础，也是兔子和非兔子/反兔子的行为指针。换言之，动画预设并建构了两个对立的世界（国家），而不论是兔子，还是非兔子/反兔子的其他动物角色，都是从各自所处的世界、以各自的世界观展开行动的。

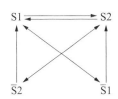

2.《那年那兔那些事儿》的话语隐喻建构

根据前文，基本可以断言：动画《那年那兔那些事儿》是一个典型的民族国家的寓言。虽然这部动画刻画了不同的角色形象，但从根本上来说，动画力求塑造和建构的，实则是不同类型且彼此对立的国家形态：

其一，人物角色的观念隐喻。《那年那兔那些事儿》作为一部影视动画作品，和其他任何形式的作品一样，都是有目的、有计划的设计活动。如果仔细观察《那年那兔那些事儿》的角色设计，会发现动画角色本身的具体指向是模糊的。

在动画中，当各个代表国家的动物以群体出现时，这时的动物们都是完全同质化的——一样的外表、一样的着装、一样的姿势，也就是说在国际场合出现的任何一种动物都是作为一个整体存在的，这个整体所隐喻的就是“国家”的概念；而当情境发生在国内即某种动物群体内部时，这些相同的动物们则又作为个体——即人民出现。

于是在这种隐喻性的角色设计中存在一个矛盾——对兔子来说，“种花家”既是其引为行动根本的“国”，也象征着家，而兔子本身的角色之一，也是“国家”，这就造成了行动主体和行动目标的矛盾。然而从动画的故事情节发展来看，在动画的叙事逻辑中，这二者又是一个统一的整体，在完成“种花家 =（兔子的）国 =（兔子的）家”的转喻的同时，实现家国一体的观念隐喻。

其二，“他者”的隐喻。《那年那兔那些事儿》从第一季第一集开始便奠定了他者化的叙事策略。以毛熊（俄罗斯帝国）、脚盆鸡（日本）、约翰牛（英国）、鹰酱（美国）为代表的动物（国家）以侵略者的身份登场，抢夺兔子的种花家领土。随着剧情的展开，图 2－15 中的 W1 和 W2 两种类型的国家形态逐渐形成。在这两种世界中，W1 是固定不变的，W2 中的他者随剧情发展逐渐分为两派，一派与兔子这一集团完全对立，是完全的、敌对的他者；另一派虽然和兔子同属一个阵营，但由于其身份在本质上不同于兔子，可视为友好的他者。这样，在他者化的叙事框架下，兔子这一角色的形象更加突出，角色的隐含身份（即兔子所表示的“中国”“中国人”）更加明确。

从深层次上来看，创作主体的身份决定了即便以全知视角进行的创作，依旧避免不了以他者的角度对其他国家（尽管在动画中国家都被转喻为了动物）进行叙事。从这一点而言，动画中兔子以外的动物都是隐喻的他者。这一隐喻通过转喻完成，可以通过下面的表达式对这一隐喻进行说明。

以“→”表示转喻动作，“∈”表示从属关系，“№”表示排他关系，“∵”“∴”分别表示“因为”“所以”。在《那年那兔那些事儿》中：

∵中国→兔子中国人→兔子

又∵创作主体∈中国人

∴创作主体→兔子

又∵兔子№动画中的其他动物

∴创作主体№动画中的其他动物

其三，国际关系和国内局势的对比隐喻。《那年那兔那些事儿》中的人物角色绝大多数情况呈现的矛盾、冲突的状态，主要体现在：

主角兔子与动画中其他动物的矛盾冲突，这是贯穿整部作品的最主要冲突；二是兔子所生活的“种花家”（即“中华”）和“蓝星”（即地球）其他国家的冲突。

与之相对的，种花家内部的矛盾即兔子群体的内部矛盾在动画中却几乎没有呈现。有理由认为，这种剧情设置在完成“国际关系是关乎国家命运的生存竞争”和“中国国家稳定”的隐喻的同时，也表达出了创作主体对国际关系和国内局势的认知状态。

3. 多模态隐喻及其互动性分析

“隐喻的机制是用具体的东西表达抽象的意义；多模态隐喻是源域和目标域分别由不同符号模式呈现而形成的隐喻。”①作为多模态语篇，《那年那兔那些事儿》的隐喻建构也表现在图像、声音、语言、文字等构成模态的相互映射上。经过比较和分析，本研究认为《那年那兔那些事儿》的多模态隐喻方式主要有以下几种类型：

文字—图像互补式。动画第三季第 10 集“那年银河号（上）”讲述的是发生于 1993 年的“银河号”事件，正片开始的第 2 个画面如图 2－16 所示，旁白“那年，鹰式大片层出不穷，观众们也都习惯了鹰扮演的国际警察的角色”以文字的形式嵌在画面底部。这个图像中存在四组多模态隐喻：

第一组——源域以图像（图 2－16 的整个画面）的形式出现，目标域以文字

① 潘艳艳.政治漫画中的多模态隐喻及身份构建[J].外语研究，2011(01)：11－15。

图 2-16 《那年那兔那些事儿》第三季第 10 集截图

（“鹰式大片”）的形式出现；

第二组——源域以图像（鹰）的形式出现，目标域以文字（“国际警察”）的形式出现；

第三组——源域以图像（身穿不同服饰的鹰）的形式出现，目标域以文字（“角色”）的形式出现；

第四组——源域以文字（“习惯”）的形式出现，目标域以图像（画面正中间的鹰的白眼）的形式出现。

以上四组隐喻共同形成“鹰式大片是自导自演”的隐喻。联系该动画语境中“美国→鹰”的转喻，可推断出这个图像的多模态隐喻最终要达到“美国热衷于当国际警察，并因此造成不少国际事件发生”的隐喻。

番外篇的片尾画面之一“献给最可爱的人”（图 2-17）。这个图像中，源域以图像（持枪着军装的兔子）的形式出现，目标域以文字（“最可爱的人”）的形式出现，表达了“兔子是最可爱的人”的隐喻；另一方面，在动画的语境中，兔子是对中国/中国人的转喻，从这个意义上说，“兔子是最可爱的人”的深层隐喻是“中国军人是最可爱的人”。

图像—声音互补式。第一季第 9 集“忠诚与荣耀汇聚的果实”讲述的是中国第一颗原子弹试爆成功的事件。图 2-18 是动画对原子弹爆炸的画面呈现，这个画面共持续大约 15 秒时间，该画面的播放过程中配合有巨大轰鸣声直至该画面结束。

图 2－17　《那年那兔那些事儿》番外篇画面截图

图 2－18　《那年那兔那些事儿》第一季第 9 集画面截图

在这个图像中，源域以图像的形式表现出来，目标域“原子弹爆炸”以声音的形式表现出来，形成关于这一历史事件的情感隐喻。

声音—文字互补式。仍以第一季第 9 集“忠诚与荣耀汇聚的果实”为例。图 2－19 表现的是原子弹试爆成功后，一只兔子抱着战友遗像表达着激动的心情，兔子的话——“亲，你知道吗，从今天开始，种花家的历史要分成两段来写。”——以文字的形式嵌在画面底部。

在这个图像中，源域以文字（兔子的台词）的形式出现，目标域以声音（兔子的配音）出现，形成“原子弹试爆成功意义重大”的隐喻。

有趣的是，图 2－19 还存在另一个表现形式的隐喻，这个隐喻以图像（画面中的遗像）作为源域的表现形式，以文字和声音相结合（台词中的“亲”）作为目标域的表现形式。但由于在动画中说话的兔子，其说话对象并不真实存在，因而从表达的效果上来说，画面中兔子所说“亲”作为以声音为表现形式的源域，而其目标域可以视为画面之外的观看者。这样，从隐喻的最终意义来看，这个画面形成了“图像—文字—声音”的隐喻表达式。

图 2－19 《那年那兔那些事儿》第一季第 9 集画面截图

以上对多模态隐喻的分析表明，对图像、文字、声音、音乐等模态的组合应用是网络动画建构隐喻、表达情感、态度和观点的重要策略，一方面揭示了话语的多模态化特征和趋势，另一方面也使得对话语意义的解读更加全面和深入。

巴赫金认为，一个文本的生成同时受到其他文本的影响，伴随文学批评的发展，互文性受到批评家们的关注。“互文性关系到一个文本与其他文本的对话，同时它也是一种吸收、戏仿和批评活动；其次，互文性表明文学所依赖的特殊手法与阐释运作，都具有一定的人为性或欺骗性。”①受索绪尔的“意义的关系性”理念的影响，梅洛-庞蒂在写作《眼与心》的时候也关注到了互文性的现象——“在找到表达的词句之前，思想已经是一段理想的文本了，我们只需找到词句把它翻译出来，对于艺术前的一种艺术和言语前的一种言语的双重求助，为作品规定了某种完美、完善和充实。”②梅洛-庞蒂认为，对于意义和思想表达来说，互文性的策略一方面弥补了作为生产活动的文本在生产资料上的不足，另一方面也使得被表达的以前的文本的意义被解构和重组，从而生成新的意义。就这一点

---

① 赵一凡，等. 西方文论关键词[M]. 北京：外语教学与研究出版社，2006：219。

② 梅洛-庞蒂. 眼与心[M]. 刘韵涵译. 北京：中国社会科学出版社，1992：67－74。

而言，互文性形成了一个新的话语空间。

互文性作为语篇分析、话语分析的一个重要部分，首先需要明确互文性在一个语篇内的表现特征，但这并非分析的终点，更重要的在于“揭示语篇中那些互文性结构背后所隐藏的意识形态意义和社会权力关系”①。

场景的互文性。这里的场景指的是纪实影像与动画画面所反映的人物行为和环境状况，在内容上形成了互文，表现为两种形式：一是前文提到过的动画对纪实图像的虚拟图像再现；第二种则是对纪实影像的再写。创作者对先前文本的选择说明，这些被用以参与构建意义表达的纪实影像在创作者的记忆中的位置，或者说，这些作为先前文本的纪实影像当中一定蕴藏着符合创作者目标的信息。从整体来看，动画中被改写的纪实影像的一个共同特征是它们的历史性，这里的历史性一方面是指它们在时间上早于动画文本，另一方面则是针对影像中的内容而言。通过虚拟再现和影像再写完成对历史意义的占据，实现创作者对解释历史的表达欲望。

情感的互文。《那年那兔那些事儿》对经典文章（如《朱德的扁担》《丰碑》）的内容的视觉再现和对经典音乐、歌曲（如《红旗颂》《我的祖国》《十送红军》《喀秋莎》）的使用形成了情感的互文。

梅洛-庞蒂认为，“人们可以制造一些对象，当它们以另外的方式联系于作品已具备的思想，介绍出已看见的形式时，就能给人带来愉悦。”②在动画中，对经典文章的内容视觉情景化只是互文的结果和表现形式，以此为基础的情感表达才是目的所在。

互文的意义。互文性的多模态隐喻策略驱使创作者不得不在虚拟的“二次元”空间和现实空间中游走，有目的地采集可用于表达自身价值观的材料。在这种情况下，互文既是建构又是解构。对于被动画引用的文本来说，由于表达的形态和语境发生变化，即使原本的意义被保留了下来甚至被新的文本借用，但在新的文本的语境中的重新表达便昭示了它的重生；而对于新的文本来说，互文被纳入了叙事体系中，如同梅洛-庞蒂所说，“人们去洞见事物本身的意向越是强烈，我们越是看到事物借以获得表达的现象和我们借以表达事物的语词充塞于事物

① 辛斌，赖彦．语篇互文性分析的理论与方法[J]．当代修辞学，2010(03)：32－39。

② 梅洛-庞蒂．眼与心[M]．刘韵涵译．北京：中国社会科学出版社，1992：53。

与我们之间”①。

4. 国家想象的隐喻建构

网络动画究其根本是一种以虚拟为主要特征的媒介形态，在叙事上对画面想象和情感表达的要求极高。而对情感和想象而言，最恰当的表达方式则莫过于隐喻。

在《想象的共同体》一书中，本尼迪克特·安德森论述了国家想象是如何在文化实践中被制度化和符码化以至于国家具有如此强大的感召力，促使共同体成员愿意为了这个想象出来的共同体团结一致、前赴后继。他认为，在这个制度化和符码化的过程中扮演着最重要的角色就是媒介和语言的力量，并特别指出了兴起于18世纪的欧洲两种重要的想象形式——小说和报纸，是如何“重现”民族(国家)这种想象的共同体的。伴随几次媒介技术的革命——从前语言时代到文字出现，到印刷媒介技术，再到以广播、电视为主的电子媒体，最后是网络技术和网络媒介的出现、蓬勃发展，媒介的多样化同样也影响着共同体成员对民族国家想象的实践。在这些实践中，民族国家想象以不同的角度和形式被书写、表现，尤其在一个影像蓬勃发展的时代，“我们所面对的，是一个几乎完全以视觉和听觉来表现对现实的想象的世界”②，民族国家想象也必然会由最初的文学领域进入影像的叙事之中，通过影像的形式，民族国家想象的书写和表现变得更加直观、立体和生动，并形成深刻的印象。在影像的范围里，电影、电视剧以及动画片以其具有的强烈的叙事性深受关注和研究，以电影为代表的叙事媒介构成了我们的文化活动，并“潜在地增强了人们对现实国家的理解、认同与自信”③。

动画《那年那兔那些事儿》将对“国家”这一概念和“现代中国”这一实体的理解，借助非语言符号——动物符形，表征抽象的“现代中国”概念，用隐喻的手法将其置于宏大的历史语境之下，将中国近现代的历史事件简化为一只小白兔的励志故事。在这个叙事过程中，兔子被赋予重建“种花家”、实现“大国梦”的光荣

---

① 梅洛-庞蒂. 哲学赞词[M]. 杨大春译. 北京：商务印书馆，2000：12。
② 本尼迪克特·安德森. 想象的共同体[M]. 吴叡人译. 上海：上海人民出版社，2005：21。
③ 陈林侠. 跨文化背景下电影媒介建构国家形象的重要功能[J]. 社会科学，2011(04)：178－183。

使命，“兔子”的荧屏形象实质上就是《那年那兔那些事儿》创作者对现代中国国家形象的理解和解释。这种对现代中国的隐喻性想象有几个着力点：

主权神圣不可侵犯。《那年那兔那些事儿》在主旨上的最突出特点就是它传达出的家国信念，家国的地位神圣不可侵犯。在这里，“中华民族”被“种花家”替代，种花家既是“家”，也是“国”。兔子的行动理念就是“一切为了种花家”，通过不断重复和强调“种花家”的概念，兔子们被赋予了一种为了这个大“家”而努力奋斗的神圣使命——即如剧中兔子所说，“用我们的双手，去创造一个吃得饱、穿得暖的种花家”；也如剧中代表中华民国的秃子在面对鹰酱给出的“把金门马祖卖了，退回本岛建立一个新的种花家”的建议时所说，“生是种花家的人，死是种花家的死人。谁搞台独，我搞他脑袋”。在反抗性叙事和“大国梦”叙事的脉络下，兔子的弱者人设得到强化，其为维护种花家的神圣不可侵犯性的一切行为都被赋予了正当性和合理性。

家国同构。在《想象的共同体》中，安德森认为，由于民族（国家）被想象成一个共同体，因而，它总是“被设想为一种深刻的、平等的同志爱，正是这种友爱关系在过去两个世纪中，驱使数以百万计的人们甘愿为民族——这个有限的想象——去屠杀或从容赴死”①。曼纽尔·卡斯特也认为，“民族主义的意识形态因为能够被人们个人的经验所吸收而产生想象，更能引起共鸣”②，从而帮助共同体成员形成对民族国家的认同。安德森和卡斯特同样认为，媒介和语言是最重要的民族国家的想象形式，正是对媒介和语言的运用，国家想象得以在文化实践中被制度化和符码化，“潜在地增强了人们对现实国家的理解、认同与自信”③。在国家强大的感召力召唤下，共同体成员愿意为了这个想象出来的实体团结一致、前赴后继。这也就解释了为什么在兔子的角色身份和“种花家”存在矛盾的情况下，依然不影响动画的叙事，原因就在于动画中暗藏的这种“家国一体”的创作意识：在家国同构的创作表达中，个体和国家互相指向、相互置换，同时相互建构，兔子所代表的现代中国的形象成为“多重身份的承载者，多重指向的集合者，多重情感的表达者”④。

---

① 本尼迪克特·安德森.想象的共同体[M].吴叡人译.上海：上海人民出版社，2005：6。
② 曼纽尔·卡斯特.认同的力量[M].夏铸九、黄丽玲等译.北京：社会科学文献出版社，2003：46。
③ 陈林侠.跨文化背景下电影媒介建构国家形象的重要功能[J].社会科学，2011(04)：178－183。
④ 陶冶.历史题材电视剧与国家形象建构研究[M].北京：中国社会科学出版社，2014：83。

自强不息、艰苦奋斗的国家品格。《那年那兔那些事儿》中的国家想象带有明显的情感偏好。在兔子这一形象的编码过程中，除了运用动画惯常的幽默、可爱等符号外，还设置了坚韧顽强的符号，也就是赋予兔子，确切地说，是赋予兔子所代表的中国以坚韧不拔、韬光养晦的形象特征；而一开始以“侵略者”“盗窃者”形象出现的约翰牛（英国）、高卢鸡（法国）、脚盆鸡（日本）等角色以及后来的白头鹰（美国）、白象（印度）等，由于弱者叙事的效果，造成了兔子和以鹰酱为代表的敌人们在形象上的落差；兔子和其他动物从头至尾呈现出的相互竞争角逐的关系。在这个世界里，有强者阵营和弱者阵营之分，而弱者是容易被欺侮的。在这种世界观之下，兔子阵营“一切为了种花家”的口号就显得充分而合理。

“大国梦”。《那年那兔那些事儿》刻画了两种国家（世界）的形象：一个是“种花家”，另一个则是非种花家。对于非种花家的形成过程，动画并未提及，而是通过主人公兔子和兔子以外的其他动物之间的关系表现出来。在《那年那兔那些事儿》中，象征中华民族的“种花家”被赋予了至高无上的地位，在第1集“种花家的崛起”中对“种花家”的历史即做了简短却精准的描述：

> “那年宇宙的一边有一颗美丽的蓝星，上面有一个地方叫种花家。在这里，炎总和黄总首先统一了这片地区。所以种花家居民都以炎黄自称。又经过了很多很多年，始皇帝一统六国，种花家的统治者称之为皇帝，接着还有汉唐盛世，蓝星的朋友都以到种花家进贡而感到荣耀。”

正因为“种花家”曾经有一段繁荣昌盛的历史，这和片中频频出现的兔子所期待创造的“大国梦”形成了一种落差。片中所谓的“大国梦”有一部分是以历史作为参照的；而“大国梦”的另一面则是由兔子的一系列对手，尤其以鹰酱（美国）为首，在与他们的对比中形成的。仔细观察这部动画的每一剧集会发现，片中所提国家的发展几乎仅仅涵盖了经济、军事和科技三个方面。

可以说，作为“二次元”文本的《那年那兔那些事儿》并不是一个封闭的世界，而是如同梅洛-庞蒂所指出的，它“意味着‘精神的’或文化的生活从自然的生活中获得了其结构，意味着有思维能力的主体必须建立在具体化的主体之上”①。

---

① 莫里斯·梅洛-庞蒂. 知觉现象学[M]. 姜志辉译. 北京：商务印书馆，2001：251。

在动画片中，“具有思维能力的主体”即动画的创作主体，“具体化的主体”则是动画故事中的主体，正如同前文所说的，创作者将自身转喻为了动画中的某一角色。

无论是转喻的思维，还是隐喻的策略，从根本上来说都是为了表达的需要。梅洛-庞蒂进一步追问道，语言除了表达思想，还能表达什么？他随即给出了答案——语言还“表达主体在意义世界中采取的立场，更确切地说，表达本身就是这种立场”。[①] 爱国主义的“二次元”表达最终实现了关于民族国家观念的话语生成，并向外呈现了青年群体的思想和立场，这便是梅洛-庞蒂所说的表达实现的第二层意义。

三、爱国主义的“二次元”互动表达实践

梅洛-庞蒂指出，表达是一种建构语言世界和文化世界的赋意活动，表达连接了作为主体的自我和作为他者的客体，并使二者在言语中不断突破沉默，而言语的生产性则使得公共含义在会话主体间的产生成为可能，而形成的公共含义在又成为新的表达活动的资源，创造出的新的公共含义继续在表达活动中发挥作用循环往复。因而，从这个角度出发，如同詹姆斯·保罗·吉所指出的，不仅要分析爱国主义在“二次元”文本中的表达的呈现形态和表达的语法规则，更应该关注作为“二次元”文本形态之一的网络动画，其表达活动吸引了哪些阅读者参与以文本为中心的互动？这些支撑和影响这些互动性的表达运行的机制及其最终结果又是什么？

1. 互动表达的前提：爱国主义的主体召唤

“人们以特定的方式使用特定的媒体和特定的媒体内容来满足特定的需求或一系列需求”[②]。互联网技术发展所带来的各种新媒体应向智能手机的用户们发出热情的邀约，鼓励他们对新媒体的随性使用，邀请他们进入甚至沉浸在新

① 莫里斯·梅洛-庞蒂. 知觉现象学[M]. 姜志辉译. 北京：商务印书馆，2001：251。
② 斯坦利·巴兰，丹尼斯·戴维斯. 大众传播理论：基础、争鸣与未来[M]. 曹书乐译. 北京：清华大学出版社，2014：45。

媒体的虚拟与狂欢的世界中。《那年那兔那些事儿》所依托的哔哩哔哩弹幕视频网从本质上来说是以弹幕技术为支撑的社交互动平台，既连接了天南地北相聚于此的用户们，同时也作为一个新生的媒介机构连接着主流社会，形成了三足鼎立的互动关系主体（图 2－20）。

其一，弹幕里的爱国情感互动。

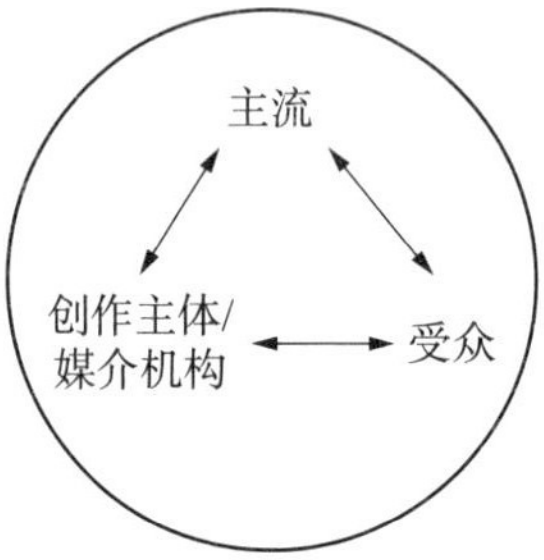

图 2－20 《那年那兔那些事儿》主体互动关系图

由于哔哩哔哩视频弹幕网有弹幕上限设置（具体如图 2－21），当弹幕数达到上限时，发布较早时间的弹幕会被清除。本研究运用爬虫技术抓取到弹幕共 45500 条，统计出每一集的高频弹幕共 24349 条并对其进行了类型划分（结果见表 2－12）。

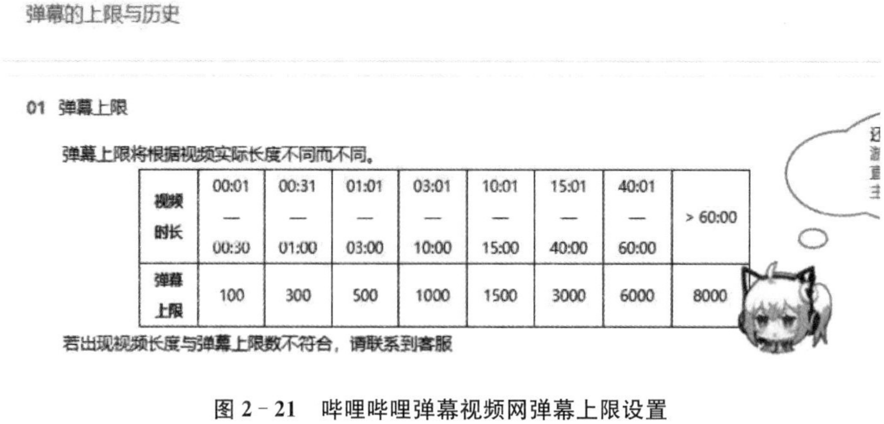
弹幕的上限与历史

01 弹幕上限

弹幕上限将根据视频实际长度不同而不同。

视频时长	00:01—00:30	00:31—01:00	01:01—03:00	03:01—10:00	10:01—15:00	15:01—40:00	40:01—60:00	> 60:00
弹幕上限	100	300	500	1000	1500	3000	6000	8000

若出现视频长度与弹幕上限数不符合，请联系到客服

图 2－21 哔哩哔哩弹幕视频网弹幕上限设置

表 2－12 《那年那兔那些事儿》高频弹幕类型

《那年那兔那些事儿》高频弹幕类型统计							
人物类		事件类		称呼类		评价类	
人物	次数	事件	次数	称呼	次数	对动画中的人物/情节的评价	次数
蒋介石	439	中国第一次发射两弹	31	我	1062	正面	1733
毛泽东	721	中华人民共和国成立70周年	16	你	933	负面	229
周恩来	85	银河号时事件	35	我们	1084	积极	714
孙中山	35	海湾战争	27	你们	605	合计	2676
张学良	250	改革开放	41	他们	33		
袁世凯	142	北伐	39	大哥	485		
陈赓	48	长征	78	合计	4202		
合计	1720	合计	267				
时间	次数	情绪反应	次数	态度类型	次数		
现在	181	感动	391	认同	205		
当时	97	笑	181	崇敬	3033		
合计	278	合计	572	感激	1075		
国家/地区类		观看者身份		感恩	141		
国家/地区名称	次数	身份划分	次数	自豪	700		
中国	221	年龄	265	期盼	1769		
苏联	146	特征属性（比如兴趣）	113	惋惜	107		
印度	97	地区	4921	坚定信念	1429		
日本	161	合计	5299	愤怒	143		
中国台湾	77			祝福	31		
合计	702			合计	8633		

数据来源：本书作者整理。

整理统计的高频弹幕,按内容将其划分成9种类型,表达态度的弹幕最多,占35.5%;其次是表达观看者身份的弹幕,再其次的是称呼类的弹幕。同时,参与弹幕互动的用户呈现一个共同特征,即以"(地区)兔(如粤兔、京兔、沪兔、闽兔)+报到"的形式作为参与证明。依托网络传播的《那年那兔那些事儿》与电视动画、动画电影等传统动画的最大差别正在于网络传播的用户中心特征所带来的自由书写、自由参与、自由讨论的环境。在这个环境里,创作者和用户共同构筑起关于某一个或某一类话题的意义表达。如果将这些高频弹幕类型并置一处,就会发现它们构成了一个完整的"时间+主体→人物/事件+情绪/态度/评价"的表达结构。这种表达结构突出表现在动画的刷屏弹幕中(参见表2-13)。"刷屏"弹幕反映的是用户对某一时间内的视频内容产生的共鸣,造成这段时间内的视频播放页面上出现大量相同内容的弹幕,就如图2-22所显示的那样。

表2-13 《那年那兔那些事儿》刷屏弹幕

集数	刷屏弹幕	集数	刷屏弹幕
1.1	"此生不悔入华夏,来世还生种花家"	1.2	"骗子,说好回来的呢"
1.3	"兔子急了是会咬人的";"如果奇迹有颜色,那一定是中国红";"敬礼"	1.4	"红色不能断";"勿谓言之不预也";"欢迎回家"
1.5	"每一只兔子都有一个大国梦"	1.6	"试试就逝世""90后/00后待命"
1.7	"谢谢老大哥"	1.8	"谢谢"
1.9	"(地区)兔敬礼"	1.10	"东风快递,使命必达";"确认过眼神,我遇上对的人"
1.11	"勿谓言之不预也"	1.12	"蒋公大义"
2.1	"从未见过如此厚颜无耻之人"	2.5	"透露个时间……"
2.6	"俺家全是";"总理男神"	2.7	我们也有(航母)了
2.10	"真是渣渣";"我会把这些挡在种花家之外的,一定"	2.11	大哥走好
E1	"中国红""背后即是祖国,我们无路可退"	E2	"让你们过去,我们就没有家了""你们是最可爱的人"
E3	"面子是自己争来的,不是别人给的"	E4	"敬礼"
E5	"欢迎回家"	3.1	"岂曰无衣,与子同袍"

续表

集数	刷屏弹幕	集数	刷屏弹幕
3.3	“你们那里没有×××(中国美食)啊”	3.9	“毛爷爷好”
3.11	“信你”“你给老子等着”	3.12	“蒋公大义”;“(湾湾)回来吧”
4.1	“这盛世如你所愿”	4.2	“星星之火,可以燎原”
4.5	“敬礼”“如果胜利不属于这样的队伍,那还会属于谁呢?”	4.6	“向英雄们致敬”“大吉大利,今晚吃鸡”
4.7	“永远是红的”“我们可是在长征里活下来的”“我们祖先可是在长征里活下来的”“在敌方野区浪起来”	4.8	向川兔致敬
4.10	“兔子的战士都是英雄”	4.11	总师大大;敬礼
4.12	“这盛世如你所愿”“欢迎回家”		

资料来源:本书作者整理。注:1.1表示动画第1季第1集,其他以此类推;“E”表示番外。

观看者发表弹幕的动机或目的在于表达其观看态度,这里所说的态度既包括用户对动画情节的反应,也包括他们对动画主旨的评价。从表2-13的内容可以看出,几乎每一条刷屏弹幕都充满了观看者的情绪、态度,从另一方面也说明《那年那兔那些事儿》几乎每一集都存在能够引起观看者广泛共鸣的情节。此处以第1季第2集略作说明:

图2-22 《那年那兔那些事儿》刷屏弹幕

——情节:兔子和毛熊决定支援北棒,兔子一切准备就绪,毛熊却迟迟未出现。兔子无奈,决定不等毛熊,先行进入北棒的地界。

——对应历史事件：抗美援朝。

在这一情节中，当其中一只举着火把的兔子在鸭绿江的界碑旁说："亲们，等我，我会回来的"，视频页面上开始出现一系列以"骗子"和"回来"为关键词的弹幕。从内容上来说，这些弹幕既是对兔子的台词的回应，也是观看者对故事情节的情绪反映(参见图 2－23、图 2－24)

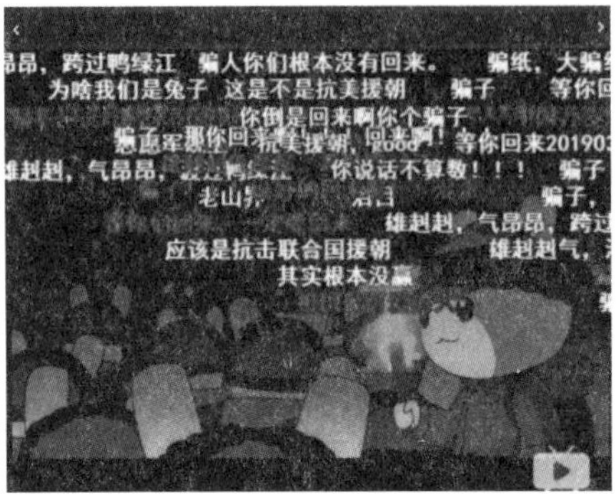

图 2－23　第 1 季第 2 集弹幕截图

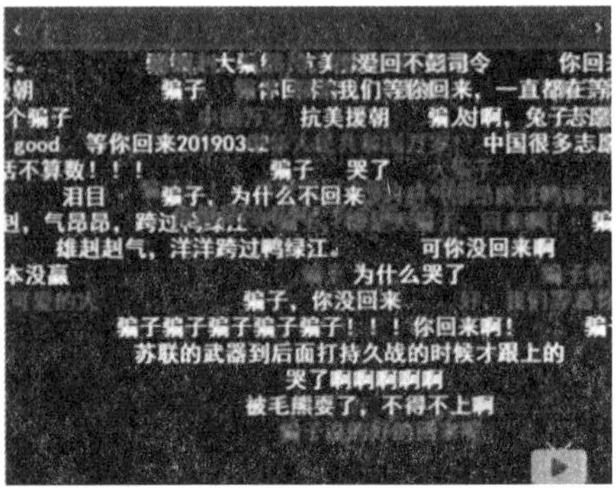

图 2－24　第 1 季第 2 集弹幕截图

第 2 季第 10 集：

——情节：沙漠骆驼从兔子那里买了许多军火武器用于战争，听到远处传来的阵阵枪声，兔子自言自语道："我会把这些挡在种花家之外的，一定！"

——该情节刷屏弹幕："我会把这些挡在种花家之外的，一定！"(图 2－25、图 2－26)

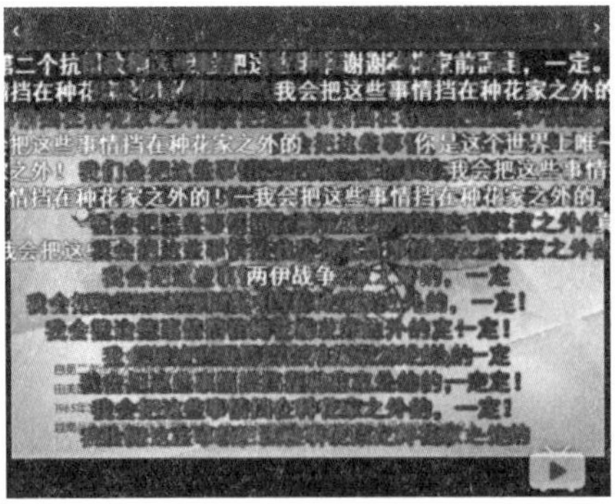

图 2－25　第 2 季第 10 集弹幕截图

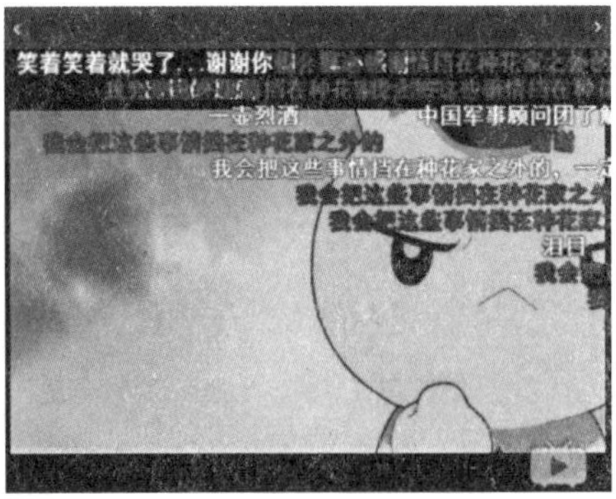

图 2－26　第 2 季第 10 集弹幕截图

这一情节中的刷屏弹幕从内容上来说，尽管是对动画中兔子的台词的重复，但从性质上来说，依然属于观看者对故事情节的反应。

第 4 季第 11 集

——情节：做火炮设计的总师兔子决定解甲归田，临走之际被另一只兔子留住，并告知他中央已经决定让总师兔子进行三代坦克的设计，总师兔子再三推辞，这只央求总师留下的兔子却问道：“难道一辈子了，您就不想别人再叫您一声总师大大吗？”

刷屏弹幕：“总师大大！”（图 2 - 27）

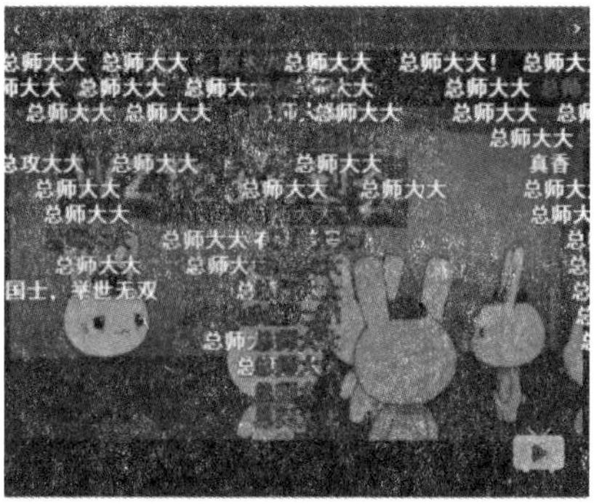

图 2 - 27　第 4 季第 11 集弹幕截图

上述两个情节刷屏弹幕的共同特征都在于与现实中的具体人物有关，“总师大大”则指的是独臂总师祝榆生。由此可以发现，尽管故事的表现形式是以“二次元”的形式呈现出来，但从本质上来说，动画中的所有隐喻实际都是对历史事件、历史人物的重新阐释，这种对历史的情境化、娱乐化的重新阐释，其背后实际是“二次元”亚文化群体对权威、主流话语和传统表达的解构和颠覆尝试，目的在于建立起亚文化群体自己的关于历史的呈现和读解。

其二，主流征用和收编：“二次元”文化和主流机构的文化互动。

根据人民网-军事频道报道，2018 年 1 月 17 日，“由陆军政治工作部文工团与厦门翼下之风动漫科技有限公司联合举办的军旅动漫《那年那兔那些事儿 · 陆军系列》座谈研讨会在华北宾馆举行，来自军队宣传部门领导、文艺评论专家、媒体及公众号代表参加了座谈”①。这一次的座谈促成了《那年那兔那些事儿》第四季的制作，而其中一个重要的制作方就是中国人民解放军陆军政治工作部文工团。如果说前三季是动画创作主体的单打独斗，属于“二次元”文化群体的自娱自乐，那么第四季的出现则可以看作是主流对“二次元”作品的收编。事实

① 人民网. 军旅动漫《那年那兔那些事儿 · 陆军系列》座谈研讨会举行[EB/OL]. http://military.people.com.cn/n1/2018/0119/c1011-29776025.html，2018 - 01 - 19。

上，早在动画问世的时候，主流收编就已经在逐步展开。根据网络检索，从动画播出的 2015 年至 2019 年 3 月，人民网、中国青年网、《解放日报》、中国军网、央视网等主流媒体、官方机构发布的相关报道共达 253 篇，@环球时报、@中国新闻网、@央广军事、@中国青年网、@共青团中央等官方和主流媒体的微博上也时常出现《那年那兔那些事儿》的相关内容。人民网“观媒”栏目的一篇题为《年轻一代表达爱国的二重奏》评论指出，以《那年那兔那些事儿》为代表的“二次元”作品，虽然“表达方式和主流媒体相差甚远——拥抱‘二次元’，夹杂亚文化，但精神内核却是妥妥的正能量。从这些独特的符号系统里，可以瞥见青年人思维与主流叙述的偏离与重合”。①

“爱豆”是英文 idol 的音译，它是相对于粉丝群体而言的，是粉丝对偶像的昵称。伴随网络文化的欣欣向荣，“爱豆”的含义逐渐从真人明星偶像扩展到产生于网络文化环境中的、为众多粉丝所喜爱和追崇的虚拟偶像，例如出生于 2012 年的虚拟形象洛天依就是典型一例。尽管偶像是虚拟的，但是粉丝确是真实存在的。和众多“二次元”作品一样，《那年那兔那些事儿》的主人公兔子也因其呆萌的外表、腹黑的性格收获了一众“小粉红”，他们亲切地称呼这只兔子为“我兔”，传递出鲜明的认同感。由于“小粉红”群体并不只沉溺于“二次元”的虚拟世界，也同时在关注现实中的国家大事，甚至以这两种生活的融合促使“我兔”从动画中虚拟角色的昵称转化为对祖国的爱称，学者何威将这种主动亲近政治的现象称之为“二次元”亚文化的“再政治化”，不仅其话语和行为上追求娱乐性，凸显了“洋溢着愉悦情感的‘爱’和戏谑的游戏感”；而且在其民族主义观念上，“被国家机构的主流价值观和科技公司泛娱乐化的商业追求所共同形塑”；在对现实政治的理解及对自身行动意义的自反性认知上，常常将国家民族相关话语转换成可以投射情感认同的“萌化”编码系统，在想象层面完成了用“爱”与“意志”代替“战争”与“阴谋”的国际政治博弈。因此，“二次元”文化的“再政治化”，更深一层地抵达了观念建构和意义生成的层面，却带来有别于传统的政治观念和意义。②

B 站上数千个由粉丝群体制作的《那年那兔那些事儿》衍生视频，以及“那年

---

① 陈悦祯. 年轻一代表达爱国的二重奏[EB/OL]. http://media.people.com.cn/n1/2017/0814/c404465-29469566.html。

② 何威. 二次元亚文化的“去政治化”与“再政治化”[J]. 现代传播，2018(10)：25 – 30。

那兔那些事儿”贴吧里粉丝如火如荼的讨论，甚至在以“帝吧出征”事件为代表的许多网络民族主义事件中，我们都能发现“那兔式”的话语表达。这种往返于历史、现实和虚拟世界的实践既在某种意义上搭建了亨利·詹金斯所说的属于粉丝自己的、“媒介生产者的直接控制之外运作的艺术世界”[①]，也从另外的层面上推动了爱国主义的网络再生，以“二次元”为领地，营造出一股浓郁的爱国气氛，“国家”的概念和形象借助“二次元”文化的力量得到加强和人格化，从而促使“二次元”群体对“那兔”的欢迎和喜爱很自然地过渡和移情至真实的民族国家上来，召唤出他们对祖国的认同，并在对祖国的赞美和欢呼中实现和巩固个人的身份认同。

2. 主流文化与“二次元”文化的互动机制

亨利·詹金斯指出：“粉丝之所以从所有文本中挑选出那些媒介产品，恰恰是因为那些产品能够成为表达粉丝既有的社会信念和文化利益的工具。”[②]这也在某种程度上印证了梅洛-庞蒂的观点——正是“由于我们属于同一个文化世界，更根本上而言，属于同一语言，我的和他人的表达活动关联到同样机制(Institution)”。[③] 这也是以表达为基础的互动发生机制。

其一，爱国主义的历史思潮成为互动表达的话语资源。青年爱国主义反映的是主体对本国的情感皈依，从本质上来说它是青年关于自己的国家和民族的积极意识，是青年爱国主义表达的内在动因。在过去历史中形成的青年爱国主义表达在社会变迁中不断沉淀，为新的表达方式的进行提供了话语资源。

80 年代可谓情绪化表达的滥觞。1981 年 1 月 26 日，《中国青年报》发表了一篇题为《从我做起，从现在做起》的社论。实际上，这一标题出现于社论发表的前一年，最开始由清华大学化学系学生在关于“社会主义制度优越性”的讨论中提出。从此，这一句话便开始成为一句在青年人中广泛流传、响彻大江南北的爱

---

① 亨利·詹金斯. 大众文化：粉丝、盗猎者、游牧民——德塞都的大众文化审美[J]. 杨玲译. 湖北大学学报(哲社版)，2008(04)：65－69。

② 亨利·詹金斯. 大众文化：粉丝、盗猎者、游牧民——德塞都的大众文化审美[J]. 杨玲译. 湖北大学学报(哲社版)，2008(04)：65－69。

③ Maurice Merleau-Ponty，La prose du monde，Gallimard，1969，p. 1994. 转引自唐清涛. 沉默与语言：梅洛-庞蒂表达现象学研究[M]. 北京：中国社会科学出版社，2013：166。

国口号。仅一年后，因观看当年中国和韩国的男排世界杯资格赛，在中国队以3∶2的成绩反败为胜后，北大学生在游行中高呼“团结起来，振兴中华”，更是激励了国人为国争光的斗志。从上述两个事件中可以看到，当时的青年表达爱国主义情绪的方式主要以口号的形式为主，并且这些爱国口号带有相对理性的色彩。

1985年以后，随着一系列民族主义事件的发生，中国青年对爱国主义的表达逐渐走向情绪化，房宁等人认为这两个事件“标志着青年们将爱国情绪用激进的‘运动’方式进行表达的开始”①。他们认为，由于爱国主义的理念在中华人民共和国成立以后一直是由官方宣传、倡导并引导人民在社会生活中展开实践的，因此可以说，长期以来，在中国“并不存在爱国主义的民间形式与非官方的表达”②，并认为从这一时期开始，当代中国青年的爱国主义表达开始沿着理性和情绪两条线索发展。

80年代后期以后，改革的深入进行引发了一系列深刻的社会问题，社会的不断开放则让青年人在不断汲取来自西方的价值理念的同时，也逐渐意识到了中西方无论在经济、政治还是社会、思想文化上都存在巨大落差，由此在青年人中产生了一种“以民族忧患、危机意识为基底，又掺杂了民族自卑感和自责情绪的复杂的爱国主义心态”③，加之在80年代新启蒙思潮的影响下，青年的爱国主义表达日益变得激进与盲动，并最终“动摇了部分高校学生的社会主义信念，激进的思想在80年代中后期转变为激进的政治学潮运动”④。

90年代实际上是个性化自我表达的时代。澳大利亚学者贝弗利·胡珀在对中国青年的研究中发现，从改革开放到90年代的中国青年，其共同特征在于这些时期的中国青年都是“改革时代的产物”⑤。曾在80年代末写下《第四代人》的张永杰和程远忠将这一区别于过去“政治时代”并作为“经济时代”产物的

---

① 房宁，王炳权，马利君，等.成长的中国——当代中国青年国家民族意识研究[M].北京：人民出版社，2002：28。

② 房宁，王炳权，马利君，等.成长的中国——当代中国青年国家民族意识研究[M].北京：人民出版社，2002：30。

③ 崔健.转向与重构——20世纪80年代以来青年爱国主义观念的演变轨迹[J].西南大学学报(社科版)，2014(02)：50-54。

④ 吴秋兰.改革开放30年青年学生爱国主义表达的变化轨迹[J].中国青年研究，2009(1)：21-24。

⑤ 贝弗利·胡珀.中国青年：90年代这一代人[J].王崇能译.当代青年研究，1992(06)：41-46。

一代人称之为“第四代人”，并认为第四代人与1949年前出生的第一代人、1949年后出生的第二代人以及在“文化大革命”中成长起来的第三代人的最大的区别，或者说第四代人最重要的特征在于其强烈的自我意识，这就造成了青年不仅在思想观念、生活方式和表达方式上表现出与官方的倡导不一致的特点，对一些热点事件的反应也往往超乎官方预料。

90年代初，联合国通过了美国提议的制裁中国议案，开始对中国进行经济制裁，这一制裁的通过和逐步实施，使得当时在全球范围内掀起了一股反华浪潮。中国国务院原副总理钱其琛在其《外交十记》中曾写道：“在我担任外长十年期间，中国外交所经历的最艰难的时期，莫过于20世纪80年代末到90年代初的那段时间。”[①]作为最敏感的社会群体的青年，自然也感受到了国家面临的危机。伴随“银河号事件”“美国轰炸中国驻南斯拉夫大使馆事件”“两次台海危机”等等事件的发生，以及90年代初由中国社会科学院年轻学者何新提出的反西方思想在社会引起的回响，加上随后分别由几个青年人写的《中国可以说不》《妖魔化中国的背后》《全球化阴影下的中国之路》等政论著作的问世，一种新的区别于官方的民间民族主义开始在中国青年心中滋生。复旦大学陈周旺认为，这种来自民间的民族主义思潮实际上是由“国家主导的民族主义框架与民间社会自发形成的家国情怀交互作用的结果”[②]，尤其反映在当时的通俗文学（以金庸、古龙等为代表的武侠小说）、各类武术连环画和融入了主流意识的流行音乐中。

除了各类出版物外，随着中国互联网的接入，网络成为人们表达观点的新方式和新阵地。以“美国轰炸中国驻南斯拉夫大使馆事件”为例，这一事件让许多中国人第一次通过互联网表达爱国主义。事件发生后的第二天，《人民日报》专门开设了“强烈抗议北约暴行BBS论坛”，成为国内新闻媒体最早开设的网络论坛；中国多地的青年学生为此进行了声势浩大的抗美游行活动，甚至包围冲击美驻华领事馆。根据陈继静的研究，当时网友在该论坛上发布的帖子多达9万多条，一个月后，“抗议论坛”改为“强国论坛”。“在全球中文论坛排行榜上，‘强国

---

① 钱其琛. 外交十记[M]. 北京：世界知识出版社，2003：165。

② 陈周旺，吴兆哲. 十年家国梦：1980年代中国民族主义思潮的兴起——以街头媒介为中心的考察[J]. 新闻记者，2018(03)：66－73。

论坛’的发帖量和访问量都名列第一，成为国内最著名的官方论坛。”①

90年代以后中国青年对爱国主义的表达与以往的最大不同在于，中国青年国家民族意识的内部和外部语境的变化。根据《1996年中国青少年思想道德文化发展状况研究报告》，“中国青年对于国家综合国力及中国国际地位方面的评价，对于中国国民经济发展状况的评价，特别是有关人民生活水平方面的评价极大地提升”②。伴随着中国青年对国家经济认同度的提升，以及由成功举办亚运会、港澳回归、申奥成功等成就展示出来的日益强盛的国家实力，“国人的民族意识也由80年代的负态向正态回归”③。王春风认为，促使90年代中国青年民族意识增强的一个外部原因，主要在于当时的国际格局和中西关系的变化。90年代以后中国面对的一系列外交风波以及世界格局的深刻变化，都对中国的发展构成了不同程度的威胁和障碍，自然会促使包括青年人在内的中国人民的民族意识普遍上升，“民族意识的表现程度与民族所面临的生存条件的压力成正比”④。

21世纪以来以新型传播技术为支撑的多模态、多元化表达给爱国主义展演带来新的多重变量。进入新世纪后，中国和世界的发展都迈向了一个新的台阶，国际局势也愈加复杂多变。从2003年开始，一个叫“网络民族主义”的概念开始频繁出现在报刊文章和学者的评论中。根据中国知网显示，关于“网络民族主义”的学术研究最早开始于2004年。中国社会科学院新闻与传播研究所网络与数字传媒研究室主任闵大洪认为网络民族主义是中国网络舆论的两个重要倾向之一，这一倾向尤其表现在人们的对外态度上。事实上，从“网络民族主义”这一概念兴起于因2003年中日关系的紧张状态，日本伤害和侵犯中国国家利益的种种行径致使中国民众反日情绪高涨，而互联网平台则为民众提供了广阔且自由的情绪宣泄口。率先提出“网络民族主义”概念的李慕瑾认为，所谓“网络民族主

---

① 陈继静. 国际冲突语境中的互联网传播（1999—2008）：多元表达的文化认同阐释[J]. 国际新闻界，2008(09)：15－20。

② 王春风. 转向与疏离：20世纪90年代以来青年国家民族意识分析[J]. 贵州民族研究，2007(01)：20－25。

③ 王春风. 转向与疏离：20世纪90年代以来青年国家民族意识分析[J]. 贵州民族研究，2007(01)：20－25。

④ 王春风. 转向与疏离：20世纪90年代以来青年国家民族意识分析[J]. 贵州民族研究，2007(01)：20－25。

义”指的是“以网络为平台，发表爱国主义言论，反对狭隘的民族主义；以网络为‘根据地’，集结志同道合者并采取反对日本右翼的具体行动”[①]。可见，“网络民族主义”最开始是作为一种现象被论者提出来的。伴随网络技术的迅猛发展和社交媒体的出现，和国内外各类重大事件（尤其是关乎中国国家利益）的此起彼伏，这一现象已是司空见惯。然而，网络民族主义却绝不能以“现象”简单概括之，更不能止于“现象说”。学术界的普遍观点是，网络民族主义是中国民族主义思潮在网络时代的延续和发展，更有论者认为，如果从中国接入互联网、中国人开始上网开始算起，到今天为止，网络民族主义已经经历了三波浪潮了。王洪喆等人的《从“迷妹”到“小粉红”：新媒介商业文化环境下的国族身份生产和动员机制研究》一文对中国网络民族主义的这三波浪潮进行了分析，并总结了各个时期的网络民族主义的突出特点：

第一波网络民族主义浪潮是以70后为主体的从1998—2005年。由于这个时期互联网刚在中国落地不久，较高的准入门槛使得民族主义者的情绪表达和观点讨论主要集中在以BBS为代表的论坛上。另一方面，从冷战环境中成长起来的、带有中国传统家国情怀的70后，他们对国际局势的变化及其对中国的发展有可能造成的影响密切关注，使得他们在一些重大事件上的言论上表现出相当强烈的“防御性和公共性，同时对内表现出批判现实的倾向”[②]。

第二波网络民族主义浪潮大致始于2008年，在2010年告一段落，以80后为主体。王洪喆等人的这篇文章指出，由于80后群体的双重特征——一方面他们部分“继承了70后批判现实主义的家国情怀”[③]，尤其在亲历了2008年年初的雪灾、“奥运火炬传递事件”、“家乐福事件”、“汶川地震”，以及北京奥运会成功举办等，青年人的民族自信心、凝聚力以及对国家的认同感进一步强化；另一方面，他们不仅是第一代网民，也是“网络屌丝文化、游戏文化、动漫文化等网络亚文化的第一代深度参与者”[④]，致使无论从网络民族主义的起因、活动场所、动员方式

① 李慕瑾. 网络民族主义掀开中国民族主义新篇章[N]. 国际先驱导报，2003-09-23。

② 伍老师. 从网络民族主义说开去：中国网络民族主义在三波浪潮中的嬗变[EB/OL]. https://mp.weixin.qq.com/s/7RkTpG2ke4nTo1I4JERUCg，2017-02-13。

③ 王洪喆，李思闽，吴靖. 从“迷妹”到“小粉红”：新媒介商业文化环境下的国族身份生产和动员机制研究[J]. 国际新闻界，2016(11)：33-53。

④ 王洪喆，李思闽，吴靖. 从“迷妹”到“小粉红”：新媒介商业文化环境下的国族身份生产和动员机制研究[J]. 国际新闻界，2016(11)：33-53。

乃至话语特征等，这一次的浪潮都与第一次有了很大的不同，其中最大的不同就在于 80 后群体自身的网络亚文化属性，这就造成他们在面对某些事件时，往往易于情绪化和自我解嘲。

第三波网络民族主义则以 2016 年的“帝吧出征”事件为代表。这次的主体参与者则是比 70 后、80 后更活跃、更具娱乐态度、解构和戏谑能力的 90 后，在这一次的浪潮中，一个被称作“小粉红”的网络青年爱国群体出现了。王洪喆等人指出，“与 60 后、70 后的知识青年，80 后的军迷，以及以男性为主体的‘知情的民族主义者’相对应的 90 后网络亚文化和粉丝群体，他（她）们的民族主义的形成与表达和网络商业化与全球化时代的跨界流动有着非常直接的关系。如果说任何民族主义情感的基础都是建构‘自我’与‘他者’、‘内部’与‘外部’、维系‘想象的共同体’的符号体系，那么新一代的民族主义的‘表情包’来源，需要到已经弥漫在年轻人日常生活中的娱乐文化中去寻找”①。这也是为何近几年来，无论是在社交媒体上分享自己的日常生活，或是在社交媒体上与家人朋友聊天，还是在某些攸关国家利益、民族尊严等重大事件上的爱国反应，年轻人主要以表情包或自制微视频的形式进行自我表达的主要原因。

2016 年发布的《社会蓝皮书：2017 年中国社会形势分析与预测》指出，在现在的网络社会中存在一个十分引人注目的“小粉红”群体，并认为这是一群活跃于网络社会中“富有文化自信的一代，其在成长过程中享有改革开放的红利，目睹国力强盛，成为世界第二大经济体，因而对此前所谓西方范本不以为然，对于国家模式和发展道路认同度更高，为国家几十年取得的成就而自豪，乐于在网上传播正能量”②。

其二，“二次元”文化成为互动表达的生成语境。有研究认为，亚文化群体对爱国主义的主动表达十分突出地反映了青年亚文化的主流化诉求，而这种主流化诉求的动因一方面是由于网络民族主义思潮的催化，另一方面也是亚文化群体为自身正名的内在要求。由于青年亚文化和主流文化始终存在着无法调和的矛盾，致使包括“二次元”文化在内的青年亚文化在很长一段时间内处于边缘化、

---

① 王洪喆，李思闽，吴靖. 从“迷妹”到“小粉红”：新媒介商业文化环境下的国族身份生产和动员机制研究[J]. 国际新闻界，2016(11)：33－53。

② 报告精读|社会蓝皮书：2017 年中国社会形势分析与预测[EB/OL]. https://www.ssap.com.cn/c/2016-12-21/1048295.shtml。

不被主流社会正视的尴尬处境。而伴随最早一批“二次元”爱好者逐渐成为现实社会中的中坚力量并获得一定社会地位之后，如何调和现实世界和兴趣世界之间的龃龉成了他们不得不面对和解决的问题。在这种情况下，为“二次元”亚文化和“二次元”文化群体正名成了当务之急。于是，“寻找一条与社会主流话语的有效对接路径，完成 ACG 爱好的自我合法性论证，就成为了当务之急；而民族主义或者爱国主义话语，正是相对而言最为近便的选项之一”①。

但是，需要进一步思考的却是：“二次元”的文化语境究竟为青年爱国主义的创造性表达提供了什么，致使前文所述的三大主体形成了一种意义竞争的互动关系？

“二次元”既是对 ACGN（动画、漫画、游戏、轻小说）等媒介形态的统称，也意指由这些媒介所形成的虚拟世界。很多人误认为只要是 ACGN 作品就是“‘二次元’的”，但实际上“二次元”群体所认为的“二次元”更多是对“架空世界”或者说梦想世界的一种称呼。亚文化群体之所以会将“二次元”视作并打造为他们的梦想世界、架空世界，是因为在现实世界中受到诸多限制，面对解决无门的尴尬局面以及满腔情绪和想法无处表达、表达无效的困境，“二次元”为他们创造了无限的自我价值与信仰的表达空间。在这里，“世界”的创造者们从现实世界的规则执行者变身为想象世界的“造物主”，通过对想象世界的构建弥补他们在现实世界中的无奈与失落。因而，从本质上来说，“二次元”的世界是一种想象的世界，一种精神的世界，是一种表现为“我选择，我相信，我行动，我创造自己的价值与信仰，我为由此产生的一切后果负责”②的理念世界。

在这种理念世界里，创造者们可以拒绝一切现实生活的准则，而以他们自己的方式、以青年人的方式作为新世界的运行规则，“他们对未来的探究充满着乌托邦色彩，而对自我的探究又激发起关于成长、梦想与坚持的热情，这些构成了‘二次元’文化重要的精神内核”③。

---

① 林品．青年亚文化与官方意识形态的“双向破壁”——“二次元民族主义”的兴起[J]．探索与争鸣，2016(02)：69－72。

② 王玉王．“选择服从”与“选择相信”——“二次元存在主义”的内涵与实践[J]．文艺理论与批评，2018(4)：86－106。

③ 孙黎．二次元文化的精神内核[N]．中国青年报，2017－6－19。

3. 青年爱国主义“二次元”表达的多维面向

发达的网络和移动媒体不仅扩大了“二次元”文化群体的知识面，也让他们得以时刻获悉世界热点事件——中东地区的动荡局势、世界部分地区爆发的武装冲突、日本右翼势力抬头、美国对中国的围追堵截等冲突事件都让中国青年深以为戒，造成他们对本国国家安全产生不同程度的担忧意识；另一方面，国际上此起彼伏的“中国威胁论”论调、部分外国人对中国人的歧视和侮辱等在某种程度上也会反向加深中国青年的民族情感……这些都在一定程度上营造了青年爱国主义表达的外部环境。廉价的网络信息技术，“二次元”媒介的网络化、普及化，“二次元”文化的勃兴，在为青年提供不同的自我表达领域的同时，也为青年的表达提供了创新的动力。

胡疆锋认为，尽管以“二次元”文化为代表的青年亚文化有其独特的风格，但亚文化青年在成长过程中始终受到各种主流思想、主流文化的影响，致使他们根本无法完全逃脱主流文化的笼罩。因而，尽管他们“对主导文化构成了一种‘仪式抵抗’”，但在主流文化和父辈文化的影响下，亚文化青年们实际并不完全排斥拥抱传统。来自“二次元”平台机构和主流的认可不仅使“二次元”青年们鼓足了勇气，也使得他们对主流意识形态的表达扩展到更多的面向，形式愈加丰富多样。从这个意义上来说，“二次元”文化群体不仅表达了自己的爱国意识，更彰显了自己作为新的社会主体的存在。亚文化和主流文化的互动使得业已被主流社会认可、已自我孵化的“二次元”表达不断沉淀为一种新的知识和文化，而表达方式/手段也同样一并形成，这便是“二次元”表达的最终意义。

本章结语

本研究以作为“二次元”文本的网络动画《那年那兔那些事儿》为个案，以梅洛-庞蒂的表达理论为根据，从表达形态、表达策略和生成机制三个方面分析总结出了青年爱国主义“二次元”表达的三层意义：

首先，青年爱国主义的“二次元”表达是一种关于历史的创造性视觉表达：通过图像模态、文字模态、声音模态等的组合协作，创造新的文化图腾的同时，实现对社会政治空间的再现愿望；

其次，青年爱国主义的“二次元”表达，本质上是“二次元”文化群体关于民族国家观念的隐喻性话语实践，并且以隐喻的方式实现政治立场的表达；

最后，青年爱国主义的“二次元”表达实现了主流文化和青年亚文化的互动，并在互动过程中逐渐沉淀为一种关于爱国主义话语表达的知识和文化。

作为“二次元”代表性文本之一，《那年那兔那些事儿》既是“二次元”文化群体自我合法性论证的尝试，同时也借助新兴的视频网站平台和弹幕技术的支持，与参与主体建构起一个爱国狂欢空间，将本该严肃的爱国主义情感和思想，利用网络话语和“二次元”世界交际话语，稀释于娱乐化的多模态视觉表达之中。“那兔式”的爱国主义表达方式在近年来一些影响较大的事件中屡见不鲜，如“帝吧出征”、由南海仲裁案引爆的微博话题“中国一点都不能少”、“萨德”事件、“中印洞朗对峙事件”、意大利奢侈品牌“D&G 辱华事件”等等关乎国家利益的事件。

事实上，青年尤其是亚文化群体“对自身爱国角色的认知不是容易形成和定型的，多种因素左右、决定、影响着青年人对自己爱国角色的认知，他们会跟社会发生互动，他们对角色的认同，也有自己的愿望和动机在里面，他们参与了意义的修改”。[①] 但这并不能否认亚文化青年群体表达国家观念、民族意识的愿望和动机，《那年那兔那些事儿》中青年爱国主义的“二次元”表达模式表明：亚文化青年群体不仅具有表达的强烈愿望和创造能力，而且在和其他社会主体互动的过程中，他们一方面塑造和建立起了自己的爱国角色并实现了爱国主义表达方式的创新；另一方面，青年爱国主义的“二次元”表达，其根本目的在于向主流社会表达部分亚文化群体的政治参与愿望及其政治立场。

（方乔杉，张健）

本章参考文献

1. A. J. 格雷马斯. 论意义：符号学论文集（上册）[M]. 吴泓渺、冯学俊译. 天津：百花文艺出版社，2011。
2. A. J. A. 格雷马斯. 结构语义学[M]. 蒋梓骅译. 天津：百花文艺出版社，2001。
3. 巴赫金. 巴赫金全集（第一卷）[M]. 晓河、贾泽林等译. 石家庄：河北教育出版社，1998。

---

① 杨敏. 话语符号历史模态重构爱国语境[M]. 北京：中国书籍出版社，2017：163。

4. 陈红梅. 互联网上的公众表达[M]，上海：复旦大学出版社，2014。
5. 代树兰. 多模态话语研究——电视访谈的多模态话语特征[M]. 上海：上海外语教育出版社，2015。
6. 恩斯特・卡西尔. 论人：人类文化哲学导论[M]. 刘述先译. 桂林：广西师范大学出版社，2006。
7. 邓小平. 邓小平文选[M]. 北京：人民出版社，1983。
8. 房宁，等. 成长的中国——当代中国青年国家民族意识研究[M]. 北京：人民出版社，2002。
9. 米埃尔・涂尔干. 宗教生活的基本形式[M]. 渠东、汲喆译. 上海：上海人民出版社，2006。
10. 梅洛-庞蒂. 眼与心[M]. 刘韵涵译. 北京：中国社会科学出版社，1992。
11. 米歇尔・福柯. 词与物[M]. 莫伟民，译. 上海：上海三联书店，2002。
12. 米歇尔・福柯. 知识考古学[M]. 谢强、马月译. 北京：生活・读书・新知三联书店，1998。
13. 莫里斯・梅洛-庞蒂：《知觉现象学》[M]，姜志辉译，北京：商务印书馆，2001。
14. 亨利・列斐伏尔. 空间：社会产物与使用价值[A]. 包亚明. 现代性与空间的生产[C]. 上海：上海教育出版社，2003。
15. 胡疆锋. 中国当代青年亚文化：表征与透视[M]. 北京：中国电影出版社，2016。
16. 胡壮麟. 韩礼德学术思想的中国渊源和回归[M]. 北京：外语教学与研究出版社，2018。
17. 蒋晓丽，赵毅衡. 传播符号学访谈录：新媒体语境下的对话[C]成都：四川大学出版社，2017。
18. 李四达. 新媒体动画概论[M]. 北京：清华大学出版社，2013。
19. 李勇忠. 话语叙事中的喻性思维[M]. 北京：中国社会科学出版社，2017。
20. 刘晗. 从巴赫金到哈贝马斯——20 世纪西方话语理论研究[M]. 成都：西南交通大学出版社，2017。
21. 马睿，吴迎君. 电影符号学教程[M]. 重庆：重庆大学出版社，2016。
22. 爱德华・萨丕尔. 语言论[M]. 陆卓元译. 北京：商务印书馆，1985。
23. 本尼迪克特・安德森. 想象的共同体[M]. 吴叡人译. 上海：上海人民出版社，2005。
24. 布龙菲尔德. 语言论[M]. 袁家骅等译. 北京：商务印书馆，1997。
25. 兰比尔・沃拉. 中国：前现代化的阵痛[M]. 廖七一、周裕波、靳海林译. 沈阳：辽宁人民出版社，1989。
26. 塞缪尔・早川，艾伦・早川. 语言学的邀请[M]. 柳之元译. 北京：北京大学出版社，2015。
27. 斯坦利・巴兰，丹尼斯・戴维斯. 大众传播理论：基础，争鸣与未来[M]. 曹书乐译. 北京：清华大学出版社，2014。
28. 贝弗利・胡珀：中国青年：90 年代这一代人[J]. 王崇能译. 当代青年研究，1992(06)。

29. 安慧敏.“燃”字的形容词词性探究[J]. 学语文,2018(5)。
30. 陈风华,弗朗西斯科·韦洛索. 多模态话语研究的过去、现在与未来——基于国内与国际核心期刊的可视化分析[J]. 西南民族大学学报(人文社科版),2018(2)。
31. 陈凤霞. 浅议网络爱国主义的传播方式及发展趋势[J]. 新闻知识,2013(4)。
32. 陈后亮. 后现代主义与再现的危机——兼论后现代文学的创作特点及文化意义[J]. 国外文学 2014(1)。
33. 陈继静. 国际冲突语境中的互联网传播(1999—2008):多元表达的文化认同阐释[J]. 国际新闻界,2008(9)。
34. 陈林侠. 跨文化背景下电影媒介建构国家形象的重要功能[J]. 社会科学,2011(4)。
35. 陈晓萌,陈一愚:泛二次元:中国动画电影发展新趋势[J]. 当代电影,2016(10)。
36. 陈周旺,吴兆哲. 十年家国梦:1980 年代中国民族主义思潮的兴起——以街头媒介为中心的考察[J]. 新闻记者,2018(3)。
37. 崔健:转向与重构——20 世纪 80 年代以来青年爱国主义观念的演变轨迹[J]. 西南大学学报(社会科学版),2014(2)。
38. 何威:从御宅到二次元:关于一种青少年亚文化的学术图景和知识考古[J]. 新闻与传播研究,2018(10)。
39. 何威. 二次元亚文化的“去政治化”与“再政治化”[J]. 现代传播,2018(10):25 - 30。
40. 李凤兰,彭红秀,杜云素. 焦虑中的反叛与韧性:青少年网络交往中的话语表达[J]. 中国青年研究,2018(8)。
41. 林品. 青年亚文化与官方意识形态的“双向破壁”——“二次元民族主义”的兴起[J]. 探索与争鸣,2016(2)。
42. 马中红. 新媒介与青年亚文化转向[J]. 文艺研究,2010 年(12)。
43. 亨利·詹金斯. 大众文化:粉丝,盗猎者,游牧民——德塞都的大众文化审美[J]. 杨玲译. 湖北大学学报(哲社版),2008 年(04)。

第三章　网络游戏社群的情感传播机制

在互联网的语境下，网络游戏除了满足人们休闲娱乐的需求外，更为玩家们提供了角色扮演、社会互动、情感体验等多元化的功能，由此网络游戏逐渐融入人们的日常生活当中，网络游戏亚文化也逐渐脱离了小众文化的范畴，被越来越多的人接受，游戏玩家也随之从边缘群体回归到了普通人群。对于普通网民来说，网络游戏已经成为其日常生活中更加重要的组成部分。

《2019 年中国游戏产业报告》[①]显示，游戏产业进入严格管理的一年多来，呈现强势回暖趋势，而创新度提升成为 2019 年一大特点，取得令人信服的成绩。2019 年中国游戏产业实际销售收入为 2308.8 亿元，同比于 2018 年增长 164.4 亿元，同比增长 7.7%，增速较之前提升 2.4 个百分点。用户规模方面，进入稳定发展阶段。其中，自主研发游戏稳健发展，电子竞技游戏市场快速增长，电子竞技产业也已成为世界上最具影响力和最具潜力的电子竞技市场。中国电子竞技游戏市场收入从 2018 年的 834.4 亿元增长至 2019 年的 947.3 亿元，增加 112.9 亿元，同比增长 13.5%。从网络游戏的市场结构来看，传统的客户端网络游戏虽然在现在迅速兴起的移动游戏和电子竞技游戏的冲击下开始下降，但依然占据了市场的重要部分。

游戏是大众媒介，更是社会自我的延伸[②]。互联网时代，在技术与需求的双重驱动下，各类互动数字媒介不断涌现，形成了以情感传播为核心的多态互动的媒介社会。互联网的虚拟共在性，使得网络虚拟空间中的成员可以达到一种虚拟空间的共同在场，个体可以足不出户便通过网络发生各种社会关系；在这种关

---

① 伽马数据. 2019 年中国游戏产业报告[EB/OL]. https://www.thepaper.cn/newsDetail_forward_5283845，2019-12-19。

② 马歇尔·麦克卢汉著. 理解媒介：论人的延伸[M]. 何道宽译. 南京：译林出版社，2011：265。

系中，成员以共同的目标、兴趣为指引，通过互动形成难以计数的“趣缘”群体，进而借助丰富的媒介符号进行更深层次的情感互动。以网络游戏作为互动媒介，玩家与玩家的互动成为网络游戏互动中最为重要和最具创新性的互动类型。[①]与传统媒介相比，网络游戏所具备的多元情感表达方式能在更大程度上实现游戏玩家之间的情感传播。

在网络游戏虚拟社区中，千千万万的玩家根据相同的兴趣指引进行互动，并在互相交换资源的过程中形成群体，而这些群体与现实社会中的群体又有着一定的相似性和差异性。在网络游戏社群中，社群成员之间会产生何种情感？这些情感的形成与传播机制是什么？情感对维系社群的文化认同与群体团结有何影响？这些问题吸引着政府、学术界、游戏界面平台等各方人士的高度关注。

有学者认为，网络游戏是一种文化娱乐符号，游戏玩家之间的互动本质是一种符号互动。Choi D，Kim J. 就发现，网络游戏互动功能的强弱一定程度上影响了玩家对游戏产生忠诚度的高低，进而影响了用户对游戏的粘度。该研究发现，玩家获得最佳游戏体验的前提是玩家能够与游戏系统进行有效的个人互动或是玩家彼此之间能够进行愉快的社交互动。[②] 齐水霞则发现，人们进入游戏是为了满足社交和自尊的需求，玩家在游戏社交中建构自我形象，并通过消费行为满足其自我呈现。[③]

情感在社会互动中产生并流通。在网络游戏中，玩家的情感体验一方面来自于玩家与游戏之间的互动，即对游戏故事背景、角色、玩法、规则等的感受。另一个更重要的方面则来自于玩家之间冲破时间和地域限制所产生的互动。情感资源的交换成为吸引玩家聚集和互动的因素，同时也是网络游戏社群凝聚的驱动力，情感能量在流通的过程中也对社群成员的行为、认同感、团结感等方面产生了影响。因此，网络游戏玩家在游戏中的情感性行为和基于此形成的情感结构在逐渐得到了学界的关注，对于网络游戏社群互动的研究也逐渐从符号互动向情感传播的机制发生转向。国外的相关研究主要集中在对于玩家在游戏过程

---

① 弗里德里．在线游戏互动性理论[M]．陈宗斌译．北京：清华大学出版社，2006：40。

② Choi D，Kim J．Why People Continue to Play Online Games：In Search of Critical Design Factors to Increase Customer Loyalty to Online Contents [J]．CyberPsychology & Behavior，2004，7(1)：11－24.

③ 齐水霞．网络游戏玩家的自我呈现与虚拟消费行为研究[D]．北京邮电大学，2019：18。

中产生的积极情感进行分析，并将符号互动视为社会情感联结的关键性因素。J. Pena 等人认为网络游戏互动中的文本内容大部分为社会情感和积极价值，而产生这种社会情感的关键因素则是玩家间的有效沟通互动。① Cole 等人发现，大型多人在线角色扮演游戏是一个具备高度社会互动的虚拟空间，能够为参与其中的成员提供建立友谊和情感关系的机会。② Hsiao 提出，网络中心性能够帮助游戏玩家获取更多的资源，资源的易得性满足了玩家的游戏需求，从而使玩家产生愉快的情绪并获得良好的游戏体验感。③

过去几年，国内外学者对于网络游戏的情感行为以及玩家的情感结构等方面做出了一些新的尝试和分析，虽然较为松散，但也有人或多或少地关注到了有关网络游戏情感研究的领域。孙欢从网络游戏玩家的群体心理根源出发，并利用相关报道分析游戏玩家的群体性行为，认为玩家在游戏的过程会产生自我中心感、打破规则的胜利感、梦想成真的愉悦感以及远离生活困境的舒适感等方面的心理情感因素。④ 刘研从微观层面的游戏元素和宏观层面的互动仪式两个部分对网络游戏情感传播的过程进行分析，并得出“情感传播是玩家通过网络游戏进行互动的本质”这一结论。⑤ 徐静从情感理论的视角出发，用实证研究的方法对青少年在网络游戏中的情感互动进行分析，认为互动的形式主要分为追求自我认同、交换文化资本以及获得网际权力这三个方面，而这些互动样态又携带着明显的情感化特征。⑥ Sublette 等人通过对研究 MMORPG 的 16 篇论文进行梳理回溯，总结发现只有那些被归类为“上瘾”或“有问题”的游戏玩家才会获得明显的负面结果。大部分研究都得出了类似的结论，即网络游戏玩家在游戏过程

---

① Pena, J., Hancock, JT. An Analysis of Socioemotional and Task Communication in Online Multiplayer Video Games [J]. Communication Research, 2006,33(1): 92 - 109.

② Helena Cole, B Sc, Mark D Griffiths. Social Interactions in Massively Multiplayer Online Role-Playing Gamers [J]. CyberPsychology&Behavior, 2007,10(4): 575 - 583.

③ Cheng-Chieh Hsiao, Jyh-Shen Chiou. The effects of a player's network centrality on resource accessibility, game enjoyment, and continuance intention: A study on online gaming communities [J]. Electronic Commerce Research and Applications, 2012(11): 75 - 84.

④ 孙欢. 网络游戏的玩家群体行为探悉及其社会影响[D]. 吉林大学，2007：35。

⑤ 刘研. 电子游戏的情感传播研究[D]. 浙江大学，2014：82。

⑥ 徐静. 认同、权力、资本：青少年网络游戏中的情感研究[D]. 浙江大学，2015：13 - 14。

中能够获得轻松、愉悦、成就感等积极而正向的情绪。① Joachim Stoeber 等人利用激情的二元论模型作为理论支持，在对 MMORPG 玩家进行调查和访谈的过程中发现和谐性激情和强迫性激情会分别给玩家带来积极和消极的情感体验。其中，玩家具体情感的独特性变化还受到玩家个体性差异的影响。②

对于网络游戏社群情感的研究导向也从符号层面逐渐转向对其传播的机制研究。诸葛达维认为，网络游戏是一种虚拟共在的互动仪式，这种仪式活动是社群成员间社会交往的情感纽带，成员通过仪式互动获得符合身份的游戏文化符号，这些符号赋予了玩家关于社群的认同感与团结感。③ 曹歆曼提出，游戏的本质是情感传播，游戏是一种承载着虚拟社群情感价值观的媒介，网络游戏中的情感传播是了解社会情感互动逻辑的模板。④ 还有学者从权力仪式机制、社群互动过程、互动行为实践、价值体系等层面对网络游戏社群成员的互动进行分析，进而从网络游戏社群内部的互动机制出发对社群运营提出了建设性的意见。⑤

综上可见，学界对于网络游戏社群的情感研究已经逐渐从符号表层转向情感的生成机制；网络游戏促进了玩家之间的社会关系，成为玩家之间情感交流的连接方式。因此，研究网络游戏社群的情感传播机制更有助于观察成员间的社会交往与情感联系模式。本研究拟从以下维度来对网络游戏社群的情感传播机制进行分析：首先，分析网络游戏社群情感传播的动力资源，即推动网络游戏社群情感传播过程的两个关键性资源要素——身份符号和情感能量。本研究以《剑网三》游戏中的"醉枕"帮会为例，结合符号学和仪式理论的相关知识分析其帮会成员在游戏内外的互动过程中所形成的身份符号与情感能量的特点。其次，基于网络游戏社群进行互动的资料，探讨其进行情感传播的过程。这一部分主要通过对在线观察和访谈资料的整理，并结合互动仪式链理论将网络游戏社

① Sublette V A, Mullan B. Consequences of Play: A Systematic Review of the Effects of Online Gaming [J]. International Journal of Mental Health & Addiction, 2012, 10(1): 3 - 23.

② Stoeber J, Harvey M, Ward J A, et al. Passion, craving, and affect in online gaming: Predicting how gamers feel when playing and when prevented from playing [J]. Personality & Individual Differences, 2011, 51(8): 991 - 995.

③ 诸葛达维. 游戏社群情感传播的互动仪式机制研究[J]. 浙江传媒学院学报，2018，25(01)：123 - 129 + 142。

④ 曹歆曼. 情感社会学视域下网络游戏的情感传播逻辑[D]. 四川外国语大学，2019：21。

⑤ 李思科. 基于互动仪式链的网络游戏社群研究[D]. 浙江传媒学院，2019：12。

群情感传播的过程进行描述，该过程包括聚合、协作、循环三个主要阶段。第三，根据观察和访谈资料并结合互动仪式链理论中对仪式的相关分析，对网络游戏社群情感传播的结果进行总结，分析其对现实生活产生的意义，进而对未来网络游戏社群情感传播研究进行展望。

案例研究是处理有待研究的变量比数据点还要多的特殊情况[①]，是社会组织、社区研究所倡导的质化研究方法之一。本研究旨在研究互联网背景下网络游戏社群的情感传播机制，倾向性地选取了大型国产 3D 角色扮演电脑客户端游戏《剑网三》（全称《剑侠情缘网络版叁》）作为个案进行分析。《剑网三》在 2009 年公测，是一款以大唐天宝四年为背景的 3D 武侠角色扮演电脑客户端游戏，凭借地形植被渲染技术、场景光影特效和 SpeedTree 等引擎特效来展现中国传统武侠世界，将诗词、歌舞、丝绸、古琴、饮酒文化、茶艺、音乐等多种具有中国传统文化特色的元素融入游戏中，展现给玩家一个气势恢宏、壮丽华美的大唐世界。加之研究者之一对这款游戏的体验时间较长，对该游戏的发展和认知过程较为清晰，便于进入该游戏社群进行深入研究。

《剑网三》作为一款大型多人在线角色扮演类网络游戏，具有较高的用户活跃度和市场占有率。与其他射击类、冒险类、益智类、恋爱类等类型的网络游戏相比，该游戏不仅仅为玩家提供了互动的机会，更是将玩家的游戏身份融入游戏背景中去，建立起属于每一位玩家的特有身份背景，进而形成社区关系网络。玩家不仅仅以游戏胜利为目的进行互动，更是在虚拟空间中对现实生活场景进行模拟，在虚拟社区中建立并提升自己的声誉度，从而满足情感互动的需求。该游戏是国产角色扮演类网络游戏的代表作品之一，具备了该类型游戏的普遍特征：

一是角色扮演。每一款角色扮演类游戏都有着自己特有的世界观，在塑造世界观的过程中游戏《剑网三》形成了庞大的剧情系统。剧情的来源一般分为两种：一种是做任务可以获得游戏主线剧情，玩家通过这些主线任务的指引一步步了解游戏背景；另一种是通过“阅读书籍”等附加玩法了解游戏故事背景中的其他奇闻异事。游戏玩家在剧情系统的支撑之下进行着角色扮演的行为。在游戏初始，每位玩家都需要进行游戏角色的创建，玩家在对游戏角色进行职业和外观的选择过程，也是玩家将个人偏好和情感代入该角色的过程。与同样是以“成

① 罗伯特·K. 殷. 案例研究：设计与方法[M]. 周海燕等译. 重庆：重庆大学出版社，2017：1。

长"为主题的养成类游戏不同的是，养成类游戏大多数为由玩家扮演父母等角色来抚养孩子的模式，而角色扮演类游戏是将玩家自身代入到游戏世界中去。

二是社会层级。通过对现实社会的高度模拟，角色扮演类网络游戏中同样也存在着等级的划分。首先，所有的游戏角色都是从一级开始，通过完成主线任务进行经验和装备的提升，进而提高角色等级直至满级。其次，游戏角色满级之后依然有很多指标对其等级进行划分，例如游戏系统会根据角色在一定时间内的贡献值、参与度、竞技能力、指挥能力等数据进行定期的排名更新，位于前列的角色会进入排行榜进行全服的展示。另外，除了个人的排名，系统还会对如帮会、阵营等社群群体进行排名，位于排行榜前位的帮会、阵营在之后的活动任务中拥有额外的优势奖励。

三是人际关系。为提高玩家的互动性，角色扮演类网络游戏在玩法中设置了各类不同的人际关系。例如，好友关系、情缘关系、师徒关系、仇杀关系等。由于游戏的多人在线参与性，游戏设置了需要多人合作完成的任务，玩家在"出入江湖"的过程中需要与他人组队完成一些任务，会选择与他人建立好友关系甚至是更为稳定的师徒关系。为了满足更丰富的情感需求，玩家还可以与他人建立情缘关系和仇人关系，前者会有技能属性加成、经验加成或其他特殊玩法，后者则可进行 PK 玩法。

为补充案例研究方法本身的结构性不足，本研究采用访谈法中的非结构型访谈形式，希望通过自由交谈的形式灵活地分析和了解抽象、复杂的问题。通过深度交流，可以获知《剑网三》游戏玩家的游戏行为、游戏内外的交往和互动方式。同时，为更加深入地了解网络游戏社群成员在游戏过程中的情感体验与互动方式，笔者还将观察对象范围聚焦到该游戏的一个具体帮会。该帮会在阵营性质上属于 PVP[①] 帮会，帮会内部规则对入帮玩家有一定的集体活动参与度要求。在笔者进行参与式观察的这一游戏赛季，该帮会活跃度稳定在服务器前十。本研究在该帮会成员中随机抽取了 30 位访谈对象，其中大部分访谈对象为在校大学生，其次是社会工作人员，年龄集中 20—30 岁这一分段，男女性别比例为 1：1，平均游戏体验时长在 1.8 年左右(参见表 3－1)。

---

① PVP，指玩家对战玩家(Player versus player)，即玩家互相利用游戏资源攻击而形成的互动竞技。

表 3-1 访谈对象基本信息表

序号	游戏 ID	性别	年龄	参与游戏时长	访谈时间
1	霸刀不霸道	男	90 后	1 年	2020-1-20
2	白岸风	男	90 后	1 年	2020-1-20
3	半邪半仙	男	95 后	2 年	2019-11-25
4	不岛岛	男	95 后	3 年	2019-11-25
5	不太甜	女	95 后	1.5 年	2019-11-25
6	吃草莓	女	90 后	2 年	2020-12-03
7	炽离	女	95 后	1.5 年	2019-11-25
8	春风不得意	男	90 后	2 年	2019-12-19
9	帝凡	男	90 后	2 年	2019-12-19
10	关中二少	男	85 后	4 年	2020-1-20
11	救救奶油	女	95 后	1 年	2019-11-25
12	君同青空	女	90 后	1 年	2020-1-20
13	蓝绒	女	95 后	0.5 年	2019-11-25
14	李老师	女	90 后	1 年	2020-1-20
15	龙西	女	90 后	1 年	2019-12-19
16	楼小平	女	90 后	2 年	2020-1-20
17	麦特凯	男	95 后	1 年	2019-12-18
18	满怀	男	95 后	2 年	2019-12-18
19	曲困困	女	95 后	2 年	2019-12-18
20	山野有雾灯	女	95 后	1 年	2020-1-20
21	睡了吗	女	00 后	4 年	2020-1-20
22	苏念	女	95 后	2 年	2020-12-19
23	唐湛	男	95 后	2 年	2020-1-20
24	我是莫问	女	95 后	2 年	2020-1-20
25	西瓜	女	95 后	1 年	2019-12-19
26	小暮春	男	95 后	2 年	2019-11-25
27	药仙	男	90 后	3 年	2019-11-25

续表

序号	游戏 ID	性别	年龄	参与游戏时长	访谈时间
28	叶婷婷	男	95 后	2 年	2019－12－18
29	渣渣螺	男	95 后	2 年	2019－11－25
30	醉帝帝	男	95 后	2 年	2019－11－25

资料来源：本书作者整理。

为多方搜集关于《剑网三》的资讯，包括该游戏的官方网站、论坛、贴吧、微博等资讯网站，本研究还采取了观察研究法。观察的范围主要包括社群在游戏内互动和游戏外互动两个层面：一方面，进入被观察帮会的 QQ 群、YY 频道等即时通讯软件，在线参与式观察玩家游戏外的日常互动情况，并参与帮会所组织的游戏外各项活动；另一方面，在观察过程中设置"体验游戏"环节，笔者还沉浸到游戏中去，与被访者一起参与并体验游戏内容，以便观察社群在游戏内的互动。具体形式包括研究者与游戏互动产生的个人游戏体验，以及与观察对象进行组队活动，从而更贴近研究对象，弥补访谈法的不足。

一、相关概念与理论框架

斯蒂文·小约翰提出："理论的最基本的方面是概念。人类本质上是以概念处理为基础的动物。我们整个的符号世界——一切已知事物——源于概念的形成。"①而对学术研究来说，在一个内涵明晰、界定准确的概念系统中进行讨论是一般科学认知、科学研究的基本规范。本章的概念"不是定义，也就是说我们并未宣称自己享有特权接近每个概念的'真正'意义。它们不是定义，而是下一步理论与实践工作的起点"②。

1. 情感、情感传播与网络游戏社群的概念

"情感"是什么？情感时常与情绪、感受、心情等术语转换使用，用来表达某种具体的情感状态。有关情感的研究涉及生物学、心理学、社会学、伦理学等多

① 斯蒂文·小约翰. 传播理论[M]. 陈德明、叶晓辉译. 北京：中国社会科学出版社，1999：39。
② 约翰·费斯克，等. 关键概念：播与文化研究辞典[M]. 李彬译. 北京：新华出版社，2004：4－5。

个研究领域，情感的界定十分松散。由于研究视角的差异，对情感的定义也是千差万别、各有侧重。

从生物学的视角来看，情感是身体变化的结果。它的本质是一种化学反应，是大脑皮层在外界的刺激之下而产生的一种感觉。从心理学的角度出发，情感是人对待客观事物的态度，是人脑对客观事物和主体关系的反映。相对于短期情绪，情感的形成需要经历一个长期的过程，稳定且持久。从社会学的角度来看，情感是人类联系的黏合剂，大多数社会学家都主张情感是社会建构的。① 情感可分为基本情感和次级情感。传播学则认为情感是人际互动所产生的主要态度之一，多数情况下产生于人际传播中的非言语行为之中。欧文·戈夫曼注意到，人体的表达是一种符号活动，具体包含两种类型：他给予的表达和他表露出来的表达。② 即使通过微观层面的面对面交流行为，也能够让互动双方察觉到彼此是如何相互评价对方的。本研究所涉及的“情感”一词注重其传播学和社会学的意义，侧重其在媒介传播过程中的工具性效果，以及其对社会关系的维系作用，剖析媒介产品中情感的扩散传播机制和对社群关系维持的影响。

何谓情感传播？至少从词源上，“情感传播”是“情感”与“传播”两种含义组合的结果，同样也是外延性较大的一个概念，不同的学科视角有着不同的关注重点。情感传播涉及社会学、心理学、公共关系、文化研究等多个研究领域，但总体来看有关情感传播的概念界定并不十分清晰。一方面，情感不完全等同于情绪，它是关联规则、道德和文化的结构化存在；另一方面传播既是对信息的动态传输，也是对社会价值的内在建构。③ 基于此，有学者将情感传播定义为“人们以一定的情境和机制为基础而进行的人际交往或群体互动，其目的是实现情感和意义的共享”④。也有学者认为社会情绪的感染传播与情感传播是有联系的，他们认为情感传播本质上是一个情绪通过其嵌入的社会网络而进行传播的过

---

① 乔纳森·特纳，简·斯戴兹. 情感社会学[M]. 孙俊才、文军译. 上海：上海人民出版社，2009：2。

② 欧文·戈夫曼著. 日常生活中的自我呈现[M]. 冯钢译. 北京：北京大学出版社，2008：2。

③ 王斌. 数字平台背景下情感传播的成因、风险及反思[J]. 电子科技大学学报（社科版），2019，21(03)：85－90。

④ 蒋晓丽，何飞. 互动仪式理论视域下网络话题事件的情感传播研究[J]. 湘潭大学学报（哲学社会科学版），2016，40(02)：120－123＋153。

程。[①] 综上所述，情感传播的过程承载的不仅是表层的图文符码，更重要的是对价值认同和集体情绪的传递与塑造。

随着社交网络的普及和数字平台的发展，情感传播的概念随着传播媒介的变化而发生了变化。要理解互联网环境下的情感传播，还需回到社会的历史变迁和现实表征中来。根据有学者的观点，情感传播随着我国不同的社会发展阶段的发展而产生了不同的形态。[②] 首先，在较早的乡土社会，情感联结较为紧密的宗族社群成为互动发生的区域，人情与人脉关系奠定了情感传播的基础结构。到单位社会阶段，情感传播被打上了集体化的情感烙印，单位领导以人格魅力开展的情感工作和思想动员会影响信息的传递。[③] 之后是市场社会阶段，情感传播的媒介和受众都发了极大的改变，大众文化产品成为流行的传播媒介，受众也逐渐突破束缚开始追求自我的独特性，对情感的需求也变得更为多元化。如今，在网络社会阶段，传播的情感属性借助社交媒体带来的便利而得到空前地增强；在市场化和数字化的双重影响之下，情感传播日益在重塑传播主体和社会动员等方面发挥作用[④]。

结合本章的研究问题，本书比较倾向于从互动关系维持视角出发对情感传播进行定义，关系维持这一观点为情感传播理论的研究提供了较为宏观的分析视角。情感传播作为传受双方关系维持中内容纬度的重要组成要素，主要涉及的是维持双方的情感互动对彼此战略性关系维持的影响。[⑤] 综上所述，本研究将情感传播定义为个人之间、集体之间以及个人与集体之间通过交换、传递情感而进行关系维持的互动过程。

何谓网络游戏社群？网络社群，又称虚拟社群（Virtual communtiy），是由现实社群衍生而来的一种社群形式。网络社群是互联网与现实社会互相融合的产物，既保持了现实社群的核心要素，同时又发展出了适应互联网环境的特征。

---

① 安璐，欧孟花．突发公共卫生事件利益相关者的社会网络情感图谱研究[J]．图书情报工作，2017，61(20)：120－130。

② 王斌．数字平台背景下情感传播的成因、风险及反思[J]．电子科技大学学报（社科版），2019，21(03)：85－90。

③ 袁光锋．公共舆论建构中的“弱势感”——基于“情感结构”的分析[J]．新闻记者，2015(04)：47－53。

④ 王斌．数字平台背景下情感传播的成因、风险及反思[J]．电子科技大学学报（社科版），2019，21(03)：85－90。

⑤ 陶薇．论组织战略性公共关系维持中的情感传播策略[J]．商业时代，2011(13)：33－34。

早期有关网络社群的研究将其定义为一个形成于网络空间的社会关系网络的聚合体。[①] 在这个群体中，成员因相近的兴趣爱好而进行讨论和互动，从而形成长时间持续的情感共鸣。随后，一些国外学者从不同的角度对网络社群进行了定义。Hagel&Armstrong(1999)[②]认为网络社群是指在没有时间和空间限制的条件下，有着相同利益需求或兴趣的人聚集在一起的群体。Gupta&Kim(2004)[③]将网络社群定义为，虽然彼此互不了解，但有着共同目的或需求的人在网络空间中而形成的群体，其互动目的包括但不限于分享资源、获取情绪体验、建立社交关系等。“当人们对某种文化产生共同兴趣并产生共同的生产、消费行为时，人们之间会相互模仿、相互传染，他们所消费的文化也会形塑其行为方式，经过时间的累积，这些人群的心理、行为等方面的相似性会更为明显，族群的特征也由此显现。”[④]

根据以上说明，概而言之，网络社群的形成需要具备四个关键性要素：群体(主体)、网络空间(媒介)、交流互动(形式)和共同兴趣与目标(目的)。网络社群与现实的社群一样，都是由社会关系网络所建构而成的。基于网络空间所形成的网络社群，不仅打破了传统的社群构想，不再以地域作为社群建构的核心，而且形成了一种具有资源共享与情感关联的网络社群文化。作为网络社群的一种典型类型，网络游戏社群的形成过程同样具备以上四个要素。因此，本书将网络游戏社群视为基于对同一款游戏的共同兴趣的人们通过网络空间进行相互沟通且彼此分享游戏知识而形成的群体。

2. *互动仪式链理论*

互动仪式链理论起源于宗教研究范畴，并逐渐扩散到日常生活领域。涂尔干的宗教社会学理论较早地关注到了仪式的社会功能。他在对宗教生活进行研

---

① Rheingold H. The Virtual Community: Homesteading on the Electric Frontier [M]. HarperPerennial, 1993: 56.

② Armstrong, A, and Hagel III, J.. The real value of on-line communities [J]. Harvard Business Review, 1996,74(3): 134 - 141.

③ Gupta, S., Kim, H. W. Virtual Community: Concepts, implications, and future research directions [R]. Proc-eedings of the Tenth America's Conference on Information Systems, NewYork, 2004.

④ 彭兰. 新媒体用户研究[M]. 北京：中国人民大学出版社，2020：79。

究的过程中，提出仪式首先是社会群体定期重新巩固自身的手段之一的观点。[①]仪式作为一种行为规则，形塑了人们在宗教生活中的行为方式。通过举行特定的仪式形成一种集体欢腾的场景，仪式的文化濡化作用使个体能够感受到一种超出自我的集体情感，人的社会情感被唤起，这是一种直接的认同感，从而使得社会群体的团结得到巩固。戈夫曼则是从微观互动的角度出发将涂尔干的仪式研究进一步深化，他把重点放在人与人之间的互动之中，将仪式对社会关系和社会结构的影响进行了启发性的分析。由此他创造性地提出了"互动仪式"这一概念，指出这是一种程序化的意义表达模式，"行动者在每一阶段的人际互动之后，都用模式化了的行为——这种行为调用了际遇的规则，并变成了规则流通的中介或传输通道——结果来对之加以标注……最为明显的是，这些仪式维持着风度和尊重"[②]。

柯林斯沿袭了戈夫曼的"互动仪式"概念来开展研究。涂尔干和戈夫曼的仪式研究发现并强调了仪式的社会功能，却未把重点放在仪式作用的机制上。直到柯林斯的互动仪式链理论研究，才将重点放在了阐释仪式作用机制上，认为互动仪式是一个长期的过程，其核心机制是成员在参与仪式的过程中形成并分享共同关注的焦点，进而感受到对方的微观节奏和情绪，高度的互为主体性与情感连带形成了与认知符号相关的群体身份感。根据柯林斯的观点，互动仪式是一组有因果关系与反馈循环的过程，互动仪式由四种主要的组成要素或起始条件和四种主要的结果构建而成(参见图 3－1)。[③] 四种要素主要是[④]：两个或两个以上的人聚集在同一场所；对局外人设定了界限，参与者知道谁在参加；人们将注意力集中在共同的对象或活动上，并彼此传达而共享关注的焦点；人们分享共同的情绪或情感体验。

这里主要介绍一下对本研究颇有价值的两个概念：情感能量和符合资本。一是情感能量。情感能量是在互动仪式市场中流通的一种关键资源，同时也是互动仪式得以进行的核心要素和结果。情感能量并非简单意义上的具体"情感"，它强调的是一种特殊的社会取向，指的是成员对进入特定情境参与互动仪

① 爱弥尔·涂尔干. 宗教生活的基本形式[M]. 渠敬东、汲喆译. 北京：商务印书馆，2011：473－477。
② 乔纳森·H. 特纳. 社会学理论的结构(第 7 版)[M]. 邱泽奇等译. 北京：华夏出版社，2006：380。
③ 兰德尔·柯林斯. 互动仪式链[M]. 林聚任、王鹏、宋丽君译. 北京：商务印书馆，2009：87。
④ 同上。

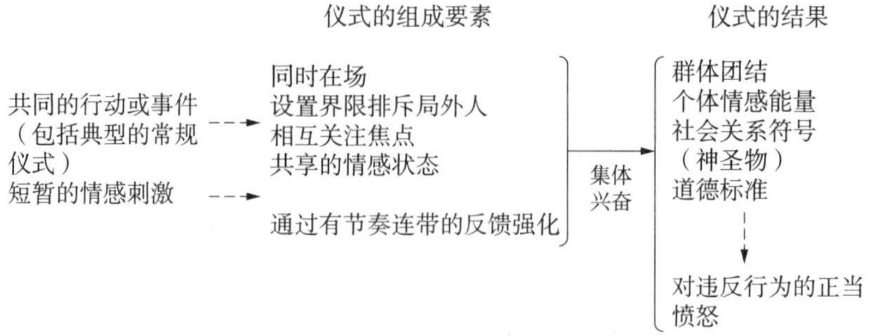

图 3-1 柯林斯互动仪式的基本流程图

式和获得特定成员身份的期望,这是一种长期的结果。在互动仪式市场中,情感能量是推动个体进入市场的动力资源。个体因对情感的需求而进行仪式互动。某些个体相比其他人拥有高度的情感能量储备,因而有更多的情感能量资源投资于互动仪式市场,并创造出围绕自己的关注焦点,而这些个体将会比其他人要求得到更多的情感能量。这是一个短暂情绪向长期能量转化的过程。情感能量在不同情境中流通,仪式成员在一个个际遇中收获了彼此之间和自我的认可,进而这种认同感的累积逐渐汇聚成团结感和凝聚力。例如某一社团成员们进行某种形式的“团建”活动,其短期的情绪要素是友情或娱乐,然而长期的结果是更进一步的群体团结和归属感。

上述的群体团结和归属感正是互动仪式链理论中的情感能量。可见,情感能量并不是单纯的个体的情绪,它指的是个人对于群体的仪式团结的追求。情感能量驱使个体成员为满足这种认同需求而进入互动仪式,为了保证互动双方情感储备的平衡性,个体所做的选择是有意识的、理性的。再从群体的角度来看,群体内个体对共同目标的追求能够保证群体内部的相对稳定和团结,从而使整体中的个体都能获取他们所需的情感能量。

二是符号资本。互动仪式中另外一个关键因素是符号资本,这是成员在互动仪式过程中赖以交流的媒介。符号资本的成功交换要求互动双方的资源储备是平衡的。具体来说,若是两个符号储备量差距较大的际遇者相遇,会形成无法理解对方所表达意义的局面,意义的共享空间无法开启,因此难以成功维持互动仪式。个体所拥有的资源是不平等的,符号资本储备的多寡决定了每个际遇者在互动仪式中的地位和权力。互动仪式是分层的,某些人处于被关注的中心位置，而另一些则是处在边缘位置甚至被排除在外。拥有较多符号资本的个体所产生的身份效果和权力效果都要优于符号资本贫乏者。例如，在我们日常课堂的情境下，老师相对而言是处于中心位置的最高程度的参与者，他拥有较多的符号资本因而获得学生们较多的回应和赞同；相比之下，拥有较少符号资本的学生则会处于边缘甚至外围的位置，投入仪式互动的热情和收获的情感能量也随之降低。

柯林斯提出，互动仪式链是架通微观社会和宏观社会的基础，“IR 理论……是给予涂尔干及他的研究群体、戈夫曼及他的追随者、还有当今研究日常生活中的情感和过程的社会学家以活力的学术兴奋的表现”[①]。他认为这两者之间是统一的、不可割裂的，宏观过程来自于微观际遇在时间和空间的积累所形成的链条关系，即互动仪式链。

互动仪式链是社会结构的基础，人与人之间的互动是社会结构的最基本要素，因此真实的社会情境中充满了互动仪式。葬礼上痛苦的身体姿态、流泪的脸庞是对已逝之人表达哀思的仪式；互相接触、亲吻、拥抱，以大声、热情而重复的声音将胜利告诉他人是表达胜利喜悦的仪式；亲密的性行为是表达伴侣间情爱的仪式；接受他人敬酒是表示接纳、友好的仪式，拒绝他人敬酒则容易被理解为排斥、反感的仪式；独自思考是内化的仪式，是表达自我认可和团结的仪式。

整个社会可以被视为一个连续的互动仪式链。人类为了寻求情感能量，从一种际遇流动到另一种际遇，不同层次的情境带来不同水平的际遇，际遇者将资本和情感进行交换，从而形成了不同形式的互动仪式，在这之后情感能量又驱动着互动仪式进行长期的循环[②]（参见图 3－2）。当具有一定符号资本和情感能量的互动者离开一种际遇后，将会产生出进一步的互动需求，并继续寻找能够满足需求的际遇。由此可以预测未来发生的事情：人们在不同的情境下所形成的团结性会有多大？又将会建立起何种类型的身份符号？这些符号又是如何将特定的人群进行关联？

---

① 兰德尔·柯林斯. 互动仪式链[M]. 林聚任、王鹏、宋丽君译. 北京：商务印书馆，2009：84。
② 兰德尔·柯林斯. 互动仪式链[M]. 林聚任、王鹏、宋丽君译. 北京：商务印书馆，2009：214。

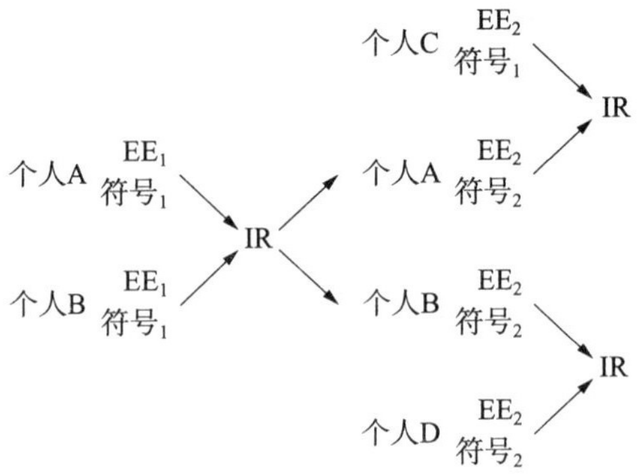

图 3－2　互动仪式链图示

柯林斯的互动仪式链理论还将仪式本质视为一个身体经历的过程。在传统媒体发展的时代背景下，媒介信息的传播多是单向性的，因此身体的共同在场是传统互动的必备条件。亲身在场能够便于互动双方快速明确地察觉到彼此通过视觉暗示发出的信号，捕捉到对方从姿态语言中流露出来的情感状态，并确认双方是否拥有相同的关注焦点，进而达到主体间性的状态。反之，若没有亲身在场这一重要条件，即使能够获得一定程度上的局部参与感，但更强烈的缺失感使得成员无法直接接触到仪式活动中其他成员感染性的情感行为，最终导致参与者无法体验到全部的情感投入。不可否认的是，身体接触的时空限制会在一定程度上阻碍了成员参与互动的直接性和持续性，甚至还会对仪式结果产生负面影响，即伴随互动仪式产生的集体情感将面临着被削弱的危险。然而在技术的赋权下，移动设备和社交媒体得以充分发展，这一点在一定程度上能够得到修正与弥补。

需要注意的是，网游社交平台由网游世界衍生，但它们不是网游世界的镜像或附庸，而是以它的时空特点和交往对象的扩大化为基础再造了另一个场景，与网游世界构成了一种互嵌和互构的关系。[①] 网络虚拟空间中的成员可以借助数字媒介达到一种虚拟的共同在场。网络是将过去的符号再次符号化的载体，网络空间所呈现的都是客观事物的代表物，符号将这些真实事物的最主要特点展现出来。人们在网络空间的行动也是现实的人符号化的结果。在多数情况下成

① 鲍娟．“场景”视域下青少年的网游日常生活研究［D］．苏州大学，2021：109。

员虽然都未能处于同一个物理空间，但伴随移动互联网而来的参与的即时性、互动性能够打破时间和地域的屏障，并营造出一种更为真实的时空同在感。随着多媒体元素的不断增加，社群成员在同一个虚拟空间内能够以多元化的方式进行互动，共同关注的内容和共享的情感也越来越贴近现实生活的情境，这是一种虚拟的共在仪式。于是，一种基于虚拟空间成员同在的集体意识与情感联结便产生了。

网络游戏社群是基于虚拟空间的共同在场条件下产生的，其内部有一套完整的运行模式。从内部成员的聚集方式、互动行为等可以看出，网络游戏社群是对同一款游戏的兴趣或关注的人们通过网络空间进行相互沟通且彼此分享游戏知识而形成的群体，其成员的情感互动具备了虚拟的共同在场、设置局外人界限、拥有相同的关注焦点以及共享的情感状态这四个要素，因此使用互动仪式链理论来对网络游戏社群内部的情感传播机制进行分析也具备了一定的合理性和可行性。

二、情感能量与符号资本是网络游戏社群情感传播的动力资源

情感是一种社会黏合剂。情感社会学家乔纳森·特纳指出，情感既是文化和社会结构动力机制的关键，又是人际互动的关键。[①] 在人的群体互动中，情感能够唤醒并维持社会结构的结构化排列。[②] 丰富的情感特征赋予人类多样的人格魅力，人们可以借助情感这一巨大的资源库去释放和表达具体的情感状态。情感带来的影响是两面性的，人们可以借助情感来铸造社会关系，同样，情感也可能导致彼此间的疏离，进而造成社会结构的崩坏和文明的失落。

人类用符号创造文化。符号学家卡西尔认为，人是符号化的动物，人类生活中最具代表性的特征是符号思维和符号行为。[③] 人不同于动物的关键之处在于人能够发明并运用符号，符号加强了自我的显现，而非仅仅对信号做出条件反射。在网络世界中，原来的符号被再次符号化，人们借助技术的赋权对客观事物

---

① 乔纳森·特纳，简·斯戴兹. 情感社会学[M]. 孙俊才、文军译. 上海：上海人民出版社，2009：242。
② 乔纳森·特纳. 人类情感——社会学的理论[M]. 孙俊才、文军译. 北京：东方出版社，2007：7。
③ 恩斯特·卡尔西. 人论[M]. 甘阳译. 上海：上海译文出版社，1985：35。

进行重新的符号阐释。符号成为客观事物，甚至心情、思想的代替，文化也因此得以延续下来。因此，人类互动的本质是关于符号的互动，研究网络社群的情感传播现象时亦不能脱离符号进行分析。

情感交往与符号互动共同建立起观察网络游戏社群建构的重要视角。符号的作用是将某一情境的特征区别出来，并使它们的反应能够出现在个体的经验之中。[①] 个体有选择性地进入到符合自我经验和关注焦点的情境当中去，经过实时的反应和节奏化的活动，情感被唤醒并得到符号化的表征。在情感和符号的相互作用之下，符号本身及其相关的思维能够进一步激活产生团结的情感，而这一过程也正是互动仪式中最关键的部分。

成功的互动仪式能够生成高度的情感能量与符号资本。它们可以作为互动仪式的重要资源在群体成员之间循环，随着时间的进程，两种资源进行不断的累积。在储备量到达一定程度之后再次进入到互动仪式市场中去，进行社会关系与文化情感的再投资，以期得到更高的投资回报。因此，情感能量与符号资本是互动仪式过程中最重要的两种动力资源。网络游戏社群是一种典型的亚文化社群，其内部的符号互动与情感交往也同样遵循了互动仪式的基本规律。

1. 身份符号：成员参与互动仪式的前提条件

从具体的社会现实而言，每个人天生所拥有的资源是不平等的。而社群成员获取资源的第一步便是进入到互动仪式当中，获得成员身份符号。身份符号作为个体成员进入特定互动市场所必备的条件，承载着该群体中成员的身份意义，同时也是成员之间相互沟通的重要媒介。一些成员身份符号相匹配的个体参与者组成了特定的互动仪式圈层，在这一特定的圈子里，参与者往往更倾向与身份符号匹配度高的成员进行交往，同时排斥不具备该群体成员身份符号的“局外人”。

一是所谓的局外人界限。开展互动仪式要求社群对局外人的进入设置界限。互动仪式产生的条件之一即对社群设立屏障，便于仪式成员进入仪式并对非仪式成员进行识别与隔离。玩家进入游戏那一刻开始，自然地形成了游戏玩家和非游戏玩家之间的界限，这是一道无形的却又明确的排斥局外人的屏障。

---

① 乔治・H. 米德. 心灵、自我与社会[M]. 赵月瑟译. 上海：上海译文出版社，2018：137。

正如赫伊津哈在阐述游戏的基本特征时就指出，游戏具有隔离性。[①] 换句话说，游戏本身就具备了划定特定活动区域范围的能力。以《剑网三》为例，游戏自带的世界观首先为该游戏社群的玩家提供了一个可辨识玩家身份的阵营系统，具体为浩气盟和恶人谷两大阵营，其他选择不加入阵营的玩家则自动被划分为中立势力。玩家可自愿选择并只能加入一个阵营，成功加入阵营后，就会获得该阵营的身份，这种身份直接通过符号呈现在游戏社区中。例如游戏角色头像上会显示阵营的标志，而敌对阵营玩家的游戏 ID 则会直接显示成红色表示可以攻击，由此直观地区分了敌我的双方，以此丰富了阵营的玩法。

从文化范畴来看，网络游戏虚拟社区与现实世界一样，其独特的价值观、规则、语言、符号等元素为特定文化的形成提供了基础。为保证亚文化的独特性，网络游戏社群从身份角色、语言符号、行为活动等各个方面为进入这一社群的成员设置了严格的符号界限。这种界限既是一种亚文化资本的区隔机制又是身份符号的认同机制。依据巴斯的观点，族群认同是在群体互动中产生并加以强化的，群体内与群体外的差异加强了群体的内部一致性，群体边界的设置推动了群体认同的建构，因此社群认同的文化边界应该得到重视。[②] 在网络游戏这一虚拟的社会空间中，成员所获得的角色和身份也是虚拟的。网络社区的虚拟性和自由性，使得网络游戏亚文化的抵抗意识大大减弱，大众狂欢性质的互动和娱乐化的表达方式成为了网络游戏社群的文化表现形式。

除了赋予成员特定的角色身份符号外，识别成员身份的另一方法是判断其是否使用了社群内部流通的特殊语言。语言体系是构成文化的基础元素之一，社群文化亦是如此。网络游戏社群的特殊语言主要包括社群成员在互动过程中生产出的特制表情包、游戏用语等。这一点已有公论，不再赘述。

二是准入机制。当一个非仪式成员想要成为社群的一员时，他需要进行对“自我认知”进行重构。基于互联网的隐匿性特征，在重构的过程中，成员可以选择使用任何虚拟的身份参与到社群的互动中去。但即使自己与社群拥有相同的关注焦点，仍需要通过社群设置的验证，才能真正通过社群的准入机制，并拥有

---

① 约翰·赫伊津哈. 游戏的人：文化中游戏成分的研究[M]. 何道宽译. 广州：花城出版社，2007：4。

② Fredlik Barth. Ethnic Groups and Boundaries: The Social Organization of Culture Difference [M]. Boston MA: Little Brown and Company, 1969: 14.

与分享社群内部的资源和权力。以下以《剑网三》玩家社群——“醉枕帮”帮会为例进行分析，主要分为 YY 频道和 QQ 群两种主要交流平台的准入机制分析。

符号的呈现对社群成员和局外人做了直观的区分。帮会身份的获取直接通过身份符号在游戏社区中呈现，这种区分模式虽然简洁明了，但在帮会之间的区分度却不是很高，成员渴望与其他帮会成员之间能够有更积极明显的区别。为了追求帮会内部的一致性，成员们创造了各种类型的符号标志来突出本帮会的特点，这些标准首先体现在 YY 的准入机制。YY 语音作为一款语音聊天软件，在网络游戏社群中起到了拓宽玩家交流渠道的作用。作为一种较严苛的高门槛身份验证，每个成员在游戏中入帮后，会有专门负责招待的管理员邀请你进入帮会 YY 频道，并要求成员把马甲改为统一的形式，如“╰つ┊醉枕┊╯游戏职业「游戏 ID」”[①]。

帮会马甲体现了成员对我帮同质性与他帮异质性的追求。一般情况下，帮会马甲主要由前缀、帮会名称、玩家的游戏职业、游戏 ID 这个四个部分组成。其中前缀部分多为帮会管理层设置的特定的特殊符号排列，便于与其他帮会的马甲进行区分。其次，帮会名称是马甲中最重要的部分，也是众多成员身份符号中尤为重要的符号之一。一方面，它是进入帮会 YY 的重要身份识别，在帮会 YY 频道下主要进行日常交流的子频道只允许带有帮会马甲的 ID 进入，以防游客、敌对帮会成员等局外人的进入。另一方面，在阵营据点战期间，同一阵营的帮会需要进入统战 YY 听阵营指挥，帮会名亦是区分同阵营成员与敌对阵营成员的重要身份标志，为防止敌对阵营成员进入频道窃取重要信息，一旦发现不带马甲的可疑号或是带着敌对阵营帮会马甲的号会被管理直接踢出该频道。再次，玩家的游戏职业这一身份的明确主要是为了便于在团队作战时团长对队内成员进行职业配置的优化。由于游戏本身的规则设置，不同的职业拥有不同的能力，因此在无论是在副本、野外 boss 等 PVE[②] 玩法，抑或是在竞技场、战场、据点战等玩家间直接对抗的 PVP 玩法，都需要对职业的合理配置。最后是玩家的游戏 ID，不同于前三种组成要素，这一要素代表的是玩家的独一性，这时该符号更多

---

① 注：醉枕帮会马甲形式，用于 YY 频道。

② PVE(Player VS Enviroment)，指玩家对抗环境，包括打系统怪、副本等玩法；PVP(Player VS Player)，玩家对战玩家，包括与对立阵营、帮派之间的玩家发生的斗争。

指向的是玩家个体层面。在网络游戏社群中，游戏 ID 代表着每一个玩家的身份证明，玩家间在相会交流的过程中也以游戏 ID 来称呼对方。

帮会成员在 YY 频道被告知帮会 QQ 群号，进而得到进入帮会 QQ 群的许可。YY 频道多应用于成员在上线游戏时段进行游戏配合时的交流，而 QQ 群则是成员在游戏以外的时段进行日常交流的区域。进入 QQ 群后，只需要将群昵称改为与 YY 频道一致的马甲即可。由于成员在 YY 频道里已经经过了一轮验证，因此 QQ 群的准入机制则较为简单。

三是管理机制。管理机制是身份符号标志的具体维护机制，而帮规则是游戏社群建立之后重要的维护机制之一。帮主会设置进群公告置顶，明确每个成员需要“做”的以及禁止“做”的行为。帮规的设置涵盖了游戏内和游戏外需要遵守的规则。游戏内规则主要是针对帮会成员在游戏过程中需要对帮会做出的成员性义务。例如，每两周需要在 18 个帮会集体活动中选择参加至少一次活动、每周的扫图和帮战活动在线强制参加、每天的矿跑日常需要完成。游戏外的规则则主要针对 QQ 群内的交流秩序。例如，成员间产生矛盾时不能直接在群里吵架，有问题私下找管理员调解。另外，帮里禁止线下的金钱交易，这也是隔绝游戏与现实的重要规则。没有达到帮会贡献要求或是违反规则的成员将会被踢出帮会。以下是“醉枕帮”帮会的进群公告：

进群公告：

改群名片，「醉枕」职业 id；

上游戏尽量保持 yy 同步，yy223344；

金钱交易，帮会禁止一切借钱，但可以买卖金；如果买方或者卖方有什么问题，可以来找我问，私戳我；

群里禁止吵架，不能在群里直接吵架，有矛盾管理拉讨论组，或者私下 qq 小窗，不要有激动的退帮什么的，有问题其他帮众一定要第一时间私戳 qq 群管理员；

强制活动：

帮战在线强制；

每周六扫图活动在线强制；
每两周需要参加一次帮会活动，现实有事可以请假；
其他暂无强制。

根据表 3-2 可以看到：除了基本的管理制度，帮会还另外设置了奖励机制用以激发成员的热情和积极性，主要包括奖励和补贴两种形式。奖励类多根据成员对社群的贡献程度按阶梯式定额标准给予奖励，补贴类则是按照成员对材料的需求量给予补助。帮会成员的积极性与参与帮会活动的热情都是难以测量的抽象概念，因此为避免抽象概念带来的模糊性，获得奖励的要求被量化为具体的数值，如游戏中的战阶积分数量、每周参与帮会活动的次数、招募新帮众的人数等数据。设置奖励规则能够提高正性情感在个体情感构成中的占比，成员从服从期望中得到唤醒正性情绪的奖励，以此建立起更加紧密的社会关系。

表 3-2 “醉枕帮”帮会奖励机制表

奖励名称	奖励形式	领取要求
战阶奖励	游戏金币： 战阶积分 6.5w 奖励 3500 金① 战阶积分 8w 奖励 5000 金 以此类推 10w8000 金、12w1 砖、14w1.2 砖、16w2 砖 超过 16w 每多 1w 加 2000 金 阵营小斗士 3 砖	每周必须参加一个活动全程（不包括周五的世界 boss 以及周一祭天大跑商代开不算参加活动）/
装备补贴	金币、五行石②	装备分数达到赛季毕业水平
集体活动奖励	游戏金币：依据战斗的胜负不定期发放；无规定金额	参加集体活动
招募新帮众奖励	游戏金币：每招募一个人 6000 金	被招募者需在帮会稳定做日常一周
YY 贡献奖励	现金：50 元以下	贡献值达到 1000

数据来源：“醉枕”帮会 QQ 群公告。

① 注：金、砖为游戏货币单位。
② 注：五行石为游戏内提升装备等级的材料。

2. 情感能量：成员参与互动仪式的内在动力

情感能量是社会取向的。成员拥有对进入特定情境参与互动仪式和获得特定成员身份的期望，这是一种长期的结果。某些个体相比其他人拥有高度的情感能量储备，有更多的情感能量资源投资于互动仪式市场，并创造出围绕自己的关注焦点，而这些个体将会比其他人要求得到更多的情感能量。一个人的情感能量储备是决定其能否产生进一步的互动仪式关键资源之一。[①] 一般而言，情感能量储备丰富的成员会主动寻找并参与社会互动，这一过程是充满热情和信心的；相反情感能量储备贫乏的成员则会对社会互动产生排斥感，这一过程是尴尬和犹豫的。基于互动仪式的习惯性和传承性，个体有机会多次参与其中，一方面这是基于成员对情感能量的渴求，另一方面情感能量又反过来为成员增加了获得更多机遇的可能性。在《剑网三》网络游戏社群互动的过程中，情感能量的流动与转移主要有以下三种形式：

一是能量回报。情感能量收益最大化是人们社会选择的共同标准。按照互动仪式市场理论，成员会趋向于选择能够获得高度情感能量的互动情境。因此，个体的这种选择性行为是理性的，情感能量成为个体选择和决策的共同标准。迈克尔·哈蒙德认为，在社会发展的过程中，人们逐渐形成了最大限度追求积极情感的社会取向，多元化的社会生活结构能够满足人们对情感联系多样性的需求，个体因此能够对情感进行积极的选择。[②] 网络游戏这类虚拟世界为成员提供了现实世界无法感受到的情感体验，使成员更能够接触到更多样化的情感互动形式，从而丰富成员的社会情感联系，并从中获得能量回报。这种能量回报主要体现在社群成员为社群提供资源后社群所返还的积极情感，包括集体活动带来的荣誉感、沉浸其中的愉悦感、远离社群后依旧存在的怀念等。访谈资料显示，大部分参与度较高的成员在面对帮会突发的危机时，个体的危机感和使命感被激发出来，从而做出决策，即参与到共同化解危机的行动中去。“今天刚回来就碰上这些事，但是五六个帮在打我们，我们还是去应战了，作为帮里的一分子，

① 简·麦格尼格尔. 游戏的人：文化中游戏成分的研究[M]. 闾佳译. 杭州：浙江人民出版社，2007：4。
② 乔纳森·特纳、简·斯戴兹. 情感社会学[M]. 孙俊才、文军译. 上海：上海人民出版社，2009：226－232。

我还是挺开心的。”（君同青空）

成员在社群互动中收获的情感能量能够长期存在，因为通过付出而得到的情感回报并不会因为时间和空间的改变而淡化，这取决于社群情感的传承性质。“以前那些不在帮会的号，我 qq 一般就把他踢出群了，但是现在想了想，把一些老玩家，喜欢水群的留下，可以没事聊聊天，毕竟以前当过砍仔，不要否定以前为啥当砍仔，因为想玩呗，一个时间一个心态，我可能过两年也会想我为啥玩这个剑网三，但是我现在确实玩得高兴呀，如果没有你们这些人，我也懒得坚持，又没人给我钱，还耽误很多事情，我希望我的热情能带动更多人的热情，让这个帮会能传承下去，哪怕我有一天咸鱼了一样有新的兄弟接手能弄得更好（醉帝帝）。

在网络游戏的互动情境中，社群成员愿意投入更多的物质资源和情感成本换来更令人享受的情感体验。相比于现实世界的其他休闲娱乐活动，成员认为网络游戏能够带来更丰富的情感体验，因此更愿意花费时间和精力沉浸其中。情感能量的高低是人们在不同领域中选择互动类型的共同标准，与明星粉丝从追星过程中收获情感满足以及体育迷从竞技赛事中收获情感体验的原理相似，玩家在网络游戏情境中能够收获更高的情感回报，因此他们更享受游戏互动带来的情感体验。参与游戏中的互动仪式是玩家在情感能量驱动下做出的理性行为，其目的是获得情感回报。

二是利他主义。利他主义具体是指个体成员在某一具体情境中为了他人利益而让渡自身已获得或将获得的某种有价值的资源。根据柯林斯的观点，所有利他主义的情形都发生在社会团结利益与物质产品利益之间发生明显冲突的情况下。① 利他主义最简单的形式即个体为仪式性动员的群体牺牲自己的物质利益。在网络游戏社群情感传播的过程中，最常见的利他主义体现在老玩家牺牲自己的时间、精力、游戏物资等资源帮助等级较低的玩家顺利进行游戏这一行为上。一般情况下，利他主义行为的发生需要双方存在一定的熟悉关系，如师徒关系、亲友关系、情缘关系、帮会成员关系等。

“当我还是一个萌新小白的时候，我师父是一个满级毒经，他每天带我

① 兰德尔·柯林斯. 互动仪式链[M]. 林聚任、王鹏、宋丽君译. 北京：商务印书馆，2016：238。

做日常、打副本攒装备。加阵营之后不是需要跑商么，我的第一匹跑商马还是我师父给我买的。”（蓝绒）

“我亲友已经A[1]了一段时间了，自己玩PVP没有意思，所以我退了之前那个帮会又新加了一个帮会。因为自己玩这个游戏很长时间了，所以在新的帮会里收了一个小白徒弟。每天就带他做做矿跑、大战什么的，我自己这赛季装备已经毕业了，但是徒弟刚开始搞装备，所以有空的时候就会带他打打竞技场，帮他刷币。因为徒弟是小白，刚开始还教了他好长一段时间的手法和一些连招。”（叶婷婷）

“前两天帮会一个小号被对面欺负了，对面一上来就开他仇杀。关键是他什么也没说就打算走了，对面还在那边开地图炮嘲讽，还直接带上我们帮会名字。这怎么忍，后来我们就直接开对面帮战了。虽然是临时开的帮战，群里叫人很快就组满一个团的人了。”（睡了吗）

“PVP帮会是一个传承的过程，最开始我们一批人，但是肯定随着时间推移，慢慢地大家变咸鱼了，但是总会有新人比如大一的有精力的人进来，当热血PVP砍仔，老人则负责教会新人怎么PVP，直到新人变成老人，这就是一个PVP帮会传承的过程。”（醉帝帝）

集体活动的仪式强度越高，个体会为群体奉献得越多。集体利益很多时候也代表了个人的利益，对抗集体风险既是集体利益的指引，也是个人利益的维护，因此每当这时群体往往会产生高度的团结性。在网络游戏的各个社群之间，普遍存在敌对与竞争的关系，而过度的敌对行为则会对玩家的日常游戏体验造成负面的影响。由于游戏规则的设定，某一帮会可对敌对帮会发起帮战[2]，但帮战开始之后所有野外地图都会被视为不安全的，因为在这些图里敌对帮会的成员将会直接变成红名；当你在做日常任务的时候就会有被红名帮会成员击杀的风险，从而影响日常任务的完成时间或是质量。

领导者个体的物质产品利益牺牲换取更多的情感能量。当帮会成员利益受损到一定程度，帮会管理层选择向敌对势力发起挑战。但是当这一利益受

① 游戏用语，A是缩写AFK的意思，全称即away from keyboard，用来表示自己要离开游戏一段时间。
② 注：该游戏机制目前已优化成同一阵营的帮会不得互相发起帮战，只能对对立阵营的帮会发起帮战。

损累积成影响帮会发展的危险时，处于领导地位者不得不牺牲自己的一部分物质产品利益（如帮会资金）向危险妥协或寻找新的出路。妥协的结果是流失一部分帮会成员，对帮会的发展造成一定的打击。但更多的是依旧留下来的帮会成员对社群领导者愈加强烈的遵从感。“这次我们转到浩气最主要是为了给大家换个游戏环境换个玩法。毕竟华乾恶人现在被浮生搞得乌烟瘴气，其次咱们是为了给浮生龚龚一个教训，让龚龚知道他这样做下去会让剑三的阵营玩家流失殆尽，但是呢，我们因为打了两个月的内战，考虑大家很多人很累，所以暂时咱们发展方向是 PVP 亲友帮会，也可以说是卧薪尝胆吧，并且暂时不收人。除了玩得很好的亲友以外可以拉进来，等过段时间，醉枕成立一周年完了以后会考虑继续认真发展。总结以前的不足，希望大家能稍微坚持一下度过这表面上很平淡且实质上我们在富强自己的日子，一起和醉枕走下去。”（不岛岛）

有趣的是，利他主义行为几乎从未涉及牺牲权力。在网络游戏社群情感传播的过程中，在社群中起到领导作用，或是在仪式活动中成为关注焦点的成员通常会成为仪式关注的中心，而自我牺牲的表现使他获得了成员们的声誉，并且巩固了其领导地位。领导者通常被视为做出了高度的贡献，这不仅没有权力的牺牲，而且是可预测的。由于利他行为主要是一种后天习得的行为，因此社群领导者的示范行为，一方面能够培养成员个体设身处地考虑别人的感情并作出相应的情感反应的移情能力；另一方面能够发挥榜样示范的作用，使其他成员在利他行为过程中产生一种相应的内在自我奖励倾向，即自我满足感，进而强化成员的利他行为。利他主义的领导者不仅作为令人赞赏的关注中心而存在，而且从对其追随者施加权力的过程中获得了大量的情感能量。玩家“醉帝帝”说：“这两天我被很多人挂战场群说我带帮会小号，甚至帮会大号也有不会打战场跟着混战场的，很多人说醉枕是战场菜鸡帮会，很多指挥除了咱们帮会眼熟的几个人会带，其他都会畏惧，因为他们觉得我们帮会一直是带，没有一个一起每个人战斗力都很强的感觉，我们带大家打战场，不仅仅是为了各位拿个首胜，一周战场首胜的战阶威望一场大攻防就完事了，何苦这么累开战场呢？因为我希望帮会每一个人自己在战场里面懂得战场机制，手法、意识都过关，不是一个小蘑菇，帮会有些新手人家才玩，菜一点，慢慢进步，但是很多人还是一如既往地跟着‘混’，我想请觉得自己战场水平不够高的小可爱能跟完一把首胜，抑或是有时候不跟直接自己去散排，学一下战场机制，不懂就在群里问，或者直接私聊问我，而不是默默地每天跟个战场首胜上歪歪，混完了退歪歪，平时都不来歪歪，我不知道这么做意义到底有多大，我很负责任地说帮会是浩气唯一一个带小号开歪歪队打战场的帮会，这也造就了为什么很多人说醉枕战场小蘑菇很多。”

三是情感分层。在互动仪式链中，情感能量的分配是不平衡的。虽然互动仪式链是一个自我循环延续的过程，但整个社群却并不是一个完全封闭的循环，成员穿梭于一个又一个不同的情境，如果当情境中的成员组成发生变化时，情感能量的分布也可能随之发生变化。社群的存在即意味着个体所拥有的资源是不平等的[①]。情感能量的不平等成为情感分层的关键因素。拥有资源越多的人，就越接近权力的中心，能够获得更多的情感资源，从而使其获得的支配性地位更具合理性。对于网络游戏社群而言，游戏攻略、游戏资讯、战斗能力、指挥能力、游戏金币、装备属性等都属于资源的一部分，谁拥有的更多，谁就能够在社群中处于支配性的地位。以下是以《剑网三》“醉枕”帮会为例来观察社群中的地位分层。

从表 3－3 可以看出，该帮会的管理层有着比较明确的分工。整个管理层的工作无论是在成员管理、言论管控、信息管理、发展管控、福利设置等方面都能够基本覆盖。帮会帮主站在金字塔的顶端，处于主导地位。下一层是帮主任命的多个管理员，管理员各司其职可以行使帮主的部分权力，通过运用社群赋予其的权力来维护社群的稳定。再下一层则是平时在帮会活动中比较活跃的社群成员，这些成员虽然没有直接行使管理的权力，但却可以在帮会资源较少的情况下获得优先的选择权。比如，帮会每周一会提供免费代开完成某一固定的游戏任务，但由于代开人数有限，帮会管理层会优先选择平时对帮会贡献较多的成员为其代开账号并完成任务。最边缘一层则是其他不活跃的成员，这些成员较其他人而言能够获得的情感资源最少。

---

① 兰德尔·柯林斯. 互动仪式链[M]. 林聚任、王鹏、宋丽君译. 北京：商务印书馆，2016：164。

表 3－3 “醉枕帮”帮会管理员表

游戏 ID	职位	人数	职责	特权
醉帝帝	帮主	1	1. 确定今后帮会的发展方向； 2. 管理帮会的大小事务； 3. 发布每天的群公告； 4. 参与阵营统战的计划讨论，发布阵营活动的帮会任务； 5. 阵营活动带团； 6. 组织每日战场活动。	1. 能够获取帮会内部的全部资源，并对这些资源进行管理； 2. 任命管理员，招募并审核新成员入帮，移除成员； 3. 控制群内聊天。 4. 在 YY 频道拥有皇马。
不岛岛	管理员	7	1. 与统战帮会进行协调沟通；2. 阵营活动带团。	1. 招募成员，移除成员； 2. 获得群内资源； 3. 在 YY 频道拥有皇马。
不太甜			1. 协助帮主进行日常管理； 2. 对成员言论进行管控； 3. 阵营活动带团； 4. 组织每日战场活动。	
醉苏苏				
醉秋秋				
钮钴禄之之				
完颜竹柔				
承渊			1. 帮会奖励发放。	

数据来源：本书作者统计。

根据图 3－3 所示，帮会成员在游戏中的可支配资金资源，与个体在互动仪式主导市场中的位置有着密切的关系。可支配资金与帮会成员在权力仪式中的地位成正比，越接近仪式中心获得的资金越多，反之则越少。那些在互动仪式过程中地位较低的、处于边缘的成员，不能用其本身的活跃形成相对抗的圈子，与仪式的核心人物相匹敌，只会保持相对的分散状态。帮主拥有相当大的权力，处于整个互动仪式的中心位置。而有近半数的成员则处于较为边缘的地位，相应地能获取的资源则较少（参见图 3－3）。

地位的分层直接影响情感能量的分层。情感能量非常低的个体，是情感圈层的另一个极端。这些成员不善于根据情境获得新的文化储备，在互动的过程中，他们过于消沉，因此不易进入群体，并且非常有可能以其消沉来抵制他人。不平等的情感能量水平导致不平等的对话。活跃于网络游戏社群中的成员通常是管理层以及经常参与集体活动的情感能量储备较高者，而刚入帮的成员或是极少参与互动的成员则处于互动仪式链的边缘地位，经常面临着难以进入互动

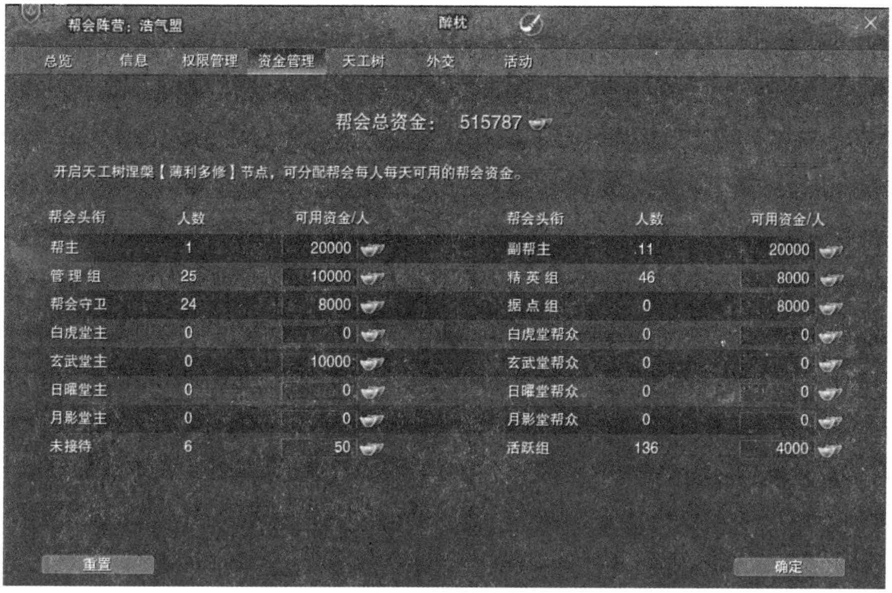

图 3-3　“醉枕”帮会游戏资金管理截图

的境地。例如图 3-4[①] 中成员们的对话是帮主在群里鼓励成员积极登录 YY 与大家一起语音聊天时帮会成员们的反应。一些在 QQ 群和 YY 频道聊天参与度较低的成员进行了回复，这部分成员的行为反映出位于边缘地位的社群成员在互动过程中处于较分散的状态，无法接触到仪式的中心并获得较多的情感能量，因此难以融入互动仪式的过程中去。

综上所述，身份符号和情感能量是推动网络游戏社群情感传播运行的动力资源。身份符号是社群成员进入互动仪式市场、即游戏互动的前提条件。个体被游戏社群赋予了诸如帮会统一 ID、阵营身份、角色身份等特定的身份符号，为一个局外人提供了进入互

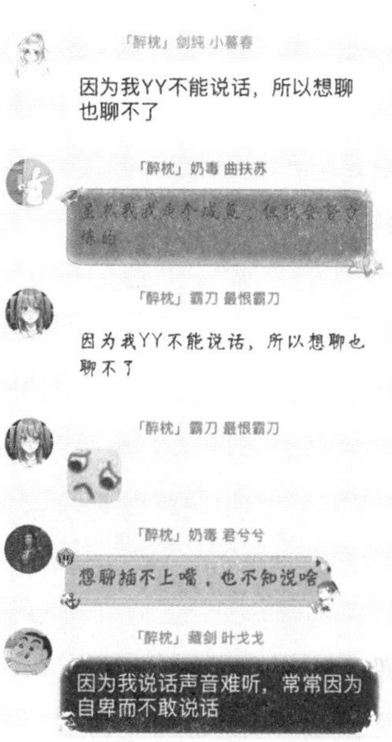

图 3-4　“醉枕”帮会 QQ 群聊天截图

---

① 数据来源：“醉枕”帮会 QQ 群聊。

动仪式的门票。在进入社群的初期，个体仍是处于互动圈子的边缘地带，需要通过遵守社群的管理机制、游戏的运行机制等一系列规则才能逐渐积累符号资源。当符号资源积累到一定程度时，成员将愈来愈靠近互动仪式市场的中心位置，并拥有了资源交换的成本。情感能量的积累亦是如此，相对于符号资本而言，情感能量对社群情感互动的驱动作用更加深刻。若将身份符号视作成员参与情感传播的先决条件，那么情感能量则是一种内在动力。情感能量的储备程度直接决定了成员能否进行进一步的互动，情感能量的回报最大化也是成员进行选择和决策时的最终标准。

三、共同的焦点与合作是网络游戏社群情感传播的主要过程

互动仪式的核心是一个过程，仪式参与者在这个过程中形成并分享一个共同的焦点，彼此互相感受到对方的微观节奏与情感。① 在互动仪式过程中，互动的会话交替充当着有节奏的连带，仪式成员通过有节奏的合作建立起参与者情感与关注点的相互连带，而这种连带又对短暂的情感刺激进行反馈强化，从而形成长期的情感循环。社交媒体研究专家克里斯蒂安·福克斯提醒说，理解社交媒体至少需要关注三个方面②：一是社交媒体涵括的主题——社会性是什么，福克斯通过对涂尔干、马克斯·韦伯、马克思和滕尼斯等人的相关理论著作的分析，认为社交媒体的社会性是认知、交流、共享、协作四种活动的综合，而非单指其中某一种；二是社交媒体的商业本性，"'网络 2.0'与'社交媒体'，如博客、社交网站、维基、微博或内容共享网站等新颖性的主张，起源于网络经济的互联网危机时期倒逼网站去寻找新的商业模式与故事，以说服投资者和用户去支持新平台"③；三是社交媒体是技术社会系统，"在这个系统中技术机构与社会关系和人类活动以复杂的方式相互作用"④。

在网络游戏中，游戏玩家进入到虚拟互动的情境中进行情感传播。这一传播的过程同样遵循了互动仪式链的基本规则，在情感传播的过程中，要求社群成

---

① 兰德尔·柯林斯. 互动仪式链[M]. 林聚任、王鹏、宋丽君译. 北京：商务印书馆，2016：78。
② 克里斯蒂安·福克斯. 社交媒体批判导言[M]. 赵文丹译. 北京：中国传媒大学出版社，2018：31－50。
③ 克里斯蒂安·福克斯. 社交媒体批判导言[M]. 赵文丹译. 北京：中国传媒大学出版社，2018：48。
④ 克里斯蒂安·福克斯. 社交媒体批判导言[M]. 赵文丹译. 北京：中国传媒大学出版社，2018：48。

员具有相同的关注焦点并互相分享，在互动仪式的过程中形成有节奏的合作，进而强化玩家的情感关联并形成情感的循环，由此可以对网络游戏社群的情感传播过程进行分析。

1. 聚合：共同关注的形成

一是通过网络形成“虚拟共聚”。柯林斯将情境作为互动仪式链理论的分析起点。由于每个人都生活在局部的环境当中，因此我们关于世界、社会的看法都来自于某一特定情境的素材积累。情境包含了个体以及围绕个体所产生社会的关系网络，而宏观的社会现象也正是由这些微观情境所构成的。因此，作为分析起点的情境结构及其向宏观结构的转变过程十分重要。这主要表现在网络营造的虚拟在场与社群的虚拟共在。

互联网营造的虚拟在场。物理空间中身体的共同在场是形成互动仪式链的必备条件。身体接触的时空限制会在一定程度上妨碍参与的持续性，也使得仪式所带来的认同感与情感能量总是面临消退的威胁。而这一点在移动设备及社交媒体充分发达的今天，却能够得到修正与弥补。

网络虚拟空间中的成员可以达到一种虚拟的共同在场。与物理空间的实在性不同，虚拟空间将存在于现实世界中的物质都符号化了，人们在网络世界的存在也经过了符号化的处理。在多数情况下成员都未能处于同一个物理空间，但伴随移动互联网而来的参与即时性、持续性为其营造出了一种更为真实的空间同在感。信息社会逐渐成为个体在网络情境中共同建构的宏观结构，即网络虚拟社区。网民能够在这些情境相互穿梭并保持较高的互动频率，同时借助媒介进行与现实社会一致的人际交往和情感互动。

柯林斯认为，传统媒体对仪式的呈现会减少情感共鸣，影响仪式体验。[①] 但在互联网的情境中，这一负面影响将得到修正。仪式成员可以通过传递文字、图片以及音频、视频来进行实时的交流互动，通过网络的互动和分享建立起的密切关系以此保持情感的流动。同时，随着多媒体元素的不断增加，同一虚拟空间中的社群成员互动呈现出更加多样化的形式，互动和分享的内容也更加贴近现实生活。

网络游戏社群的虚拟共在。网络游戏本身是一种虚拟共在的仪式。玩家进

① 兰德尔·柯林斯. 互动仪式链[M]. 林聚任、王鹏、宋丽君译. 北京：商务印书馆，2016：87。

入游戏同时已经被游戏赋予了特定的身份符号，游戏任务的设置便是启动互动仪式的条件。游戏玩家在互动过程中并非物理实体的亲身在场，而是基于游戏内容与游戏规则的要求，并借助游戏外的实时交流软件感受到彼此之间的存在并与对方进行互动。在网络游戏时间中，符号是人体的延伸，符号以代码、声音、文字等形式打破现实世界与网络世界的界限，个体得以在同一网络空间进行聚集。

游戏内容是网络游戏社群实现虚拟在场的关键因素之一。以《剑网三》这款游戏的 PVP 活动为例，游戏设置"逐鹿中原"活动，即每周二、周四敌对阵营双方将对特定地图进行抢占活动。这一类活动本身就极具仪式感，游戏规则将不同阵营玩家用对立的身份符号进行划分，"盟友"与"敌人"这一二元对立的概念，将仪式的范围进行了划分，并把非参与者划分在外。

玩家叶婷婷说："我一般打竞技场都和认识的人组队排，打 33 的时候我们有固定的队伍，这几个赛季都是我们三个一起上的十三段。主要是和帮里认识的人一起上段方便私下语音交流，配合着放技能，比散排上段要快很多，也不怕队友坑。打 55 的话就在我们三个人的基础上再在帮里随便叫两个 DPS，自己帮的比较好沟通。"

同样，"我的竞技场队友好多都是以前不认识的，在游戏里认识了之后就互相加了微信，因为微信叫人比较方便。他们打本需要奶妈微信里叫我一下，我有空就会上线去帮忙。后来大家熟了之后私下还一起出去玩过，后来在现实中也成为了好朋友"。（西瓜）

玩家"蓝绒"是"我室友安利我去玩的这个游戏，她一开始也是因为没有认识的人陪她一起玩觉得有点无聊才带我一起玩的。后来我们发现同班有个同学也在玩这个游戏，还刚好是一个区服的，我们三个就组了一个 33 队伍一起打竞技场。当时游戏里还没有团队语音的功能，我们每次打竞技场都是在 QQ 群里开语音打"。

这类活动作为游戏内的一种常规仪式，玩家在参与过程中将游戏作为默认的舞台，用各种符号对游戏角色进行包装，最后通过游戏角色在游戏舞台上进行表演。当个体与他人发生合作或冲突的时候，玩家会受到情感刺激，这种刺激推动个体之间打破前台与后台之间的界限，并进行互动。

二是形成共同的关注焦点。互动仪式链的形成要求个体将关注点放在共同的对象之上，并通过相互的传达让彼此注意到他人的关注点与自己保持同一，这便是互动仪式链理论所称的相互关注的焦点。在网络游戏中，游戏世界观体系的整体建构是网络游戏社群成员最关注的焦点，游戏世界观代表了游戏规则以及该限定该游戏的具体玩法，一系列的任务和目标便成为了每个成员具体的关注焦点。以角色扮演类网络游戏为例，玩家需要完成日常任务获得经验并提升装备等级，并通过团队协作进行据点争夺获得阵营城战的胜利。这是玩家共同争取的目标，也就是在此虚拟共在中形成的共同焦点。

“我之前也参加过帮会的PVE，他们到副本里就成傻子了一直灭。因为我们帮是PVP帮会，所以每次想打本的时候我都会看世界频道招募的贴，然后去跟别的团，一般都是那种会现教，而且包教包会的。”（麦特凯）

“我刚玩了一个奶歌的号，但是打竞技场完全不知道怎么奶人。然后我师父就推荐我去一个叫五贰的主播，他在B站上经常会发一些竞技场奶歌打法。”（我是莫问）

在进入互动仪式情境之前，个体的关注点多种多样，只有当互动双方拥有了相同的关注点，互动仪式才具备了开始的条件。随着玩家对游戏的深入体验，对于游戏内容的关注被延伸到更多的方面。从加入社群的目的性角度来看，当玩家对游戏规则的设定有了一定程度的了解之后，为获得更好的游戏体验或解决游戏过程中遇到的难题，玩家会主动寻求游戏攻略教程、官方最新资讯等资源，并根据自己的需求选择加入社群。网络游戏社群内部依旧是一个去中心化的圈子，在关系帮会发展的重大问题上会有意见领袖的存在，并以主导的形式提出解决问题的方案，例如在帮会管理机制的制定上，帮会管理员会提前制定好一个相对较完整的方案，然后根据收集到的帮会成员意见进行小幅修改与调整。但在日常的交流互动过程中，这一“中心”被逐渐淡化，管理员也会将其存在感降到最低，并融入成员们的日常对话中去。这时候，意见领袖这一头衔失去意义，每个人都因相同的关注焦点而聚集在一起进行互动，信息的传播是双向的。这一特性使得社群中的关注点变得多样化，成员们带着各自的关注焦点进入社群，并在其中寻找满足需求的答案。

“我有一个花间的小号，当初就是第一届大师赛的时候看到墨洒琴心那支队伍的比赛我才去玩的花间。当时觉得双花歌这个配置能拿冠军也是很厉害了,花间的爆发加上奶歌的稳定的奶量。不过后来自己组了个双花的队伍,感觉没法上手,就经常去看他们平时的直播和教学视频,慢慢地就爱上了花间这个职业了。”(叶婷婷)

“我原来有一段时间混过 c 圈,逛漫展的时候遇到的剑三 coser 人设党偏多,甚至我在这个圈子的朋友里也有很多没玩过这个游戏或者甚至连稻香村都没出的姑娘,但是觉得衣服好看就买了 c 服。当然,我自从玩了剑三再也没碰过 cos,盒子就够我受得了我还哪有钱买 c 服。”(曲困困)

除此之外,网络游戏社群鼓励成员对游戏内容进行二次创作。玩家结合现有的背景故事和角色特征等游戏文本,加上想象力的创造衍生出更多的角色关系和人物故事。在网络游戏社区这类公开平台发表文字、图片、视频、周边等原创作品,也会吸引到更多具有创作热情的玩家进行内容的扩充,进一步产生共同关注的话题。如图 3－5 所示,是一款自制的剑网三角色胶带。玩家会出于爱好进行游戏周边的制作,这类周边基于原有的游戏角色进行二次创作,并将其放于网上进行售卖。一些知名度较高的店铺会定期设计出不同类型的周边进行售卖,久而久之这类周边制作的行为也会收获一定量的粉丝。

图 3－5 《剑网三》自制胶带周边

游戏官方亦推出了多种类型的游戏衍生周边增加了玩家的关注焦点，如游戏内人物的实体服饰，游戏内容相关的动漫、舞台剧，线下的竞技比赛，以及游戏展览等。

三是玩家受到人类基本需求的指引。成员加入网络游戏社群在很大程度上受到了人类基本需求的指引。这些安全、归属感等需求在网络游戏的背景下演化成更丰富多样的愿望、渴念或抱负。为满足这些愿望、渴念或抱负，玩家会主动寻找合适的帮会，并选择其中一个加入。帮会作为网络游戏社群最基本的单位，其规模虽然不是最大的社群，但内部的运行机制的确是更加完善的，因此能更快速地满足玩家的基本需求。

安全需求。马斯洛的人本主业心理学将个人作为一个整体来看，整个有机体是一个追求安全的机制，人的感受器官、效应器官、智能及其他能量都是人类寻求安全的主要工具。在游戏互动中，物质的身体并不真实在场，因此这一自存的需要主要体现在游戏角色上，而非玩家身体上。游戏内容有关战斗体系的设置使得玩家进入游戏后便会遭受到各式各样的危险，其结果便是游戏角色的死亡或游戏装备的破损。这一结果带来的是玩家游戏体验感的下降，从而造成诸如愤怒、悲伤、恐惧等一系列负面情绪的产生。因此，当玩家选择加入某一阵营时，为避免个体在战斗地图受到敌对阵营玩家无端的伤害，会主动去寻求势力较大帮会的庇护，如玩家“渣渣螺”所言，“一般只有 PVE 党才会选择中立吧，既然加入阵营肯定是想去搞事的。所以热衷 PVP 的玩家还是不要加一些咸鱼的帮会了，不然到时候攻防打起来你连一个帮会团都组不起来，就只能去散人团了”。作为管理者的玩家“醉帝帝”也说：“帮会可以在集体的战斗任务中为个体提供最佳的职业配置和较高战斗能力的队友，另一方面还会当个体在日常活动中受到恶意的攻击时为你出头。无论你是小号还是入帮很久的大号，只要是在野外遇到有恶人劫镖或者有人挂你悬赏，你就来 YY 或者 QQ 私聊帮会管理。如果没人在线你就来找我，我一般白天没事都会在巴陵这张图里挂机收人，被打了千万别憋着不说，帮里那么多小伙伴可以帮你打回去。实在人多打不过，还可以帮你护镖，至少可以保证你们的日常活动是能够正常进行的。”

情感和归属需求。马斯洛认为，当生理和安全需要获得满足时，对爱和归属的需要就出现了，“现在这个人会开始追求与他人建立友谊，好在自己的团体里求得一席之地。他会为达到这个目标而不遗余力”[1]。情感上的需求会比身体上的需求更加细腻和复杂，情感需求的满足是对个体价值的证明。玩家“睡了吗”自述：“我是被管理在阵营频道招进来的，本来在这个帮会也没什么认识的人。但我一直留在这个帮会是觉得我们帮会的氛围很好，我们帮会 QQ 群平时也挺活跃的，有时候大家也不一定在里面聊游戏，有的人经常分享一些别的东西也挺有意思的。”“其实有小可爱私下里跟我聊天的时候说过他觉得我们帮的氛围很好，大家也都是对 PVP 有热情的人。所以我觉得我为大家做的这些也不算什么，本来我们帮也没有老板，管理们都是为爱发电，带大家打战场，发战阶奖励都是我自愿。我只是希望每个在我们帮的人都可以玩得开心。”（醉帝帝）

情感需求也是对社交的需求，人们需要通过社会交往将自己融入社交圈中去，来感受到周围人对自身的关怀。玩家进入网络游戏最主要的动机之一就是与其他玩家产生互动行为，为了满足玩家对胜利的渴求这种互动是无法避免的。PVP 的游戏模式本身就需要玩家之间进行配合，因此为满足自身的情感需求，玩家会选择加入帮会获得群体关怀和归属感。

“我还挺享受游戏胜利的那个过程的，因为这个过程能够证明我们把这个游戏职业玩得很好。其实很多时候也会有小小的虚荣心，或者说是一种成就感，让我感觉自己是个很厉害的人。”（西瓜）自我实现是最高层次的需求，激励或鞭策人们冲破认知、身体或环境设置的诸多羁绊，激发内心潜在的能力，并通过艰难的努力使自己成为原本所期望的人物。一些远大的理想或许在现实世界当中很难实现，但当人们进入到网络游戏的世界，个体更容易打破存在于现实世界中的桎梏，将原本无法做到的事在游戏中实现。例如，你在生活中是一个害怕社交的人，但在游戏互动中却能与队友侃侃而谈，更甚者成为队伍当中的指挥人员；又或者你在生活中不擅长与人团队合作，却能在游戏中与队友完美配合获得胜利。这是一种能力的提升，当个体找到了最适合自己的位置，才会使他获得较高的自我认同。

2. 协作：互动仪式的进行

在面对面的人际传播过程中，谈话者的面部表情、身体动作、声音特征等都会对会话的节奏产生影响。节奏的同步性使得会话交替能够协调一致，从而影

---

① 秦龙. 马斯洛与健康心理学[M]. 呼和浩特：内蒙古人民出版社，1998：86。

响到集体的团结性。在网络游戏社群的交往过程中，社群成员虽然无法直接看到对方的表情或动作，但社交媒体的实时性也在一定程度上消解了这一问题带来的影响。因此，互动的会话交替和有节奏的合作仍然能够有序地进行下去，并促成互动仪式的发生。

先看看会话交替。互动的会话交替是网络游戏中的常见情形。互动仪式链的起点从互动的会话交替开始，会话者越高的会话交替水平能够令集体培养起越高昂的兴奋情绪。通过对日常的会话交流和线上正式活动中的成员会话节奏进行分析，可以探究在网络游戏社群的情感互动中更加细腻的情感共鸣的产生。

线上非正式活动——线上日常会话交流。最普通的日常互动类型就是平常的会话。情感连带尤其会出现在处于共同的节奏之中，而在实际发生会话的过程中通常会有一套会话交替"规则"支配着日常会话并使其有节奏地进行下去。依据柯林斯的观点，重要的会话交替规则是当某一个人在某一时刻说话，当轮换交替结束时，另一个人开始发言。① 换句话说，在一次成功的会话过程中没有中断和重叠，说话者之间没有尴尬的停顿并较少出现抢话的局面。成员交替会话的转换间隔时间短，会话者的会话内容重叠率少，使得轮换节奏进行得较为协调，进而令这套规则的力量充分显示出来。

以"醉枕"QQ群聊为例进行说明：

言真：奶花怎么说？脸t多久了都
炽离：没办法啊
花浅吟：秀秀还能抠脚
炽离：本来就要读条
花浅吟：奶花能怎么办
炽离：还要被针对，你怎么奶？我奶花号打云湖承伤都是第二的两倍
花浅吟：那天丝绸我就想喷人
炽离：我真的不是不想奶
言真：我记着奶花95的时候就在脸t了
花浅吟：冰心封内、藏剑缴械、苍云无限盾压

① 兰德尔·柯林斯.互动仪式链[M].林聚任、王鹏、宋丽君译.北京：商务印书馆，2016：105。

芝士奶香炸鹅：辛苦了

花浅吟：我拿什么驱散

给月弄恨梳头：脸 T 王者

（数据来源："醉枕"帮会 QQ 群聊记录）

成功的谈话仪式在于节奏性，该会话以游戏职业技能为主题进行展开。在当前会话中，社群某成员在游戏中进行竞技场任务失败后，在帮会 QQ 群内针对该游戏职业的技能属性进行了抱怨，他在会话开始初期就明确表示了该游戏职业的技能属性存在缺陷。这一观点出现后，立刻有其他成员发表意见表示赞同，并纷纷举例进行观点的佐证。几位说话者之间并未出现明显的停顿和被抢话说的现象，每位成员在任何时间都可以进行自由的发言。因此，该段会话交替的过程可以被视为是一次社会性的成功谈话，能够在会话者之间产生团结，并加固群体间的观点形成。

当然，团结是一个变量，并非所有的谈话都是如此。除了上述合作性的对话，还有一种谈话是尴尬的，缺少团结性，谈话中充满了敌意和相互争执，因为参与者总是打断对方，努力使对方无法讲话。①

陆燕燕：现在我希望 IG 赢

里碗碗：？我管你希望谁赢，还不让人有支持的战队了吗？

放生：我只希望 S9 冠军也是 LPL 的，所以我希望 IG 能赢

翠柔：没兴趣

里碗碗：赛区荣誉讲道理就很好笑。战队荣誉和赛区荣誉有啥关系，以后撕逼谁认了

翠柔：LOL 谁赢真没兴趣

里碗碗：刚好喜欢 fpx 我还不能给 fpx 加油了??

清秋秋(管理员)：@里碗碗冷静

里碗碗：当初给 rng 加油皇杂转头撕逼就是亚运会带你躺赢 rng 才是亚运会冠军给恶心了

---

① 兰德尔·柯林斯. 互动仪式链[M]. 林聚任、王鹏、宋丽君译. 北京：商务印书馆，2016：107。

放生：你说你希望 FPX 赢理由是喜欢队员
里碗碗：你没参与过撕逼就别来和我 bbbb
放生：我说的是我希望 IG 赢的理由啊
清秋秋(管理员)：你们吵什么啊？别上头，看比赛
月绵绵：一个 LOL 都能吵起来
放生：你看清楚我说的是啥意思了？
牛肉面：我进错群了吗？这不是剑三群吗？
(数据来源："醉枕"帮会 QQ 群聊记录)

从上述 QQ 群聊记录中可以发现，以上行为大多发生于较为愤怒的争吵当中。这是一种紧张关系，一旦发生争论，双方开始互相打断并试图继续说服对方。成员因在电竞比赛中支持不同的队伍而引发了争执，而拥有发言权成为一种共识，表明了共同的关注焦点。即使他们最终想结束争论，恢复正常的礼貌性，却仍会忍不住外加挖苦与重复。当然，这类通篇强调的会话方式违反了"没有间隔，没有重叠"的原则，同时此次对话还违反了"禁止在群里吵架"这一社群规则。争吵双方以及其他社群成员在这一次会话过程中短暂地形成了三种不同的身份符号，争吵双方在此过程中瞬间被排斥在该社群之外，其具备的身份符号也与原社群赋予成员的身份符号格格不入；在其他社群成员希望维护社群团结的同时，争吵者的行为方式却与之恰恰相反，因此该会话会对社群产生破坏团结的结果。

除了社群成员自发产生的会话之外，社群的意见领袖也会在特殊情况下对会话的内容进行议题设置。以下是某场小攻防期间团队指挥开启的禁言仪式活动。

"从现在开始团队语音只能讲关于攻防的事情，不要聊天了。聊天去帮会频道打字。"(YY 频道语音)

在上述这类特殊的情境下，日常沟通与游戏交流之间产生了矛盾。为了协调游戏的交流与日常的沟通，社群管理员在特定的一段时间内禁止讨论与游戏无关的内容。当禁言时间一过，社群又自然而然地恢复了自由发言的状态。这场禁言仪式期间，大多数社群成员都会按照社群管理员的要求停止在团队语音内聊与游戏无关内容的行为。虽然这类活动是非正式的，但也在一定程度上达到

了组织全体成员一致行动的效果，因此促进了社群和谐，并具备仪式化的效果。

概而言之，成功的会话交替需要满足两个规则：谈话中没有出现中断和重叠；言谈过程中没有尴尬的停顿，并且任何时候都能进行自由地发言。反之，谈话是尴尬的，社群的团结性也将被破坏。无论是成功的还是被破坏的会话，几乎都是在社群成员无意识中发生的，因此最初谈话的成功与否也是需要成员感受出来的。然而，具有反思性的个体也会将对自我或是他人的评价做出解释。有节奏的会话交替为网络游戏社群的情感传播打下了基础，在遵守规则的前提下，成员通过这一形式能够进行充分自由的会话，促进成员之间的和谐相处，从而维护社群整体的团结。

线上正式活动——线上歌会活动。线上歌会是网络游戏社群线上仪式活动最典型的代表之一，也是较日常会话更为正式的一种仪式活动。网络直播平台的兴起和发展为网络游戏社群进行线上互动提供了便捷的平台。YY83028 是剑三“醉枕”帮会的直播频道的房间号，除了日常进行团队游戏时的战术沟通和举行会议，其另一主要功能就是举行各类线上活动。以 2018 年在线上举行的圣诞歌会为例，歌会时间定于圣诞节当晚，在活动前期帮会管理员会通过 QQ 群发布歌会的相关公告。与人们日常能够参与到的线下歌会一样，帮会的圣诞晚会也有一套具体的有序流程。公告里预告了歌会的具体时间、参与方式、活动奖励以及节目内容等流程信息：“周三晚上 8 点半歌会，歪歪 83028 集合。报名参加歌会的找 qq 群搜索炽离，一个人一首歌 4000j，一个人最多唱两首歌，小游戏等活动，总共奖励非常多。”（数据来源：12 月 24 日 QQ 群公告）

在歌会进行过程中，管理员和场控负责将表演嘉宾按顺序安排出场。圣诞歌会开场由帮会邀请的嘉宾歌手（非帮会成员）进行三首歌的暖场，之后便由之前报名演唱的成员按照麦序依次进行演唱。此时，帮会成员拥有共同的身份——观众，进而形成了共同的关注焦点。事实上，只有当观众参与到集体活动中时，瞬间的团结感才会变得非常强烈。而这里提到的参与集体活动的具体行为包括作为观众的帮会成员在 YY 公屏上发送实时弹幕为表演者喝彩，向表演者赠送虚拟的鲜花等礼物。这些大量微观短暂的合作构建起了瞬间共享的事件，不间断的喝彩行为将集体清晰地联结起来。“之前因为期末期间学业任务比较重，暂时 A 了游戏一段时间，但一看到帮会要举行歌会我开着手机 YY 就去听了。我平时可能游戏不是太积极，但就是喜欢歌会这些活动，感觉比较有意

思，还能听到大大们唱歌。”（救救奶油）

“我感觉帮会定期搞点歌会这样的活动也挺好的，可以认识更多的小伙伴。因为我平时打游戏时不太爱在YY说话，所以有些人还不太认识。也希望通过参加这些活动大家可以更加眼熟我的ID，多找我来打竞技场。”（陆珏晗）

据笔者观察所及，当有关注焦点的人群仅仅只是作为旁观者存在时，团结是微弱的；相反，当人群作为主动的参与者时，会逐渐发展出集体兴奋，而主动参与则会达到更高的连带程度，连带程度越高，团结与身份感就越强烈。歌会的高潮则是与“剑三”这款游戏紧密相关的活动：成员需要登录游戏，按照管理层制定的规则，与其他参与此次圣诞活动的帮会成员角逐小游戏的胜利。管理员会在规定的游戏场域周围巡视，观察是否有作弊行为出现，并实时通过YY频道进行比赛的实况解说。玩家在比赛中也可直接通过YY频道进行语音交流，而其他未参加该活动的玩家也可以听到其欢呼、求饶、惋惜、嘲笑等语音内容。在这一过程中，游戏任务本身成为成员有意识关注的焦点，这一焦点演变成社群成员延长体验感的符号，这些符号对于参与者来说是熟悉的，因此能够重新唤起集体兴奋，仪式强度在此刻达到了最高点。

根据笔者的日常观察，在没有团体游戏任务或帮会活动的时候，帮会YY的在线人数稳定在10—20人，而在每周攻防期间人数最高达到60人左右，而歌会活动最高在线人数则是73人（其中包括非帮会人员的参与）。由此可见，这类集体活动能够有效地将社群联结在一起，成员在参与仪式的过程中也收获了较日常游戏活动更高的情感能量和符号资本储备，这些资本又将再投资到以后的互动仪式中去。这一循环的过程将继续更高的情感能量，进而使成员对社群形成情感团结和文化认同。

会话交替之外，有节奏的合作是促使互动仪式发生的主要路径之一。根据柯林斯的说法，社交会话只是为了维持友情而进行的谈话，是所有仪式中最基本的方面，而且其团结是在仪式中通过有节奏的合作建构与强化的。[①] 这包括游戏社群的常规仪式以及突发事件两大类。

典型的常规仪式活动。游戏玩家在《剑网三》中参与公共活动，共同完成特定的任务，这些行动包括帮会定期举行的典型的常规仪式活动和突发的临时事

---

① 兰德尔·柯林斯. 互动仪式链[M]. 林聚任、王鹏、宋丽君译. 北京：商务印书馆，2016：120。

件。典型的常规仪式是指帮会组织每天的固定战场以及每天晚上按照游戏机制进行的阵营战(参见表 3-4、表 3-5)。

表 3-4 《剑网三》每日战场活动

战场名称	参与人数	组织时间	组织形式
云湖天池	10	每天中午 12:00 至次日 1:00,具体时间和场次不固定。	1. 由帮会战场指挥发起组队,所有帮会成员均可参加;2. 若遇到人数超过规定或玩家职业属性重复则顺延至下一个场次。
三国古战场	15		
浮香丘	15		
神农洇	15		
丝绸之路	25		
九宫棋谷	25		

资料来源:本书作者整理。

表 3-5 "醉枕"帮阵营活动

阵营活动	参与人数	组织时间	组织形式
祭天大跑商	不限。根据参与观察的情况,每次活动的参与人数在 50 人左右。	周一 19:00	1. 由帮会指挥发起组队,所有帮会成员均可参加;2. 需与同阵营其他帮会共同配合完成;
逐鹿中原		周二 20:00—22:00	
世界 boss		周三 20:00	
逐鹿中原		周四 20:00—22:00	
世界 boss		周五 20:00	
阵营攻防战		周六 13:00—15:00 19:00—21:00	
阵营攻防战		周日 13:00—15:00 19:00—21:00	

数据来源:本书作者整理。

战场和阵营活动是帮会每天都会定时举行的典型常规仪式活动。战场活动为日常活动,游戏内每天会刷新活动,帮会指挥会根据每日不同的战场地图组织活动。该类活动形式主要是帮会福利,具有不固定性和易进入性的特点。当队伍组满后,其他想要参与的成员需要在仪式外等待,如果仪式中有其他成员退出,才有机会参与到仪式之中。另外帮会指挥也会要求已经完成过一次任务的成员退出，以便让其他等待的成员参与进来。由于帮会组织的团队较散人团队会有较高的配合和较适合该战场的职业配置，且参与活动的成员互相“熟悉”，所有的成员为了击倒敌对玩家而相互信任、相互配合，因此获得胜利的概率也较大。

而阵营活动则需要参与的帮会成员配合整个阵营的部署，对参与的玩家有一定的要求。帮会团队阵营统战具有服从性，因此该类活动的参与具有一定的参与门槛，且具有时间上的固定性，除了极其特殊的原因不会推迟或调整。阵营活动较每日战场而言拥有更高的仪式感，活动期间每位成员被要求进入统战的YY频道，并听从统战指挥的部署。

以每周二和周四的逐鹿中原活动为例，活动开始前每个帮会的负责人需要在统战QQ群内商讨游戏活动的具体安排，且为了防止战术泄露，该QQ群有很高的进入门槛，不对一般玩家开放。如图3-6所示，活动期间帮会成员需要听从统战的安排提前进入到对应的据点地图，并将自己的YY挂到对应据点的子频道。通常情况下，据点战分为进攻和防守两种模式，而进攻的地图会比防守的地图获得更多的任务奖励。为了配合整体的战略部署从而获得最终胜利，即使被分到奖励较少的防守图帮会也不会对此有异议。每次阵营活动结束之后，无论胜利还是失败，各地图指挥都会依次上麦进行总结，总结内容大致包括对获得胜利或失败的具体节点进行梳理，探讨胜败原因；其次是对防守图的玩家进行鼓励与赞许；最后互相加油鼓劲，为下次活动鼓舞士气。

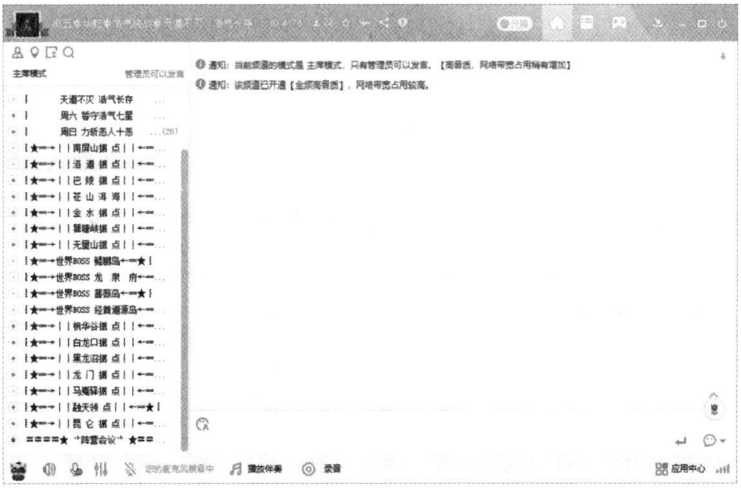

图3-6　电五浩气统战YY频道界面

这些活动优先允许本帮会成员参与，并禁止非同阵营的玩家参与；通常当本帮会成员无法达到游戏规定参与人数时才会允许帮会以外的游戏玩家参与。优先本帮会成员参与活动的原因在于，一方面参与活动并取得胜利的每位玩家将会获得相应的任务奖励，但多人任务的完成会有一定的难度，因此帮会管理层会优先照顾到帮会内部成员，进而维护帮会的团结和任务的正常进行；另一方面来自帮会以外的游戏玩家可能会对帮会团结产生负面影响，并有可能带走帮会的仪式主力，游戏任务的进程也会因主力的离开而受到影响。

从整体来看，网络游戏是一个充满规则和标准的世界，每一个参与其中的成员都必须遵守这些条条框框。但纷繁复杂的规则系统使得帮会统一组织的常规仪式无法面面俱到地考虑到每一位成员的需求，且这类常规仪式通常会被帮会赋予更多的规则限制，从而保证对每位参与仪式活动的成员的相对公平。例如，游戏中的“阴山商路”活动要求帮会组织才能参与，但对活动时间却没有限制。但根据观察，“醉枕”帮会会将这一时间安排在周一晚上 7 点之后，具体时间会根据当天的情况而定，确定后会提前在 QQ 群内发布公告通知。该活动上交任务前帮会管理会延长五分钟等待还未完成任务的成员，但这一等待时间是固定的，不会再因为其他原因而改变。因此，当个别成员的需求未被满足时，群体的团结可能会遭到破坏。“大跑商的时间每周都在群里通知了，为什么还有人迟到，我不可能因为你一个人没做完任务让帮会所有人都在这里等你吧。如果每个人都断断续续地来，那我这一个大跑商活动要等多久。以后多看看群里通知，让你们提前上 YY，你 YY 都不上怎么参加帮会活动啊。”（数据来源：帮会 YY 语音聊天内容）

为了满足社群成员更细致的需求，短暂性的仪式组织形式在网络游戏社群中也很常见。这类短暂性的仪式组织来源于突发的临时事件，社群成员需求的多样性导致无法共同面对每一个突发的临时事件。以帮会的帮战仪式为例，帮战的开始时间有很大的不确定性，多数情况下帮战的开始与否由帮会管理层决定，再临时通知在 QQ 群内。因此，帮会成员无法每次都在这种突发的情况下加入到仪式活动当中。帮战成员主要由游戏内在线且同时手头没有具体任务的成员以及并未游戏在线却积极上线参与的成员组成，这类成员有一个共同的需求，即希望维护帮会在游戏内的地位，“我是听说我们帮会经常有扫图才加的帮会，我就喜欢野外打架。后来发现我们帮还经常有帮战可以打就更好了。竞技场可

以掉段，但帮战不能输，不然多没面子啊”。（关中二少）

短暂性仪式组织还包括临时的攻打副本活动以及竞技场上段活动。这类组织的规模和具体成员组成都是不固定的，成员大部分情况下以帮会内部成员为主，在特殊情况下也会邀请非帮会成员加入。短暂性的仪式组织能够体现成员最基础和瞬时的情感状态和需求，其中包括成员希望提升装备属性或获得额外的游戏道具，因此成员的投入程度也会更高。根据笔者访谈，在这类仪式活动中成员在较大程度上会担心自我发挥的不足导致任务的失败。“我以前和师父一起打竞技场的时候还好，他会带我上段，我有点失误也没关系。但我师父A了之后，我基本就是散排了，或者组一些娱乐刷币的队伍。我太菜了，之前和两个帮里的dps一起打，几乎输了一个晚上，虽然他们也没嫌弃我，但我也没好意思再和他们一起打了。”（蓝绒）成员为获得额外的情感能量资本愿意付出更多的情感劳动，并且会谨慎地采取行动。

3. 情感的循环：互动仪式链的形成

网络游戏的媒介属性为互动仪式提供虚拟共在平台和成员所需的身份符号，社群成员在这一场所中能够进行自由的交往和互动。互动仪式中社群成员与其他参与者在第一次接触中所形成的短暂情感是互动仪式链形成的关键因素。在完成一次成功的行动仪式之后，参与成员不仅能够获得游戏任务带来的最基本的“成功与失败”体系，更重要的是他们能够从社群这个整体中收获更多诸如团结感、成就感、归属感、道德感等丰富的情感体验。

个体成员情感能量的多少取决于所参与的互动仪式的强度。情感能量是短暂的，一方面初次参与仪式所获得的短暂情感的强烈程度值得关注。个体成员在初期仪式活动后所积攒的情感能量储备是决定其能否进一步进行互动仪式的关键因素之一。在网络游戏社群中，帮会管理层成员和活跃度高的成员储备有高度的情感能量，这些个体能够利用圈层的中心优势创造出围绕自己的关注焦点，并激起他人共有的情感。最简单的例子就是他们在社群内部所发布的组队信息能够在短时间内收到其他成员积极的响应。他们自身所具备的游戏实力和与他人沟通的能力吸引着其他成员的加入。

另一方面情感能量在后续互动仪式中的投资与积累也十分重要。高度的情感能量使个体成为具有魅力的领袖，这些成员能够利用先前互动仪式产生的情感能量去推动后续的互动仪式。反之,在先前仪式经历中几乎没能产生情感能量的成员,会缺乏甚至失去成为高度互动仪式创始者的关键资源,他们压抑的情绪会带来消极感,而这类情感甚至会导致其他成员的消沉,从而造成鲜少还有其他成员愿意继续成为他们的互动伙伴。

互动仪式为网络游戏社群成员提供了丰富的情感能量,而情感能量的回报又吸引着成员再次参与到这类情景当中去。随着互动仪式的发展,成员获得情感能量的多少与种类也在发生着动态的变化。在短暂情感向长期情感积累的过程中,由"进入仪式——开展互动——收获情感——反复参与"组成的链条模型便能够形成(参见图3-7)。

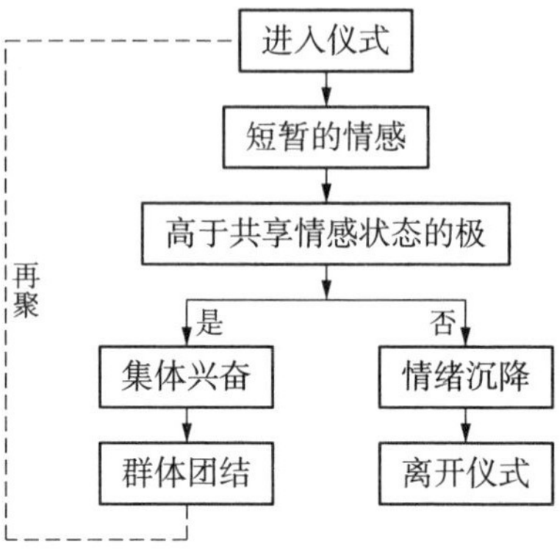

图 3-7 互动仪式流程图

四、网络游戏带来文化社群的身份认同与情感能量

作为网络时代游戏文化的典型形式,网络游戏塑造网络社会中的情感交往方式。从互动仪式链理论的视角出发,可以观察到网络游戏是一种虚拟共聚的互动仪式,社群成员通过游戏这一媒介进行着情感交往并形成了重要的情感纽带。对于网络游戏的个体而言,成员身份将休闲娱乐需求和社会交往需求进行融合。对于网络群体而言,互动仪式建构起志同道合的游戏文化社群,创造出独特的游戏文化符号,进而形成特定的社群符号,最终收获成员的身份认同感、成就感、道德感以及情感能量的沉淀。

1. 社群符号与社群团结:网络游戏社群情感传播的结果

一是形成特定的网络游戏社群符号。特定的社群符号能够为社群互动提供一个拥有特定界限的区域。网络游戏社群在形成的过程中产生了社群符号,而这些具备社群特色的符号反过来又为分类和排斥社群成员提供了参考和限制。与传统社群一样,网络游戏社群成员因相同的关注而聚集在一起,而这些关注又进一步推动了社群符号的发展,拥有相同专注点和兴趣的社群成员在通过这一层屏障之后就会进入到互动仪式之中，非成员则会被隔离机制排除在外。根据笔者参与式观察得到的各种信息，网络游戏社群所创造的社群符号具体又可分为社群成员符号和社群行为符号两种。

第一种是社群成员符号。基于互动仪式链的特性，网络游戏社群在情感传播的过程中逐渐形成了排斥性和隔离性，进而赋予了社群成员特定的社群符号。虚拟社群成员在交往过程中形成了一个符号化的世界，网络游戏社群也同样拥有符号化的性质。社群通过设置身份符号的界限进行分类，身份符号一方面为不同社群设立了区别机制，另一方面也给同一社群的成员建立了身份认同的机制。

社群成员符号是进入社群并进行互动仪式的重要符号资本。例如，在帮会内部开展的总结例会，只有拥有帮会 ID 的成员可以进入到帮会 YY 频道，并获得发言权利，没有这个身份符号的玩家就不能参与其中并获得福利。再如，玩家在进行阵营活动的过程中，需要将马甲修改成帮会统一的格式才被允许进入阵营 YY 频道，其发言也会在一定程度上代表帮会。帮会管理层通常在活动开始之前在 QQ 群里提醒成员改好马甲："混时间的去武王城，长期不上 YY，统战活动都不改好马甲进 YY 的以后不发战阶奖励。"（数据来源：QQ 群管理员通知）帮会指挥根据不同的帮会马甲给不同的成员安排相应频道，一些经过加密的子频道需要马甲格式正确并知道密码的成员才能进入。反之没有携带统一马甲的成员会被视为普通游客，其发言仅代表个人，同时其游戏参与度相对较低，其行动受到的强制性也较低。"我想去听恶人的指挥在说什么，我带着帮会马甲进不去恶人统战的 YY，所以我又弄了个号改了马甲去听。反正别带着帮会马甲，进去了也会给你踢出来的。"（唐湛）

社群成员符号的另一重要用途在于游戏内容外的成员之间的互动交流。这类符号主要体现在社群成员会将游戏语言进行形象化，并利用文字这一媒介在日常互动过程中尽可能地将自身与其他社群成员进行区分，用符号强调自身的独特性，把自己打造成一个拥有特定符号集的个体。这种通过提升身份识别度的行为，有便于在同一社群中拥有相同符号的个体在相对小范围的互动仪式中进行识别和交流。例如在"醉枕"帮会 QQ 群中的大部分成员会选择使用游戏人物的头像，在日常会话中经常性地使用与游戏相关的表情包和专业语言，彼此之间的称呼也均使用虚拟的游戏 ID。

除了成员个体的符号，社群整体也会形成特殊的身份符号。与粉丝社群类似，网络游戏社群同样也会采用设计帮会LOGO、制作帮会宣传视频、修改统一帮会马甲等形式特定的社群符号。社群符号的形成是一种成员共同参与的结果，正如帮会在进行宣传视频制作的过程中，会参考成员们的意见，并通过群公告的形式鼓励成员积极参与其中。“帮会要做帮宣视频啦！想上镜的宝贝点群管理员【炽离】私聊脸型体型门派外观！因为人员众多，所以大家只能多加一个披风，不能再太花里胡哨了！外观要全称，点开商城就可以看到的！因为历时会很久，所以不接受突然就不上视频了之类。谢谢各位宝贝了，永远爱你们！啵唧！！报名就有不报名就没！”（数据来源：帮会公告）成员们在视频中所呈现出来的游戏角色外观、脸型、体型等都极具个人鲜明的特色，而这些个人风格鲜明的符号组合在一起的时候又形成了全新的具有帮会特色的符号。在个体符号组合成帮会符号的这一过程中，统一的符号使成员产生归属感，同时又在归属感的驱使下产生对社群内部的认同行为以及对社群外部的排斥行为。

第二种是网络游戏社群的行为符号。社群行为符号主要表现为对社群内部的认同行为和对社群外部的排斥行为。认同行为符号主要体现在个体成员对自我的认同和对群体的认同两个方面。在自我认同方面，社群成员以角色扮演作为出发点，并在角色扮演的过程中对游戏的叙事与机制产生代入感与认同感。根据米德自我与“泛化的他人”之间关系问题的探讨，个体需要通过采取其他个体对自我以及彼此之间所持的态度那样，才能够发展成为最完全意义上的自我。① 正是通过职业、性别、体型、外观等角色符号，玩家之间互相认识，个体也形成了对自我的认知，最终将角色塑造成个体内心最真实、最渴望变成的自我。例如，“醉枕”帮会的玩家会经常在QQ群里询问其他玩家对于其脸型数据的修改建议，或是对外观的搭配建议，而多数人认为好看的脸型数据或是外观搭配通常会被最终采纳。再如，玩家在选择一个新的职业时会多方询问玩过该职业的玩家的游戏体验，以及帮会内部对某类职业的需求程度，他人的意见在很大程度上影响了玩家的决定。“我之前是玩明教的，后来发现这个职业除了打竞技场之外没什么用，感觉团战的时候也打不出伤害，打本的时候也不招明教T了。后来发现帮会里缺奶妈，我就重新玩了一个奶毒号，我亲友都说奶毒好上手，加上

① 乔治·H. 米德. 心灵、自我与社会[M]. 赵月瑟译. 上海：上海译文出版社，2018：175。

现在团战奶毒很吃香，我就主玩奶毒这个号了。”（蓝绒）在群体认同行为方面，则主要表现为个体积极地参与到群体的活动中去。其行为符号主要有主动与帮会好友组队完成日常任务、积极参与帮会的集体活动、主动对危害到帮会的因素进行反抗和排除等。

排斥行为符号表现比较明显之处在于，游戏内容本身就将成员划分成了两个对立面。不同阵营之间有着差异化的交流方式。一旦有成员做出不符合社群规则的行为都会被施以惩罚，因此在游戏中就形成了浩气、恶人、零零七、特种团、内战等专业的符号化语言，若玩家没有理解这些语言符号的内涵或短时间内没有做出反应，或者被发现不是仪式内部成员后就会受到当前社群的排斥，以此避免社群边缘成员甚至敌对成员出现在仪式过程中，扰乱仪式秩序。

一旦群体符号确立，将在群体成员之间循环，并通过相互作用来唤醒感情，这种符号具有更神圣的价值和特殊性。随着时代的演变，符号的循环流通成为一种群体的特色文化资本，其表现形式为词汇、专业知识、语言风格、客体、记忆、经验和其他的仅为群体成员共享的事件等，这些形式共同构成了群体的特色文化。①

二是形成群体团结。网络游戏社群并不仅以游戏内容为中心进行互动。即使与未来的游戏活动无关，这些游戏社群依然可以围绕其中所蕴含的统一性而长久地存在下去。② 群体团结能够持续的时间长短取决于情感在互动仪式中的储备状况，换句话说这取决于短期情感能否成功转换成长期情感。网络游戏社群情感产生的情境范围是逐渐扩大的。起初许多人因游戏内容聚集在一起形成最低层次的情境，但这缺乏共同的关注焦点，因此也几乎没有共同的情感。接着成员进入互动仪式，但仅仅的亲身在场也很少会产生团结的感觉。只有当成员参与集体行动，那个瞬间的团结感才会变得非常强烈。当成员从旁观者到积极给予回应的时候，之前的集体团结和身份感会得到加强。

群体团结是通过符号被唤起的。最初的团结瞬间是通过喝彩这一行为来唤起的。然而网络游戏社群成员虚拟在场这一特性使得喝彩的行动被抽象化和符

---

① 乔纳森·特纳，简·斯戴兹. 情感社会学[M]. 孙俊才、文军译. 上海：上海人民出版社，2009：66。

② 蒋旭峰. 网络游戏的社群营销策略及其伦理反思——以《魔兽世界》为例[J]. 中国地质大学学报（社会科学版），2014，14(04)：127－133。

号化。在游戏过程中，最基础的喝彩行为是为队友点赞。成员组队参与竞技场、战场这些集体活动时，在每一场对局结束时游戏内设置了给队友点赞这一功能，玩家可以根据自己喜好为队友点赞，从而为对方积攒点赞量。社群也会进行有组织的喝彩行为，游戏每周设置一次阵营指挥的投票活动，每个帮会都会组织帮众一起为同势力的指挥投票。更深层次的群体团结则需要社群成员共享集体符号来唤起。在网络游戏中这种共享行为体现在认同度较高的社群成员会将自己的游戏 ID 前缀改成与帮会名称一致，例如“醉枕”帮会里管理或几个活跃成员的 ID 为醉帝帝、醉跑跑、醉秋秋等。这类使用相似游戏 ID 的行为就类似于在某场体育比赛中，球员们会穿着特制的队服、佩戴相同的队徽，而他们的粉丝们也会使用带有这些标志符号的周边产品。

当群体团结遭遇到诋毁或攻击时，认同度较高的社群成员会勇敢地站出来进行回击，从而来捍卫社群符号不被篡改和玷污。例如笔者有一次观察到，“醉枕”帮会在进行阵营日常任务守护任务道具的过程中受到了敌对帮会某成员的游戏攻击。此刻帮会并未向其发起攻击，而是在游戏频道对其发出警告。该成员虽停止游戏攻击，却在公屏贴出了“醉枕”帮会一位管理员的游戏 ID 并对其发起了言语攻击。当时在线的帮会成员随即在 YY 频道进行讨论，最终决定向该帮会发起帮战，个人的攻击行为发展成为两个帮会之间的矛盾。成员们在事后总结时，纷纷发表了自己的意见。

药仙：他们帮会说那个人是个刚收进帮的小白，那又怎么样？谁还没个小白时期，这不是他骂人的借口。

炽离：这群人好意思吗？自己打不过我们，还叫来了同盟帮会。

救救奶油：那又怎么样？他敢帖 8tt 的 ID 我就挂他悬赏，谁怕谁？

陆珏晗：本来就是他们不对，他们先起的头，我们打回去他们有什么委屈的。

炽离：我不知道这个帮会以前是怎么样的，我也不在乎过去。我就知道，自从加入这个帮会以后，我们这些管理每天都在带小号战场，攻防也会组织帮会团。因为和大家在一起玩得开心，我就愿意继续下去，我为帮会付出也不为别的，就是觉得玩得开心。

团结感是互动仪式中成功建立起情感协调的结果。情境是互动仪式链理论的出发点，随着成员从一个情境向另一个情境的转变，个体的行为、想法都会随之产生变化。情感能量是互动仪式进行的重要驱动力之一，成员对情境的选择是理性的，社群能否吸引到个体的关注在很大程度上取决于获得情感能量的多少。在互动仪式的早期阶段，成员间的情感关联相对松散，因此所获得的情感也是短期的情感。但随着互动的继续和深入，群体团结逐渐建立起来，短期的情感也将会朝着长期的情感能量的连续化方向转变。

有趣的是，群体的高度团结极易出现认知扭曲，原有的正确判断可能因为人们一致的判断而改变。根据笔者的参与式观察，因近期"醉枕"帮会在贴吧存在一些负面的帖子，2018 年 11 月 27 日晚帮会在 YY 频道召开了澄清会议。事件起因是三位前帮会管理员因长时间未登录游戏而被帮主踢出帮会并卸下了 YY 频道的皇马，三位管理员认为该做法不妥，并选择在贴吧进行反击。此后，为降低负面帖子给帮会发展带来的不利影响，帮会管理层决定召开澄清会议，双方进行对质。在前管理员进行观点陈述时，YY 公屏有少数成员开始打字质疑现帮主的做法是否欠妥，又有部分已退帮的帮众继续在公屏进行指责甚至对帮主进行言语攻击，此后更多新入帮的帮会成员也加入到这一阵营，社群的团结在此刻出现裂痕。但当现任帮主出面重新讲述事件的起因经过后，不少之前已站队的成员又开始倒戈。有更多新任管理员纷纷出来表明自己的态度，并表示支持帮主的做法。此时，公屏上出现的实时留言多为"虽然我不知道这个帮以前怎么样，但我入帮后给我的感觉就是帮会管理都很负责""我们不是咸鱼帮会，经常不上线被踢不是很正常""管理就是要负责管理帮会的，你自己都不上线还算什么管理"等支持帮主当初决定的言论。

可见，社群团结受到情感能量影响的程度是很深的。情感能量在潜移默化中对社群成员产生影响，这种影响既有积极的也有消极的，但不变的是，拥有高度认同感的成员会坚决站出来维护社群。

三是积累并产生了情感积蓄。在互动仪式链理论中，情感能量能够借由情景符号的传递跨越不同的情境。情感能量是个体用以在可选择的互动仪式中做出决策的共同标准。[①] 社群成员按照情感能量的高低进行理性选择，其结果是

① 兰德尔·柯林斯. 互动仪式链[M]. 林聚任、王鹏、宋丽君译. 北京：商务印书馆，2016：224。

趋向于情感能量更高的情境。当网络游戏社群成员进入到具体的情境当中，个体的情感能量需求会得到不同程度的满足，在一定的时间内，新颖性会让互动仪式具有最强烈的情感吸引力。而网络游戏本身的互动性和虚拟性，更为成员获取情感积蓄提供了丰富的形式和广阔的空间，使进入社群成员所获得的情感积蓄得以被扩大。

情感积蓄的表现之一是网络社群成员获得成就感。成就感的获得体现在个体游戏胜利和成功维系关系两个方面。在个体游戏胜利方面，游戏内容的特性使得“成功-失败”这一二元对立的符号系统成为玩家最为关注的焦点之一。基于永远存在的对立，游戏玩家通过期待胜利和奖励而产生情感联结，又因害怕失败和惩罚而凝聚起来，并通过网络游戏的互动情境进行情感传播。进行游戏的社群成员都会有自己的游戏目标或成就标准，完成这一目标的决心成为其积极参与的驱动力。在《剑网三》游戏中，当玩家组队完成任务时，每位玩家操控的角色都有不同的职业属性和各自的定位，只有将职业属性千差万别的不同玩家进行合理的任务分配，发挥其自身的职业优势，整体的游戏任务才能获得最终胜利，收获与目标相匹配的成就感。玩家希望通过这一成就感的提升来证明自我战斗能力或游戏经验的提高，因此十分重视对成就感的维护。

> 我比较喜欢打战场，经常连排一个下午。但自从有了战场分数之后我就不怎么散排了，因为散排真的太难了，经常遇到一些小号、代练之类的，而且很多大号也不太懂战场机制，根本带不起来，战场分数就一直掉。所以我现在比较喜欢跟帮会的战场，或者别的 YY 队，至少在配置上是有优势的。（西瓜）
>
> 我们帮会应该是唯一一个愿意带小号打战场的帮会了吧，别的帮会看你是小号就直接踢了。因为人家指挥打战场是要刷战场分数的，也就我们帮会的管理愿意牺牲自己的分数来带小号了。（醉帝帝）

游戏中设有专门的排名系统和成就系统。其中，“风云录”板块记录了该服务器内所有玩家和帮会的各类排名数据，每周排名靠前的玩家个人和帮会都会在新的一周获得相应的奖励和象征其排名的称号。另外，游戏中还设置了成就系统，该系统涵盖游戏的方方面面，玩家的各种游戏经历都将被记载，并且随着游戏新内容的加入，该系统的内容也会变得更加丰富。当完成某个成就时，系统会跳出该成就被盖上“完成”章的界面，成就达到一定程度后亦会获得相应奖励。然而想要取得大部分的成就却是一件极其困难的事情，但正是这些难以获得的珍惜成就才更令玩家们心向往之，并促使其愿意付出精力、时间和金钱乐此不疲地参与其中。《剑网三》的成就任务包括游戏的各个方面，既有 PVP 任务，也有 PVE 任务。一般来说 6W5—7W 的资历已经是一般人到达的顶峰了，以我自身在唯满侠（服务器名称）来说，8W 的成就至少进不了前 50（资历排名）。[①] 在全服务器范围内给玩家颁发关于游戏排名和成就的奖励机制，吸引玩家进一步为了成就感而努力，当玩家在此过程中收到旁观者的喝彩时，这一自我证明和认同将得到进一步的强化。

成就感的获得还体现在成员对特殊关系的成功维持之中。游戏中设有师徒系统，师徒之间可以进行组队邀请、加为好友、密聊、邀请入帮等操作。在建立师徒关系的过程中，师傅逐渐成为引路人，往往会为刚刚接触游戏的玩家提供更广阔的视野和更大的交友圈。以下是游戏玩家对师徒关系的一些看法[②]：

就是师徒。受了委屈可以找师父说，师父帮徒弟打回去，带着徒弟长大，教他（她）怎么玩这个游戏，还有怎么识别坏人。徒弟就长点心，记着师父的好，没事会寄点东西，经常听师父说话，我跟我师父就这样的。（会开飞机的兔子）

贴一波自己的徒弟。主 PVE，收徒带徒都是 PVE 向，那时候还是挑战花月打到天荒地老的年代，带着八个徒弟和一个亲友奶去打什么普通和英雄，手把手教学普通永王行宫，打完就去找团打英雄，进团就问打包十个要不要。当时很热闹也贼好玩，后来都发展成大佬了。个人原因 A 了一个赛季，师门的人散了不少，回来之后靠混徒弟开的团勉强混到两万分。现在每天坐等小徒弟开团去混。（王骁仪）

我就是纯小白啊，第一次玩网游什么的，不过我一般边玩边拿手机百度超自立，自己瞎玩也懂了不少。我师父也比较小白很多东西也不懂，但是觉

---

① NGA.《剑网 3》成就系统详解[EB/OL]. https://m.3dmgame.com/ol/gl/18282，2018-04-12。
② 数据来源：百度双梦镇吧（游戏《剑网三》双梦镇服贴吧）。

> 得只要能一起玩，愿意理自己，不会的地方愿意告诉我就是很好的师父。很喜欢我师父，给我个猴金二少我都不换。（孤馆遇神）

由此可见，师徒关系在维持的过程中成就感的获得往往是双向的。师父在将徒弟从一无所知的小白玩家带领其满级的过程中收获成就感，更在徒弟后续为师父提供助力和回报时加深了这种情感。而徒弟一方面在角色成长的过程中收获了关于游戏等级、技能、装备等提升带来的成就感，另一方面也在更宽广的友谊关系中加深了这一情感。

情感积蓄的表现之二是社群成员获得归属感。随着互联网技术的发展，网络游戏的互动性从游戏内部延伸到了现实的社交网络。网络游戏社群成员可以通过游戏与拥有共同关注焦点的人建立基础的联系，当这种联系被互相的认同感加深之后，便会拓展到现实世界中去，加强了现实世界的社会关系。社群成员通过游戏这一媒介获得了探寻个体兴趣和身份的机会，并借此收获新的群体身份。

网络游戏自身所具备的内容和规则是吸引游戏玩家进入互动仪式的共同关注点，这一焦点将淡化成员在仪式外的状态。换句话说，当成员还未进入互动仪式之前，每个人的兴趣与情感状态是不尽相同的，但在共同焦点的指引下他们将拥有一致的目标和情感吸引力。在游戏互动的过程中，为有效节约进入仪式前的等待时间，帮会指挥带团时会将组队信息发送在社交媒体中，当成员拥有相同的目标和相匹配的游戏水平时则被允许进入到队伍去。在进行游戏的过程中，成员在共同完成游戏任务这一情境中形成互动仪式，并通过有节奏地的合作进行情感交流，最终获得群体共识。互动仪式本身就具有合作与分享的群体特征，互动仪式的成功进行将会强化群体团结，使互动仪式的参与者获得对于集体的认同感与归属感。① 从网游角色而言，体现为区隔、认同与怨怼。区隔与认同分别指玩家在网游互动中身份认同的相异性与相似性；怨怼不是玩家主动追求的结果，而是在团体活动中自然地生成。

> “刚入帮的时候对战场机制不是很熟悉，帮里管理会带我们这些小号战

---

① 阎伟. 虚拟社区参与者的归属感研究[D]. 东北师范大学，2011：23。

场，我们帮好像是少有的会带小号战场的帮会了，之前进过别的帮会的YY战场，一看我是小号就直接把我踢出队伍了。每天跟战场和小攻防，做装备还是很快的，之后就习惯跟帮会的战场而不去散排了。”（渣渣螺）

“我们帮会和别的那些金帮不一样，不像他们每次打个攻防都有奖励发。别人发个战阶奖励都是几砖起，我们帮的战阶奖励也没办法和他们比。所以我觉得我们帮的小伙伴们是真的对PVP有热情，同时又对我们这种形式认同才愿意继续在这里待下去。”（不太甜）

玩家个体对帮会的归属感往往不在于物质资源获取的多少。根据对“醉枕”帮会的参与式观察，有少数入帮玩家的诉求在于获得帮会奖励或是利用帮会资源提升装备，但这些玩家通常会在自己诉求满足之后或是因为奖励数量达不到心理预期而选择退出帮会。因此，在一轮轮地过滤之后，帮会成员属性和入帮动机也会逐渐纯化。经过长期的筛选，仍然留在社群内部的成员有着相对一致的目标，在共同目标和利益的驱使下加深了对集体的归属感。

情感积蓄的表现之三是凝聚共同的道德感。社群的团结是依靠道德规则的，人们依据道德规则把人际关系符号化，并以具体的符号来表征群体。道德感为社群成员提供了身份符号，且这些象征符号是具备情感特性的，因此成员将维护社群的道德规则视为维护正义的任务，并努力积极地去完成道德所赋予的情感任务。相反，若是违背了群体团结，其结果是产生道德罪恶感或不得体的感觉。

“我觉得既然要玩PVP模式就不要怕被红名攻击，本来阵营玩法就是这么玩的。每个人都是从小号过来的，小号还有优越感了？现在被打了要么叫帮会给你出头，要么就别委屈。我们帮会扫图也是阵营的一种玩法，玩不下去就转阵营。”（药仙）

“你既然加入了这个帮会，在外面一言一行就代表了我们帮会。我不管大家平时在群里怎么聊，再也不要在游戏里故意去招惹别人，也不要去贴吧里乱说。当然，被欺负了一定要告诉在线的管理，如果管理没在线QQ私聊我也可以。不要憋着不说，被打了就一起打回去。”（醉帝帝）

当集体之间的关系被情感化和符号化，这个符号的新品质就增加了集体的道德意义。在这个时候，成员偏离这一意义情形较少发生，因为这是对神圣道德的侵犯，成员会进行抵御攻击的行为，从而对群体符号进行保护。① 网络游戏的特殊性使其自身就具备了一定的规则，玩家在参与过程中需要坚守游戏规则才能进行需要团结的游戏任务。在此过程中，恶意挂机、划水、不听从指挥安排、操作失误等行为都会对游戏公平产生影响，这种扰乱游戏公平的行为被定性为违背道德感，并受到其他玩家的抵制。坚决维护正义感的成员则会选择举报或将其踢出队伍的方式进行道德感的维护。每个帮会内部对于道德感的维护行为则更加明显，这一点体现在帮会管理对于成员战场水平的要求上。比如帮会成员“炽离决定周五 YY 开一个战场科普，9 点开始，世界 boss 结束，觉得自己战场水平意识不够的小可爱可以来听一下，也可以带着亲朋好友来听，会把所有战场都科普一遍的。如果有意向做战场指挥的也可以私聊炽离或者不太甜，不要钱兄弟们交付毕生战场心血。希望以后大家都是能够让指挥点名夸的存在！”（数据来源：QQ 群公告）规则至上的互动特点决定了游戏的公平性，因此维护规则即是在维护道德感。在这款游戏里，战场机制亦是一种游戏规则。对于规则的维护不仅仅体现在表层的认真参与，更重要的是在理解复杂的游戏规则，即学会该游戏的参与机制，因为失误的产生往往是由于对规则的不熟悉。相反地，由于成员对规则的维护，将会收获个人的和集体的道德感。

2. “我们共同成长”：网络游戏社群情感传播的意义

研究网络游戏社群互动机制和情感关联方式时，需要明确的一点是，网络游戏与现实生活并非泾渭分明，游戏中所扮演的“角色”也并非孤立于现实生活之外的。正如我们无法明确网络与现实的界限一样，网络游戏也与现实生活相互联系，相互影响，游戏中的情感交往也深刻影响着现实中的生活。

一是促进了网络游戏社群的个体社会化成长。人类是社会化的动物，无论何时何地，人们都围绕着追求情感能量最大化的目标而建立愈加丰富的社交关系。多样化的社会生活方式能够满足人们对情感关联丰富性的需求，使个体能够获得更多选择积极情感的机会。网络游戏这一虚拟世界，为玩家提供了多样

① 乔纳森·特纳，简·斯戴兹. 情感社会学[M]. 孙俊才、文军译. 上海：上海人民出版社，2009：66－67。

化的情感体验方式，弥补了人们在现实生活难以获取某些际遇的遗憾。当个体来回穿梭于虚拟与现实之中，两者之间的隔阂被压缩得越来越小，个体与他人的互动仪式也逐渐打破两个世界之间的屏障，相互间的情感联系更是逐渐成为连通两者之间的桥梁。

长时间身处于单一的社会情境中会使得个体的情感唤醒体验减弱。反之，经常性地变换互动情境则可以尽可能地减少长期身处习惯化的情境对个体积极情感体验的束缚。网络游戏所塑造的虚拟世界吸引着玩家们进行积极的情感体验，而这一吸引力的存在则是因为游戏能够打破现实世界的一些条条框框，为人们提供新的互动情境。网络游戏对现实社会的高度模拟使得玩家可以沉浸其中并自由体验多样的人生经历。由此看来，一方面网络游戏社群进行的情感互动有利于建立丰富多彩的社会生活方式，弥补现实世界中人际交往的不足。另一方面这种情感的传播很大程度上能够与个体的现实世界形成互补，情感在各种不同的情境中被唤醒，个体也在这一社会化的过程中成长。

二是给予游戏社群成员更多的社会资本积累。社会资本理论将社会资本视为在社会结构之中驱动社会行动成功进行的资源。[①] 如果想要获得更多的社会资源并积累社会资本，个体就需要将自身浸入到对应的社会结构中去。在互联网时代，信息和情感都是重要的社会资源，网络游戏则为个体获取这两种资源提供了平台和渠道。个体基于一定的目的和需求在社会活动中进行着投资行为，游戏中的互动行为亦是如此。玩家在进入社群前根据共同关注的焦点选择和获取相应的成员身份，通过获取对应的社群身份符号，个体得以进入到社群内部，并获得了取得该社群内部资源的资格。

在网络游戏社群的互动过程中，玩家在网络游戏世界中基于相同的兴趣或关注焦点，建立起与现实生活中类似的人际交往关系，并借助游戏角色进行社会交往。玩家在游戏过程中进行协作，并将这种互动衍生到了日常的会话互动过程中去，线上的互动也延续到线下的交往中去。换句话说，玩家除了在游戏中为取得胜利而进行团队合作之外，彼此之间还会发生游戏之外的情感交往，这一过程将游戏世界与现实世界连接起来。个体经过长期重复性的互动巩固和拓展着新建立起来的人际关系网络，在此基础上合作和共享型的互动行为有助于提高

---

① 林楠. 社会资本：关于社会结构与行动的理论[M]. 张磊译. 上海：上海人民出版社，2005：24。

个体在网络游戏中社会资本的积累,这类社会资本的积累将弥补现实生活社会资本积累的不足。其后个体可以利用网络游戏社群中互动所得的资本储备对现实的社会关系进行再投资,进而发展出更丰富多元的社会关系。

本章结语

本章以网络游戏社群为研究对象,尝试对网络游戏社群成员进行参与式观察和深入访谈,并从互动仪式链的视角出发对个案进行分析,得到以下结论:

网络游戏社群情感传播的过程遵循互动仪式链的互动逻辑,社群成员因为游戏这一相同的关注焦点而聚集起来,并对局外人的身份进行限定,而后在游戏内部以及游戏外的各类社群平台进行会话交替,情感资源在此过程中进行交换。其后成员间形成固定的、有节奏的合作,从而收获情感能量并形成互动仪式链,最终完成情感的传播。

本章的分析分为三个基本层面。从网络游戏社群情感传播的动力层面出发,分析身份符号和情感能量这两大动力资源对情感传播的推动作用;按照“聚合—协作—循环”这一互动仪式链的逻辑对网络游戏社群情感传播的过程进行重点的分析;根据观察资料总结出情感传播的结果,发现社群成员在此过程中形成了特定的社群身份符号,提升了群体团结的水平,最重要的是收获了成就感、道德感、归属感等一系列积极的情感能量。

本章的局限性在于个案并不能代表所有的网络游戏社群,在一定程度上无法详尽反映出所有网络游戏社群中的情感传播机制。事实上,情感传播是一个复杂的过程,个案的分析也许并不能推而广之,上升到所谓“放之四海而皆准”的普遍性层面,本章的结论也并不打算“抱有如此的雄心壮志”。值得提醒的是,本章的分析较为适合网络游戏社群,其他虚拟社群的情感传播机制是否与网络游戏社群“异曲而同工”,尚待在未来的研究中能够找到两者之间的共通点和差异性,并为其他虚拟社群的研究提供借鉴。

(倪洋,张健)

本章参考文献

1. 马歇尔·麦克卢汉. 理解媒介：论人的延伸[M]. 何道宽译. 南京：译林出版社，2011。
2. 乔纳森·特纳，简·斯戴兹. 情感社会学[M]. 孙俊才、文军译. 上海：上海人民出版社，2009。
3. 欧文·戈夫曼著. 日常生活中的自我呈现[M]. 冯钢译. 北京：北京大学出版社，2008。
4. Rheingold H. The Virtual Community: Homesteading on the Electric Frontier [M]. HarperPerennial.
5. 爱弥尔·涂尔干. 宗教生活的基本形式[M]. 渠敬东、汲喆译. 北京：商务印书馆，2011。
6. 兰德尔·柯林斯. 互动仪式链[M]. 林聚任、王鹏、宋丽君译. 北京：商务印书馆，2016。
7. 乔纳森·特纳. 人类情感——社会学的理论[M]. 孙俊才、文军译. 北京：东方出版社，2007。
8. 恩斯特·卡尔西. 人论[M]. 甘阳译. 上海：上海译文出版社，1985。
9. 乔治·H·米德. 心灵、自我与社会[M]. 赵月瑟译. 上海：上海译文出版社，2018。
10. 约翰·赫伊津哈. 游戏的人：文化中游戏成分的研究[M]. 何道宽译. 广州：花城出版社，2007。
11. Fredlik Barth. Ethnic Groups and Boundaries: The Social Organization of Culture Difference [M]. Boston MA: Little Brown and Company, 1969.
12. 简·麦格尼格尔. 游戏的人：文化中游戏成分的研究[M]. 闾佳译. 杭州：浙江人民出版社，2007。
13. 林楠. 社会资本：关于社会结构与行动的理论[M]. 张磊译. 上海：上海人民出版社，2005。
14. 彭兰. 新媒体用户研究[M]. 北京：中国人民大学出版社，2020。
15. Choi D, Kim J. Why People Continue to Play Online Games: In Search of Critical Design Factors to Increase Customer Loyalty to Online Contents [J]. CyberPsychology&Behavior, 2004(01): 11 - 24.
16. Pena, J., Hancock, J. T. An Analysis of Socioemotional and Task Communication in Online Multiplayer Video Games [J]. Communication Research, 2006,33(1): 92 - 109.
17. Helena Cole, B Sc, Mark D Griffiths. Social Interactions in Massively Multiplayer Online Role-Playing Gamers [J]. CyberPsychology&Behavior, 2007,10(4): 575 - 583.
18. Cheng-Chieh Hsiao, Jyh-Shen Chiou. The Effects of a Player's Network Centrality on Resource Accessibility, Game Enjoyment, and Continuance Intention: A Study on Online Gaming Communities [J]. Electronic Commerce Research and Applications, 2012(11):

75 - 84.

19. Hussain Z, Griffiths M D. The Attitudes, Feelings, and Experiences of Online Gamers: A Qualitative Analysis [J]. CyberPsychology & Behavior, 2009,12(6): 747 - 753.

20. Sublette V A, Mullan B. Consequences of Play: A Systematic Review of the Effects of Online Gaming [J]. International Journal of Mental Health & Addiction, 2012,10(1): 3 - 23.

21. Stoeber J, Harvey M, Ward J A, et al. Passion, Craving, and Affect in Online Gaming: Predicting How Gamers Feel When Playing and When Prevented from Playing [J]. Personality & Individual Differences, 2011,51(8): 991 - 995.

22. 诸葛达维. 游戏社群情感传播的互动仪式机制研究[J]. 浙江传媒学院学报，2018，25(01)：123 - 129 + 142。

23. 王斌. 数字平台背景下情感传播的成因、风险及反思[J]. 电子科技大学学报(社科版)，2019，21(03)：85 - 90。

24. 蒋晓丽，何飞. 互动仪式理论视域下网络话题事件的情感传播研究[J]. 湘潭大学学报(哲学社会科学版)，2016，40(02)：120 - 123 + 153。

25. 安璐，欧孟花. 突发公共卫生事件利益相关者的社会网络情感图谱研究[J]. 图书情报工作，2017，61(20)：120 - 130。

26. 安璐，欧孟花. 突发公共卫生事件利益相关者的社会网络情感图谱研究[J]. 图书情报工作，2017，61(20)：120 - 130。

27. 王斌. 数字平台背景下情感传播的成因、风险及反思[J]. 电子科技大学学报(社科版)，2019，21(03)：85 - 90。

28. 袁光锋. 公共舆论建构中的"弱势感"——基于"情感结构"的分析[J]. 新闻记者，2015(04)：47 - 53。

29. 陶薇. 论组织战略性公共关系维持中的情感传播策略[J]. 商业时代，2011(13)：33 - 34。

30. Armstrong, A, and Hagel III, J.. The real value of on-line communities [J]. Harvard Business Review, 1996,74(3): 134 - 141.

31. 蒋旭峰. 网络游戏的社群营销策略及其伦理反思——以《魔兽世界》为例[J]. 中国地质大学学报(社会科学版)，2014，14(04)：127 - 133。

32. 齐水霞. 网络游戏玩家的自我呈现与虚拟消费行为研究[D]. 北京邮电大学，2019：18。

33. 孙欢. 网络游戏的玩家群体行为探悉及其社会影响[D]. 吉林大学，2007：35。

34. 刘研. 电子游戏的情感传播研究[D]. 浙江大学，2014：82。

35. 徐静. 认同、权力、资本：青少年网络游戏中的情感研究[D]. 浙江大学，2015：13 - 14。

36. 曹歆曼. 情感社会学视域下网络游戏的情感传播逻辑[D]. 四川外国语大学，2019：21。
37. 李思科. 基于互动仪式链的网络游戏社群研究[D]. 浙江传媒学院，2019：12。
38. 阎伟. 虚拟社区参与者的归属感研究[D]. 东北师范大学，2011：23。

附录：本章访谈提纲

您选择这款游戏的原因是什么？

您是成就党吗？是否愿意去做那些有一定获得难度的成就？

作为一个 PVP 党，您更倾向于参与竞技场还是多人的战场、攻防等活动？

您会更倾向于一个人玩游戏，还是和亲友或者帮会成员一起完成任务？

您在游戏的过程中会牺牲自己的利益去帮助别的玩家吗？

您在游戏中会经常和你的亲友谈论自己的私事吗？

您有在游戏中结交亲友并发展成现实好友的经历吗？

您如何看待团队任务中游戏玩家打字嘲讽或者开麦互喷的行为？

游戏中不愉快的经历会影响您的现实生活吗？

您在空暇之余会关注剑三 818 里的事件吗？

您认为在游戏过程中最大的收获是什么？

您是如何进入到这个社群中的？

您会在帮会 QQ 群或是 YY 频道里和别的成员聊天吗？

您在这个游戏社区中承担着怎么样的职责和角色？

您认为这个游戏社群为什么能够吸引着你？

您如何看待社群中举行的各种活动，是否愿意参与？

对不符合社群公告和精神的言论和言论发起者，您会如何应对？

您认为该社群对您最大的帮助是什么？

您认为在进入到社群之后最大的收获是什么？

第四章　税法下沉的空间逻辑

2016年4月18日，中共中央、国务院转发了《中央宣传部、司法部关于在公民中开展法治宣传教育的第七个五年规划（2016—2020年）》（以下简称“七五”普法规划）的通知，要求各地区各部门结合实际认真贯彻执行。《通知》指出，全民普法和守法是依法治国的长期基础性工作，“要坚持把领导干部带头学法、模范守法作为树立法治意识的关键，完善国家工作人员学法用法制度，把法治观念强不强、法治素养好不好作为衡量干部德才的重要标准，把能不能遵守法律、依法办事作为考察干部的重要内容，切实提高领导干部运用法治思维和法治方式深化改革、推动发展、化解矛盾、维护稳定的能力”。《通知》特别强调，要“坚持从青少年抓起，把法治教育纳入国民教育体系，引导青少年从小掌握法律知识、树立法治意识、养成守法习惯”。①

2016年9月7日，国家税务总局“为贯彻依法治国基本方略，落实《中央宣传部、司法部关于在公民中开展法治宣传教育的第七个五年规划（2016—2020年）》，广泛开展法治宣传教育，进一步推广普及税收法律知识，健全税收普法宣传机制，提高纳税人税法遵从度，推进税收现代化建设，发挥税收对‘十三五’时期经济社会发展的促进作用”，制定了《税收法治宣传教育第七个五年规划（2016—2020年）》，要求各级税务机关要“把税收法治宣传教育纳入当地普法工作体系”；税务机关“要加强与当地宣传、文化、法制等部门协调配合，加快税收普法教育基地创建活动，落实《国家税务总局、司法部关于开展全国税收普法教育示范基地建设活动的通知》（税总发〔2016〕117号）要求，组织税法普及教育实践

---

① 中共中央国务院转发《中央宣传部、司法部关于在公民中开展法治宣传教育的第七个五年规划（2016—2020年）》[EB/OL]. http://www.moj.gov.cn/pub/sfbgw/zwxxgk/fdzdgknr/fdzdgknrtzwj/202103/t20210316_207535.html。

活动”①。

根据《税收法治宣传教育第七个五年规划(2016—2020 年)》,“七五”普法期间,国家税务总局和司法部每年从各地选择 5—10 个税收普法教育基地作为全国示范基地,至 2020 年建成 50 个左右的全国税收普法教育示范基地。其中第一批税收普法教育基地于 2017 年 9 月 6 日完成授牌仪式,共有 9 个教育基地成功入选,“融宣传、示范、体验、普法、教育于一体,在开展税收法治宣传和税法普及教育实践活动中取得了较好的成绩,具有较强的影响力和辐射力,是全国税务系统普法教育基地的良好典范”②。在此情形下,江苏省常熟市地方税务局在建立国家级“示范教育基地”这一总的要求推动下,制定《常熟地税局创建全国税收普法教育基地工作方案》,将原先的税收文化宣传教育基地在既有建筑格局的基础上进行升级扩建。一方面,“提供组织保障,成立领导小组及专业执行队伍,招募权威专家,组成专业评审及顾问团队,展开七轮协商、两次公开招标,确保展厅设计理念前瞻、设计出彩、功能新颖和内容扎实”;另一方面“确立科学目标,把全国税收普法教育示范基地创建,作为提升依法治税水平的重要举措,主动对接国家税务总局和司法部制定的评价标准,编制《基地建设工作完成时限表》,明晰建设标准、时间节点,确保按照序时进度完成创建任务”③。2020 年 7 月,经过中华人民共和国司法部和国家税务总局联合评选,国家税务总局下发《国家税务总局关于公布第二批全国税收普法教育示范基地名单的通知》,常熟市税收普法教育基地在全国 10 家入选单位中排名第四,是新机构成立以来江苏省首家获此荣誉的单位④。

从列斐伏尔的空间理论来看,常熟市税收普法教育基地的建立实际上就是新型法治空间的生产过程。20 世纪 70 年代,列斐伏尔出版其知名著作《空间的生产》之后,学者们对空间的研究视角从时间转向了空间,从空间中物的生产转向了空间自身的生产,打破了过去空间是固定的、静止的看法,把空间的生产过程视为一个社会关系的建构过程,“空间作为一种产物,并不是指某种特定的产

---

① 国家税务总局关于印发《税收法治宣传教育第七个五年规划(2016—2020 年)》的通知[EB/OL]. http://www.chinatax.gov.cn/n810341/n810755/c2266452/content.html。

② 吴秋余. 首批全国税收普法教育示范基地授牌[EB/OL]. http://finance.people.com.cn/n1/2017/0907/c1004-29521573.html,2017-09-07。

③ 韩音梅等. 构建宣传大格局　唱响普法好声音[N]. 中国税务报,2017-11-27。

④ 王晓春. 常熟市税收普法教育基地入选示范基地[N]. 中国青年报,2020-08-03。

品——某事物与或某物体——而是一束关系，这个概念要求我们必须对生产与产品概念及其它们的相互关系作拓展性理解”①。

本研究试图去理解税收普法教育基地，如同重新解读20世纪90年代的电影《秋菊打官司》。该片很是知名，影响也很大，其实只是讲述了一个很简单的“小民告小官”的故事：村长打了农妇秋菊的丈夫，为了讨要一个赔礼道歉的“说法”，秋菊将村长层层上告；但村长在关键时刻救了难产的秋菊，最后却被警察带走了。于是在农妇秋菊那里产生了一个难以理解的困惑：法律怎么能这样管事呢？我只是要一个“说法”而已，公安局怎么就把人给抓了呢？影片不仅仅是在讲述一个偏远农村的“地方性知识”，在一定程度上，其实在阐释中国地方法治实践中的深层逻辑问题。因为“掌握知识的类型不同，不同职业或阶层的人对法律的认知可能存在差别，这种知识占有上的差别，在传播学理论中被称为‘知沟’，意为‘知识鸿沟’。法律在不同职业和阶层的人之间进行传播，具有形式上的普适性和平等性，囿于法律知识传播的倾向性，法律‘知沟’现象的产生成为一种必然”②。

虽然在“法律”的理解上存在“知识鸿沟”，但至少从国家建构层面而言，“普法”是按照“法律共同体”构想，通过大众传媒以及开大会、文艺宣传、送法下乡、司法考试等其他手段，对共同体成员进行知识启蒙与法律人格塑造，成为“配合立法的政治动员，将大、小传统缝缀起来，整合一体，而蔚为一种法律共同体”③。既然普法“是一种全新的秩序格局，即从梁漱溟先生所描述的‘伦理本位、职业分途’的道德文明秩序，迈向陌生人社会的现代法律文明秩序”④，那么常熟税法教育基地之作为官方样板，从学术上理解其空间化的内在逻辑，需要回答以下几个问题：第一，为什么要创建税收普法教育基地这样一个空间？第二，这个空间如何征用物质与文化的表征元素据以合理拼接与组合？第三，税收普法教育基地如何以叙事或权力布局构建公众对税法的敬畏与认同？

确立这样的研究主题主要缘于目前学界对空间与空间政治既有研究的概览

---

① 列斐伏尔.《空间的生产》新版序言(1986)[A]. 何明. 社会批判理论纪事(第1辑)[C]. 北京：中央编译出版社，2006。

② 韩宏伟. 法律传播中的“知沟”现象研究[D]. 南京大学，2016：15。

③ 许章润. 普法运动[J]. 读书，2008(01)：41－46。

④ 许章润. 普法运动[J]. 读书，2008(01)：41－46。

与总结。人类历史上对空间的认识可以分为三个阶段。第一个阶段为无意识阶段，追溯至古时，人们凿井而饮，耕田而食，祭拜上天，始终对空间保持敬畏之心，没有明确的认知。第二个阶段为感知阶段，亚里士多德把空间作为十个范畴之一，笛卡尔将空间引入绝对领域，此时空间只是“简单被看作是社会关系运行其中的、固定的、空洞的容器”[①]，人们在社会中的行为活动，仅仅是适应空间或者是利用空间。第三个阶段为理性的认知阶段，“人们打破了历史主义的专制，批判了时间凌驾于空间之上的认知，恢复空间的地位”[②]，此时由空间中物的生产转为空间本身的生产，强调空间实践。

爱德华·苏贾在《后现代地理学：重述社会批判理论中的空间》一书中，将批评领域中“空间问题”的关注称为“空间转向”，而列斐伏尔可谓是“空间转向”的鼻祖。列斐伏尔1973年出版《空间的生产》一书，认为现代主义的本质在于都市空间的生产，工业化将空间变成了生产和再生产的对象。他提出了“社会空间”的概念，认为在外延上，社会空间结构呈现出物理空间、精神空间和社会空间三个发展阶段；在内涵上，空间展示着表征空间、空间表征和空间实践三个组成要素[③]，打破了传统的空间二元论——将空间分为物理空间和精神空间，认为社会空间的生产性和被生产性皆源于社会关系的存在。“他用社会和历史来解读空间，又用空间来解读社会和历史，强调社会——历史——空间三者之间的辩证统一关系，强调‘时空向度’的联结，对马克思辩证法进行空间化尝试。”[④]苏贾和哈齐米查理斯在他们合作研究的基础上提出了“社会空间辩证法”[⑤]，认为社会和空间是对立统一的，“人们不断地对环境施加影响，对它进行调整和修改，以满足自身需求，反映自身价值，然而与此同时，人们自身又逐步与他们的物理环境和周围人群相适应，这是一个持续的双向的交互的过程”[⑥]。

国内现有文献对“空间”的研究大致可分为两类：一是将空间作为媒介探讨城市发展。孙玮在《作为媒介的外滩：上海现代性的发生与成长》中，将上海这

---

① 孙全胜. 列斐伏尔社会空间辩证法的特征及其建构意义[J]. 浙江理工大学学报. 2017(05)：450－458。
② 张子凯. 列斐伏尔《空间的生产》述评[J]. 江苏大学学报(社会科学版). 2007(05)：10。
③ 孙全胜. 城市空间生产：性质、逻辑和意义[J]. 城市发展研究. 2014(05)：39－48。
④ 张子凯. 列斐伏尔《空间的生产》述评[J]. 江苏大学学报(社会科学版). 2007(05)：10。
⑤ 孟庆洁. 社会空间辩证法及其学科意义——地理学视角的解析[J]. 学术界. 2010(05)：79－84。
⑥ 苏贾. 后现代地理学：重申批判社会理论中的空间[M]. 王文斌译. 北京：商务印书馆，2004：6。

座城市、外滩这个特定的城市空间作为媒介来解读，认为其融合了物质性、关系性以及历史文化等多维传播意义，体现了空间与人不同形态的互动关系[①]。陈霖在《城市认同叙事的展演空间——以苏州博物馆新馆为例》中解读了博物馆叙事的意义建构，以及它作为媒介在城市传播中独特的作用[②]。二是将空间作为社会实践的产物，论述空间的生产或变迁过程。雷清延在《城市街道空间的生产》中通过城市街道从古至今的发展演变推出这样的结论："资本是街道空间生产的主导；消费是街道空间生产的目的"[③]。张嘉欣等在《空间生产视角下广州里仁洞"淘宝村"的空间变迁》中，运用空间生产理论探讨"淘宝村"从传统村庄演化成电子商务产业集聚区的形成及演变过程，分别从资本积累和权力关系两个视角，探究里仁洞村从"传统村落—工业村落—城中村—'淘宝村'"[④]的空间生产历史变迁过程。

其实在社会研究转向"空间"的那时起，空间就与政治联系在了一起，可以说空间的政治属性是"空间转向"的主要线索。人类在不断地改变物质世界，以创造适合自身生存需要的环境，特别是到现代社会，空间政治经济学批判深刻地揭示了这一奥秘：社会物质生产在不同的层面是以空间生产的方式展开，空间生产成为获得物质资源以满足需要和实现自我的典型形式。权力的要义在当代社会表现的形式之一就是空间性的权力，并且，从这个意义上讲，权力实践就变成了空间实践，权力实践就变成了空间生产、分配、使用的公正进行。[⑤] 不少学者以个案为例，如博物馆、教育馆、纪念馆、广场、街道等，将理论具体化，论述空间的政治性。像博物馆作为一种大众媒介，它以藏品为基础，通过内容设计、陈列展示、构建有效的政治符号等"再生产—解码"的方式，来构建文化认同。[⑥] 公共博物馆被塑造成具有两种深刻矛盾的功能的机构：作为艺术精华的殿堂的机构，

---

① 孙玮. 作为媒介的外滩[J]. 新闻大学，2011(04)：67－77。

② 陈霖. 城市认同叙事的展演空间——以苏州博物馆新馆为例[J]. 新闻与传播研究，2016(08)：49－66。

③ 雷清延. 城市街道空间的生产——基于"列斐伏尔"空间生产理论视角下的城市街道空间研究[D]. 湖北工业大学，2017。

④ 张嘉欣，千庆兰，陈颖彪，姜炎峰. 空间生产视角下广州里仁洞"淘宝村"的空间变迁[J]. 经济地理，2016(1)。

⑤ 董慧，陈兵. 空间政治经济学批判与城市权利的建构(哲学社会科学版)[J]. 苏州大学学报，2018(02)：15－23。

⑥ 刘燕. 博物馆的政治传播功能释读[J]. 东南文化，2018(01)：99－104。

以及作为民主教育的机构。[①]

此外，钟靖的博士学位论文以空间和权力为逻辑起点，通过广场的历史变迁研究广场空间的生产以及空间中各种社会关系的演变，进而探究广场空间的文化政治、文化实践与差异变化。[②] 黄耿志、薛德升在《1990年以来广州市摊贩空间政治的规训机制》一文中，基于列斐伏尔的基本空间理论，对90年代以来广州城市空间政治进行研究[③]；吴心越认为，沙家浜景区的建构与转型表明，“沙家浜”作为一个实体空间存在，更是作为一个红色符号，在历史进程中它的能指和所指发生了改变[④]；周大鸣、李翠玲通过对广州兴丰垃圾场的空间政治研究，认为政府、运营公司、拾荒老板、拾荒者和当地村民之间的互动，建构了垃圾场的特定社会空间，实质上是社会关系的一种生产，空间背后有着一定的权力逻辑。[⑤]

综上所述，列斐伏尔的空间政治理论赋予后来的研究者丰富的学术想象力，对空间的研究业已完成了从空间中物的研究到空间本身的研究的转变，将历史与社会相结合，考察空间转型中各种社会关系的演变。本书作者在文献梳理的过程中发现，在传播学领域，将城市、景区、博物馆或纪念馆等场所性空间作为传播学特定考察对象的研究并不是很多，以“空间政治”为视角的跨学科考察也不太丰富；而建筑学、旅游学、社会学等领域中，关于空间的研究文献又大都集中在实体空间的建构过程上，对空间的政治性、社会性与文化意义的揭示较为有限。

一、基本概念与研究视角

何谓空间？“社会空间是社会的产品”[⑥]，它分解为几个次命题：物质的、自然的空间正在消失；每个社会，每一种生产方式都能生产出自己的空间；要从关注空间中的物转向空间本身的生产；从一种生产方式向另一种转变将包含新的

① 托尼·本内特，赵子昂，强东红. 博物馆的政治合理性[J]. 马克思主义美学研究，2007(01)：250－263。

② 钟靖. 空间、权力与文化的嬗变上海人民广场文化研究[D]. 华东师范大学，2014。

③ 黄耿志，薛德升. 1990年以来广州市摊贩空间政治的规训机制[J]. 地理学报，2011，66(08)：1063－1075。

④ 吴心越. 讲述历史的方式——一个红色旅游景区的建构与转型[D]. 南京大学，2013。

⑤ 周大鸣，李翠玲. 垃圾场上的空间政治——以广州兴丰垃圾场为例[J]. 广西民族大学学报(哲学社会科学版)，2007(05)：31－36。

⑥ 亨利·列斐伏尔. 空间与政治[M]. 李春译. 上海：上海人民出版社，2016：23。

空间生产。列斐伏尔认为,空间是一种社会关系,“它内含于财产关系(特别是土地的拥有)之中,也关联于形塑这块土地的生产力。空间里弥漫着社会关系;它不仅被社会关系支持,也生产社会关系和被社会关系所生产”①。我们之所以赋予一个地方“空间”称呼,是因为“空间”这个符号本身所具有的符号意义,它的能指包含了这个空间范围内的各种社会关系,这是“空间”符号的自带属性,而它的所指即被人们感知的客观存在。一直以来,人们都忽略了空间的能指部分,空间是社会的产物,它的生产源于社会关系的存在,如纳税人与征税者、纳税人与国家等。马克思曾说“人的本质是一切社会关系的总和”,现代社会运行或者研究都是要回到社会结构、社会阶层层面的。由此,社会关系的演变自然而然地带动了空间的演变。

列斐伏尔指出,“空间一向被各种历史的、自然的元素模塑铸造,但这个过程是一个政治过程”②,“它并非剥离了意识形态和政治的科学客体,空间总是政治的、策略性的。”③从古至今空间都是政治的,古时最高统治者利用空间以确保对地方的控制以及严格的层级规划,空间成为一种权力的象征符号;今天,空间的工具性更多地体现在涵化教育上。

思想政治教育的存在与空间密不可分,有学者提出“思想政治教育空间”的概念:“在一个明确的社会空间中,在遵循自然秩序与社会秩序的前提下,有条理、有组织地安排协调思想政治教育活动中各空间要素进而构成相对稳定的教育空间形态、空间系统。”④思想政治教育活动基于一定的社会关系,而社会关系是在一定的空间活动中展开的。与此同时,受教育者也会以主体形式存在与空间进行博弈,重新建构空间形态。

本研究以列斐伏尔“空间政治”的概念作为理论基础,其“空间”理论既是一种认识论,也是一种方法论,将空间划分为物理空间、精神空间和社会空间。依循于此,笔者将物理、精神、社会作为三个维度加以展开分析,并利用“三元辩证法”的核心范畴——空间表征、表征空间、空间实践来阐释社会空间的生产及工具性空间的作用,即常熟税收普法教育基地是如何构建人们对纳税这一法律行动的认同的。

---

① 包亚明. 现代性与空间生产[M]. 上海：上海教育出版社,2003：48。
② 包亚明. 现代性与空间生产[M]. 上海：上海教育出版社,2003：62。
③ 亨利・列斐伏尔. 空间与政治[M]. 李春译. 上海：上海人民出版社,2016。
④ 张哲. 思想政治教育空间论[D]. 兰州大学,2015：49。

“空间表征”是概念化的空间，属于构想空间，是三个范畴中重要的环节，占主导地位，因为它规定“空间实践”、决定和塑造“表征空间”。但它并不是随意地构想，而是与生产关系相关联。常熟税收普法教育基地作为原常熟地税局建造的一个税收宣传平台，在设计之初就具有强烈的符号意义，它所代表的不仅仅是税收知识宣传平台的本身，更是常熟税务局与常熟法治文化建设的精神符号，也是常熟这个国家级历史文化名城的文化符号。

“表征空间”是可感受的空间，是生活性的、具有感性气息的。列斐伏尔认为，“表征空间”属于生活空间，是受控空间、被动体验的空间，想象试图改变的空间。它在一定程度上覆盖物理空间，但物理空间一旦进入生活，便是精神和社会的，不再是纯粹的物质空间。人们可以将常熟税收普法教育基地这个实体视为“表征空间”：它是客观存在的，当人们来参观并接受教育时，一切社会关系的构成都在这里发生，空间作为媒介承载了一切传播活动。

“空间实践”指的是现实化的空间生产，生产出人化的空间，以物质空间呈现并彰显社会意义。它常常在“空间表征”的制约下体现为规定的空间行为，但不排除对规约的逾矩，挑战“空间表征”。参观者会与周围设计好的环境进行博弈，包括对展馆内的符号解读——优先解读、协商解读与对抗解读。空间消费是空间生产的目的，是参观者作为主体的实践活动。在可感的常熟税收普法教育基地这个具体的空间，将会产生一系列空间矛盾，但也恰恰是这些空间矛盾推动了空间的流动与重构。

二、“税法宣传月”制度与常熟税收教育基地的生成

常熟市税收普法教育基地的生成来自社会大环境的变化与转型。从社会与政治环境而言，中共“十一届三中全会”的召开，标志着“以经济建设为中心”代替“以阶级斗争为纲”成为党和国家新的工作重点，实现“四个现代化”即农业、工业、科技和国防的“现代化”成为国家共同体的愿景目标和伟大构想。这种愿景与构想主导中国的大规模国家转型、社会转型或所谓整体性的社会结构变迁，中国开始从总体性社会向分化性社会转变的过程①。通过法律建设以重建此前混

① 孙立平等. 改革以来中国社会结构的变迁[J]. 中国社会科学，1994(02)：47－62。

乱不堪的社会秩序是这个阶段社会转型的当务之急，“共同的结论是要实现安定团结，必须发展社会主义民主，健全社会主义法制，决不允许任何人破坏民主与法制”①。1978年12月22日通过的《中国共产党第十一届中央委员会第三次全体会议公报》指出：“为了保障人民民主，必须加强社会主义法制，必须使民主制度化、法律化，使这种制度和法律具有稳定性、连续性和极大的权威，做到有法可依，有法必依，执法必严，违法必究。从现在起，应当把立法工作摆到全国人民代表大会及其常务委员会的重要议程上来。”②这一决定，意味着党的第二代中央领导集体，在总结过去经验教训的基础上，坚定地提出了“加强社会主义民主，健全社会主义法制”的历史性任务，“从此，一场波澜壮阔的法治建设大潮迅速席卷中华大地”③。

在国家治理与法制逻辑的引导下，“民族国家是一种关于身份建构、地缘政治、民族认同及其文化单元的普遍主义的法律结构”，现代民族国家由此化身为一个“法律共同体”④。到1992年中共“十四大”召开前夕，全国人民代表大会及其常委会共通过法律129件，关于法律的决定75件，同时，具有地方立法权的地方人大及其常委会共制定地方性法规3000多件，基本建立起以宪法为基础和核心，适应改革开放和现代化建设的法律体系，法治逐步成为国家治理的核心。

税法是现代民族国家“法律共同体”的重要组成部分。税收是国家为满足社会公共需要，凭借公共权力按照法律所规定的标准和程序，参与国民收入分配，强制地、无偿地取得财政收入的一种方式。税收伴随着国家的产生而产生，早在夏商周时期，我国便已出现“贡助彻”的田赋制度。“天下”国家走向现代民族国家之前，更是经历了“三十税一”“租调制”等税赋变革。《说文解字》讲“税”字从禾，兑声。古人造字，“禾”指五谷，泛指农作；“兑”指交换，两字结合，意指用谷物交换租赋。“赋”字从贝，武声，“贝”指钱财，“武”指徭役，两字结合意指代替兵役的税款。税收一直以来都包含着“纳税—征收”这样一种社会关系。

作为愿景与构想的“法律共同体”要能够落地生根，既需要共同体主导者们

---

① 刘政. 我国社会主义法制史上的一个壮举——“一五”普法决议出台前后[J]. 中国人大，2006(09)：26－27。

② 中国共产党第十一届中央委员会第三次全体会议公报[EB/OL]. 中国共产党历次全国代表大会数据库(people. com. cn)。

③ 肖扬. 见证中国法治四十年[J]. 中国法律评论，2018(05)：1－9。

④ 许章润. 论现代民族国家是一个法律共同体[J]. 政法论坛，2008(03)：3－14。

的高瞻远瞩，更需要共同体成员的认同。“法治作为一种新型治理技术既是通过一套形式理性的制度载体来实施运作，也是通过对新的法律主体的塑造来体现的。新法治的建构不仅意味着一套制度体系的确立和法律技术的运用，更包括法律知识的传播和对新法律主体的想象与设计，以及主体伦理实践原则的转型”①，从而通过法制宣传教育“让人民掌握法律武器”就成为推进大规模法治建设不可缺少的主要环节之一，所以“邓小平同志最先提出，既要加快立法，又要严格执法，还要加强法制宣传教育”，并早在 1980 年 12 月的中央工作会议上指出：“在党政机关、军队、企业、学校和全体人民中，都必须加强纪律教育和法制教育”②。1982 年 9 月，胡耀邦在中共“十二大报告”中提出：“要在全体人民中间反复进行法制的宣传教育，从小学起各级学校都要设置有关法制教育的课程，努力使每个公民都知法守法，特别要教育和监督广大党员带头遵守宪法和法律。”③1984 年，彭真也“一再强调，要开展法制宣传教育活动，把法律交给十亿人民”④。

税收，“作为社会经济活动的一个单元，既有风吹见草动的敏感性，又有调配社会分配的功能性，还有体现社会经济活动规范的公正性，这决定了它与社会的息息相关，与社会方方面面的联系”⑤，因而税收宣传是国家普法的重要一环，又与税制改革有着重大关联。1984 年 10 月，我国启动改革开放以来第一次大规模税制改革，初步建成了一个内外有别、以流转税和所得税为主体、其他税种相补充配合的复合税制，“这套税制的建立，在理论上、实践上突破了长期以来封闭型税制的约束，转向开放型税制”⑥。复合税制基本适应了我国改革开放以来出现的多种经济成分、多种经营方式、多种流通渠道并存的经济体制格局，使税收组织收入和宏观调控职能大大增强，同样使“税收宣传被提到了重要的工作日程，大规模的、集中性的税收宣传活动应运而生”⑦。根据相关记载⑧：1989 年，

---

① 王康敏. 国家转型的法理[D]. 武汉大学博士论文，2011：28。

② 刘政. 我国社会主义法制史上的一个壮举——“一五”普法决议出台前后[J]. 中国人大，2006(09)：26－27。

③ 刘政. 我国社会主义法制史上的一个壮举——“一五”普法决议出台前后[J]. 中国人大，2006(09)：26－27。

④ 邹瑜，夏莉娜.“五年普法”的由来[J]. 中国人大，2016(09)：28－29。

⑤ 王迎春. 回眸税收宣传月，十年春风化雨路[J]. 中国税务，2001(04)：16－18。

⑥ 金人庆. 领导干部税收知识读本[M]. 北京：中国财政经济出版社，2000：65。

⑦ 崔俊民. 我国税收宣传问题研究[D]. 中国海洋大学学位论文，2008：3。

⑧ 王迎春. 回眸税收宣传月，十年春风化雨路[J]. 中国税务，2001(04)：16－18。

国家税务总局与共青团中央联合开展了全国个体工商户税法宣传教育活动；1990年10月，国家税务总局与全国总工会、共青团中央、全国妇联开展了为期1年的全国税法宣传教育活动，其声势之大、范围之广、影响之深，是前所未有的；1990年11月25日，时任国务院总理李鹏为《我是税法小小宣传员》暑假征文活动题词："希望全国少年朋友都来做税法小小宣传员"；1991年，国家税务总局组织了"税收长江万里行"活动，引起较大反响。连续三年举办的三项大规模的、集中性的税收宣传活动，声势浩大，产生了轰动性的效应，使得时任国家税务总局局长的金鑫清醒地认识到，"只有通过强有力的税收宣传，才能使全体公民真正懂得、理解和支持税收工作，自觉履行依法纳税义务，税收工作才有比较坚实的群众基础。他强调，在今后的工作中，必须继续把税收宣传作为一项战略任务抓紧抓好。税收宣传要达到两个目标：一是健全社会主义法制，推进依法治税；二是增强全国人民依法纳税意识，实现国家依法征税的强制性与人民群众依法纳税的自觉性有机结合"①。

现代化税收改革的施行与公众税法意识的培育、税法宣传的常态化、制度化如影随形。1992年2月24日，国家税务局发出《关于开展"税收宣传月"活动的通知》，规定从1992年起，每年4月为"税收宣传月"，标志着税收宣传正式成为税务部门一项每年必须开展的、重要的税收工作，更标志着税收宣传活动的模式化、常态化乃至走向制度化。一位原地税局退休干部回忆道："90年代初，我有幸参加第一次税收宣传月，可以用'赶集、进村、标语、喇叭'这几个关键词来概括。我们还走进学校、走进乡政府的会堂，那种节日般的喜悦和仪式感，以及老百姓围在一起的那种新奇感，是至今难忘的。"②

1992年7月，国家税务总局发布《关于首届全国"税收宣传月"活动项目最佳奖的通报》③，公布了获奖项目名单。《通报》列举了开展税务宣传的几种形式：有配合税法的政策宣传、咨询，有利用交通工具发放宣传材料，有新闻报道方式，有记者采访形式，有利用民族节日庆祝的方式，有与邮政部门配合、发行税

---

① 王平. 十五年铸就税收宣传路[J]. 中国税务，2006(04)：8－11。

② "税收宣传月"28年：从主题感知时代变迁[EB/OL]. https://baijiahao.baidu.com/s?id=1631875350018782801&wfr=spider&for=pc，2019－04－26。

③ 国家税务总局. 国家税务总局关于首届全国"税收宣传月"活动项目最佳奖的通报[J]. 中国税务，1992(09)：14－15。

收邮政纪念封的方式，有举行广而告之的电视宣传，有组织文艺巡回演出，有万人签名活动，有中小学生传递税收宣传卡活动，有税收征文、演讲、书画、摄影等。

实际上，按照“法律共同体”构想，《通报》所列举的形式，都是对共同体成员进行知识启蒙与法律人格塑造，“‘普法’是配合立法的政治动员，力图‘一竿子插到底’，将大、小传统缝缀起来，整合一体，而蔚为一种法律共同体”①。常熟市税收普法教育基地就是在这样的法治文化建设背景下应运而生，从属于“力图‘一竿子插到底’，将大、小传统缝缀起来”的税法宣传的空间形式。该基地始建于全国第 20 个“税法宣传月”的 2011 年，2017 年扩建，本书对应称之为“旧馆”（图 4-1）与“新馆”（图 4-2）。

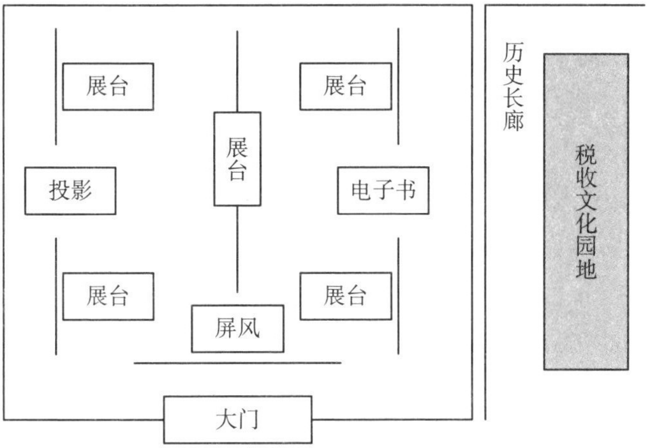

图 4-1　旧馆布局图；本书作者根据现场实景自制。

图 4-2　内部展示

① 许章润：《普法运动》，《读书》2008 年第 1 期，第 41-46 页。

常熟位于江苏省南部，是由苏州市代管的县级市。简称“虞”，因“土壤膏沃，岁无水旱之灾”得名“常熟”，是久负盛名的国家历史文化名城，地处江南水乡，素有“江南福地”的美誉，是吴文化发祥地之一。常熟地方税务局成立于1994年9月29日，从1995年起，每年4月开展“税收宣传月”活动，促进法治文化建设，主要目标分为对内和对外两个方面：对内普法对象为全市地税系统工作人员，目标是提升税务人员的依法行政能力，规避执法风险；对外普法对象为普通市民、青少年学生、个体工商户及企业经营管理人员，目标是对其宣传普及税法知识，构建和谐征纳关系。

1. 税务局主导下的物理空间生产

常熟市税收普法教育基地由原常熟市地方税务局具体创办，选址位于原常熟市地方税务局第四税务分局。基地的专职负责人王晓春向笔者介绍：“2011年建造税收普法教育基地时没有立项，因为没有这个流程，就自己办。所以我们当时说办就办，原来地税局的三四个同志组成一个领导小组就搞起来了。”①2012年4月23日，该税收普法教育基地举行了揭牌仪式，常熟市委、市人大、市政协等政府领导也参加了揭牌仪式。旧馆主要分为“税收文化展示馆”、“税收历史文化长廊”和“税收文化园地”三个部分。“税收文化展示馆”分为中国税收史和常熟税收史两部分，采用文字、图片、实物、投影、电子书等表现中国历史上的重要税收事件和常熟税收历史的变迁；“税收历史文化长廊”介绍中国历代著名的税收人物和他们的主要税收思想、苏州和常熟地区著名的税收历史人物和税收历史故事；“税收文化园地”用石刻的方式展示中国税法所规定的主要税种税目。②

由于旧馆当时的资料记载有限，笔者只能通过采访来获得相关信息。下面是笔者对常熟税收普法教育基地的专职负责人、常熟市税务局办公室科员王晓春的部分访谈记录：

---

① 2018年8月15日常熟税收普法教育基地的专职负责人、常熟市税务分局办公室科员王晓春的访谈记录。

② 苏州市常熟地方税务局. 常熟市地方税务志[M]. 方志出版社，2014. 7。

笔者：为什么会需要建这样一个展馆？

王：当时那儿我们原来的建筑是一个分局，后来因为地税的机构改革，分局要搬迁，搬掉之后那个房子就空出来了，我们一直想把它利用起来，而且它又在景区，地理位置又比较好，人流量又比较大，然后我们又是常熟市里面的普法先进单位，连续好几年了，就考虑在这一块可以做一个基地。又考虑到常熟是一个历史文化比较悠久的地方，它的文化底蕴还是比较深厚的，把这个建筑做这个用途比较好，可能可以发挥它的作用吧，是这个考虑。

笔者：那谁来设计的呢？

王：老馆基本上就我一个人。就是我提供了一点思路，我们当时也是请广告公司来的，这个不可能我自己弄的，主要是根据建筑的摆布，当时因为面积就这么大，然后想办法怎么弄，他们提一个构思，我呢，主要是展览的一些内容，到底放哪些东西，放哪些内容。

笔者：那您当时的一个定位是什么？

王：当时是税收文化馆，其实不是普法工作，是一个普及税收历史文化的一个馆。它的主要内容全是中国古代税收史，还有近现代的，1949 年后、改革开放之前的一部分，包括改革开放初期的一些税收制度，前面全是一些税收历史文化，后面有一些中华人民共和国的一些税收制度也有一部分内容，主要是普及税收文化的一个考虑，不是说普及现在新的税收制度、税收法律，这个是要到新馆的时候，我们觉得面积够了，可以扩展一些，而且又符合上面总局司法部它的这样一个要求，要全国各地争创税收普法教育示范点的时候，正好他们上面有文件通知，然后我们觉得这个地方可以进一步扩充的，我们就想办法弄这个东西。

笔者：当时经费问题是怎么解决的？

王：老馆就是自筹经费啊，就是我们自己的经费，税务局的经费，新馆也是。

旧馆当时作为一种创新的文化宣传形式与载体，将税收宣传常态化，不再局限于每年 4 月的税收宣传月活动。这是在政府“普法评估”以及常熟地方税务局强化法治文化建设的驱动下建立的，无论是创建动机，还是设计布局，抑或是文化展览的举办等，都是由原常熟市地税局主导的，是国家“税收宣传月”制度化活动体系的一部分。常熟税收普法教育基地从一开始就内含着这样的目标："让税收法制教育成为新时代思政课堂改革的推动者，进而提升全社会法制意识，推动诚信体系建设"①。

2. 新科技介入下的空间重构

在 2016 年全国第 25 个"税收宣传月"中，国家税务总局将青少年税收普法教育作为重点工作纳入税收"七五"普法规划，之后总局每年制定下发年度普法宣传计划、普法责任清单，持续推进"税法进校园"，确保青少年普法宣传有目标、有计划、有抓手。2017 年，与教育部联合印发《关于加强青少年学生税法宣传教育的通知》，"要求各地税务机关和教育行政部门加强青少年学生税法宣传教育，注重内容的生动性和方法的多样性，将税法知识渗透到教育教学活动中，使青少年学生在丰富多彩的税法宣传教育活动中潜移默化地接受税法知识，使尊崇税法、学习税法、运用税法成为青少年学生的共同追求和自觉行动"，"让税法宣传教育'活'起来"②。

一直以来，城市文化传播——无论是法治文化传播或是历史文化传播等从不缺乏，各个区域都有琳琅满目的博物馆、纪念馆、文化馆，它们既是历史文化的记忆，又承担着社会教育的职责。城市规划馆的展示手段更加多元，不再仅仅是静态的橱窗陈列或图片展示，而是将数字化手段融入展馆之中，突出数字性、互动性、多媒体性与体验性，如：触控互动、感应互动、声控、操作体验等多种形式，展示的内容也可以是文字、图片、视频、动画、影像、特定虚拟影像等多种元素。

传播技术在一定程度上决定了社会关系，社会关系也同样反作用于传播技术的创新。一方面科技快速发展，各种现代化信息技术的出现赋予普通公众新的表达权、话语权；另一方面，随着人们权利意识的逐渐觉醒，"大水漫灌"的单向传播受到质疑，公众渴望交流中的平等与双向。技术与社会关系的变动促使展馆的设计者创新传播手段，增强互动性、体验性。

据原常熟地方税务局局长办公会议记录，常熟税收普法教育基地的整改源

---

① 王晓春. 常熟市税收普法教育基地入选示范基地[N]. 中国青年报，2020－08－03。

② 税务总局. 寓教于乐　让税法宣传教育"活"起来[EB/OL]. www.chinatax.gov.cn/n810219/n810724/c2651212/content.html，2017－06－01。

于总局和司法部发布的《关于开展全国税收普法教育示范基地建设活动的通知》，其中《示范基地评价标准细则》中包含了许多硬性指标：基地必须具备一定规模的展厅和固定活动场所，具备经常性开展税收普法活动的条件，软硬件设施齐全，场所内配备较为完善的税收普法教育设施，能够运用现代化信息技术和传播手段，通过图片展示、影视展播、多媒体教学等多种形式开展税收普法教育。这一《细则》实际上提示了在现代化信息技术快速发展的阶段，技术导向致使社会关系发生了改变，媒介技术成为了一种新的空间的建构力量。因此，常熟税收普法教育基地在原有的基础上进一步扩大展厅面积，为突出“普法教育”的功能，利用互动教学技术增加普法教育的趣味性和游戏性，引入了最新的人工智能机器人“税税”、二维码自助讲解等新技术手段。

相比于旧馆的“说办就办”，新馆除了进行设计团队的招标、融入企业的资本运行，还成立了领导小组、领导小组办公室和专家研讨团队，经过多次会商讨论，团队更加先锋化、数字化。王晓春表示，区别于老馆的定位，新馆的定位也发生了改变：

> 王：总的那个角度就是要普及税收法律，不是像老馆一样普及税收文化了，要通俗易懂，让参观者看完之后对中国现在的税收法律制度有个基本的了解，基本的税制——所得税、流转税、财产税等，不是说你看完后就精通了，看完后得有个基本的了解。如果是学生来看呢，还可以做做题目，基本的税制、税率都要有个了解，就是达到税收法律知识的一个效果。
>
> 笔者：新馆在设计中税务局这边是参与其中一起设计，还是全权委托给广告公司的？
>
> 王：没有，肯定要参与的，这种专业性的他们不懂，广告公司只懂空间的摆布，然后展示的分布。具体内容、哪块放什么东西都要我们参与的，不可能全权委托，特别是我们这种专业的。除非你是外面那种很普及的普法，那可能全权委托给广告公司，像这种专业的税收法律他不懂。[①]

① 2019年2月27日常熟税收普法教育基地专职负责人、常熟市税务分局办公室科员王晓春的访谈记录。

新馆的设计理念将整个基地分为两大部分：税法教育厅和税赋文化阁（参见图4－3）。其中，税法教育厅利用多媒体教学、互动游戏等手段，寓教于乐，增强青少年的趣味性，是一个信息化的现代展馆；而税赋文化阁则弥补了过去展馆中普遍存在的问题——没有展馆特色，没有文化渗透。在满足基地创建“硬”标准的前提下，增加了常熟的地方人文特色与江南水乡风光，特别是税赋文化、传统文化的展示。正如有学者指出的，“给定其他条件，西方税制设置和对应征纳关系围绕着个人权利展开，政府用各种简要的提示、告示、公示向纳税人讲明税收关系即可，不存在大规模对纳税人税收宣传的要求。但在中华文化以义务和集体为大的传统中则不然，集中持续的税收宣传有其认知基础和接受可能。进而，在宣传主题的选择上，我们既要对作为法治税收的共性的‘依法治税’的持续宣传，坚持‘纳税守法、不纳税违法’，也同时要持续宣传具有中国文化要求的‘以德治税’，重申‘纳税光荣、不纳税可耻’”[①]。因此，税收普法教育基地“既要体现税收与经济的关系，也要体现文化与税收的连接”[②]。

从昔日静态的橱窗式展示，到如今的情境式体验，税收教育基地的设计与空间布局的改变，也暗示着教育基地的接受者/纳税人/国家主人等多元身份在这一独特空间的意涵、展示与延伸。接受者/纳税人/国家主人等多元身份受到立法机关立法、税务部门执法等涉税行为的影响，同处于社会主义税收文化环境之中，“这种渗透在风俗习惯、伦理道德、规章制度、法律政策之中的税收文化会内化为个人和组织对税收的态度和信念。把握中华文化对税收征纳关系‘滴水穿石’‘润物无声’的影响，是构建新时代税收征纳关系的重要一环”[③]。

三、常熟税收教育基地的空间叙事

“叙事”既指“故事”，即被讲述的东西，又指讲述的方式，即结果和过程、形式和形成、结构和构造方式。[④] 它是人们形成经验和理解景观的一种基本方法，对

---

① 邓力平. 经济税收观及其拓展与中国特色税收宣传月[J]. 当代财经，2020(05)：26－34。
② 邓力平. 经济税收观及其拓展与中国特色税收宣传月[J]. 当代财经，2020(05)：26－34。
③ 邓力平. 经济税收观及其拓展与中国特色税收宣传月[J]. 当代财经，2020(05)：26－34。
④ 马修·波泰格，米杰·普灵顿. 景观叙事——讲故事的设计实践[M]. 张楠等译. 北京：中国建筑工业出版社. 2015：3。

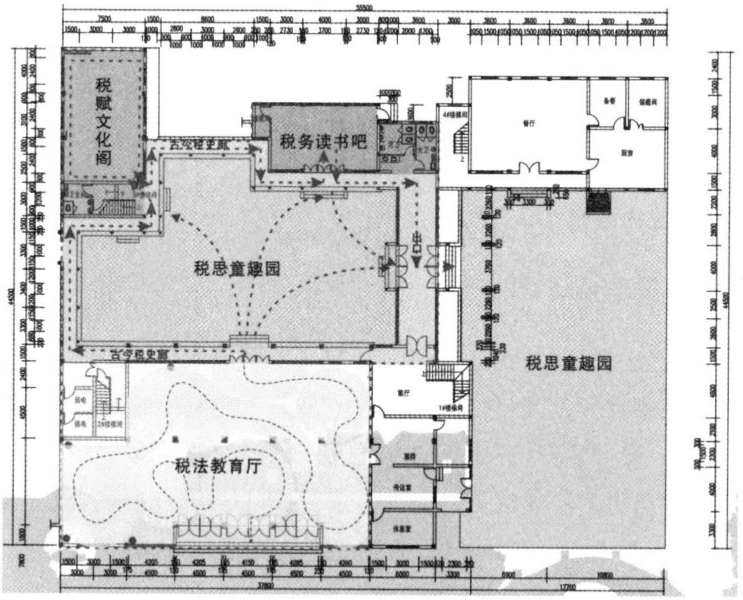

图 4-3　新馆布局图

于塑造场所是不可或缺的重要理念。罗兰·巴特在其《叙事结构分析导论》中说,“叙事存在于任何时代、任何地方、任何社会。叙事与人类的历史一起降临,没有叙事的民族何曾有过？所有的阶级,所有的人类群体,都有他们自己的叙事……叙事是世界的,是超越历史的,是跨越文化的：就像生命一样,叙事无所不在”①。可以说,常熟税收普法教育基地是在叙事的方法中建构起来的,叙事是空间建构中密不可分的一部分。再加之“和空间一样,自然也已经被政治化了,因为它被纳入了各种有意识的或无意识的战略中”②,所以在整个空间的建构过程中会与周边景观产生关联,追求叙事的整体性与连贯性。

建构是一个借用于建筑学的词语,从字面上理解是建筑起一种构造,它强调建造的过程,注重技术、结构、材料和表现形式等。本研究将建构这一概念用于空间的研究中,强调的是一个互动的过程,与解构相对应,反映的是不断变化的

① 罗兰·巴特. 叙事作品结构分析导论[A]. 张寅德. 叙事学研究[C]. 北京：中国社会科学出版社,1989：17。

② 亨利·列斐伏尔. 空间与政治[M]. 李春译. 上海：上海人民出版社,2016：41。

社会关系导致的变化与重构。

列斐伏尔打破了以往空间二元论的观点，将目光转向“空间实践”，探讨了空间和社会的辩证关系，将二元空间发展为三元空间，增添了社会空间的概念，这也是后来苏贾提出的“第三空间”的原型，其中“空间实践”也是空间被不断解构和重构的根源。下文将从精神空间、物理空间和社会空间这三个叙事层面详细叙述常熟税收普法教育基地是如何建构的。

1. 税收教育基地的结构布局

常熟税收普法教育基地的选址位于常熟地标性风景名胜区十里青山虞山脚下、齐梁古刹兴福寺旁，是常熟历史法治文化街——寺路街的一隅。在转往寺路街的入口处有一块主题石，石头上刻有“礼法合治，德主刑辅”这八个红色大字，下面刻有“常熟历史法治文化街”的标识（参见图 4－4）。我国古代主张民惟邦本，政得其民，礼法合治，德主刑辅，为政之要莫先于得人，治国先治吏，为政以德，正己修身，居安思危，改易更化，等等，这些都能给人们以重要启示。习近平总书记主持中央政治局第十八次集体学习时着重强调，历史是最好的老师，在漫长的历史进程中，中华民族创造了独树一帜的灿烂文化，积累了丰富的治国理政

图 4－4　常熟历史法治文化街

经验，其中既包括升平之世社会发展进步的成功经验，也有衰乱之世社会动荡的深刻教训。[1] 红色的颜色凸显，更是为"法"的主题增添了严肃性和重要性。

与之相呼应的马路对面，有一块长约五米、高约三米的石碑，上面刻有仲雍、言偃、巫咸三位常熟先贤的生平事迹，仲雍历来被封为吴地和常熟的始祖，他们或为相、或为儒，或曾居于虞山、或立墓长眠于此，与常熟的历史文化密不可分。沿着寺路街往里走五十米，就能看到一个砖石门楼，门楼上题有"江苏虞山国家森林公园"（图 4－5）几个金色大字，而税收普法教育基地就在门楼后的右手边。整条历史法治文化街上，沿路分别展有法治故事，明朝初期、中期及末期的法治人物，清朝初期、中期、末期的法治人物。兴福禅寺和虞山国家森林公园则位于寺路街的尽头。

图 4－5　江苏虞山国家森林公园

"选址意味着空间位置的分配，空间的意义召唤结构也由此开始确立。"[2]上文中有叙述，常熟税收普法教育基地的占地是原常熟市地税局第四税务分局，为什么选择在此建立普法教育基地，在上文访谈中已经叙述，源于机缘巧合，又基于多方考虑才做出的决定。税收普法教育基地位于虞山和兴福寺旁，地方文化

① 习近平：古代"礼法合治"有重要启示[N]. 新京报，2014－10－14(01)。
② 陈霖. 城市认同叙事的展演空间——以苏州博物馆新馆为例[J]. 新闻与传播研究，2016(08)：51。

特色显著，既为本就单调严肃的“法”披上一层名为“历史文化”的外衣，刚柔并济，超越了它本身的意义内涵，又增加了普法教育基地的外延性，常熟市法制办由此创建并完善了历史法治文化街，推动了常熟市法治文化建设。人类学家埃德蒙·利奇认为：“地点”不止是可以让我们想起那些同它们相联系的故事；从某些方面说，地点之所以存在……正是因为它们具有与之紧密相连的故事。一旦地点获得了这种基于故事的地位，景观本身也获得了“讲故事”的权力。① 可以说，教育基地的选址意欲将它置于常熟法治文化（图 4－6），甚至是整个常熟文化的大背景中，成为常熟文化叙事中的一部分。

图 4－6　常熟市法治雕塑公园

展馆布局服务于主题。为满足常熟税收普法教育基地的参观接待、展示互动和特色建筑等不同的需求，设计者将整体空间进行功能分割，划分为五个主题展示区，每个展区内容相对独立，但又共同为“税”服务。主题确定记忆，并把它重组于清晰而受控的叙事画面中。

税法教育厅（参见图 4－7）是整个教育基地的核心部分，融入现代科技，多元化地传播税收基础知识、弘扬税收法治精神、展示常熟税务形象，主要承担青

① 马修·波泰格，米杰·普灵顿. 景观叙事——讲故事的设计实践[M]. 张楠等译. 北京：中国建筑工业出版社. 2015：7。

少年税法教育功能(参见图 4-9,图 4-10)。其中:税赋文化阁(参见图 4-8)的一楼展示“中国税史文化”,二楼展示“常熟税史文化”,楼梯过道展现“税法变革”。

图 4-7　税法教育厅

图 4-8　税赋文化阁

图 4-9　人工智能机器人和魔方

图 4-10　税收大家庭

回顾中国四千多年的税收历史,通过展示中国税收制度演化规律,追寻那些与税相关的人物、事件与历史细节,挖掘常熟税收文明,从中领略常熟税史文化。依据时间在空间上进行铺陈叙述,用空间压缩了时间(参见图 4-11,图 4-12)。

图 4－11　税法变革图集

图 4－12　民国大斗

古今税史廊——位于税思童趣园的周边走廊，与税赋文化遥相呼应，在江南剪影的造型墙上，设计有常熟地税大事记（图 4－14）；在中国代表城市北京、上海的剪影造型墙上，设计有 1949 年以来中国税制大事记，以典型事件铭记历史（参见图 4－13）。

图 4 - 13　中国税制大事记

图 4 - 14　常熟地税大事记

税思童趣园(图 4 - 15,图 4 - 16)：在江南园林式的童趣园内,采用建筑、植被、雕塑、声音相结合的方式营造良好的税收文化氛围,产生和谐的韵律感与节奏感,其中巫咸及儿子巫贤,据说是我国“商代父子宰相,也是常熟虞山之小山人氏”①。

---

① 浦仲诚.关于常熟先贤巫咸研究[EB/OL]. http://blog. sina. com. cn/s/blog_615892380102dwgj.html,2012 - 06 - 13。

图 4－15　税思童趣园全貌

图 4－16　巫咸铜像

税务读书吧(图 4－17,图 4－18)采用简中式的设计风格,略带禅意,营造舒适、优雅的空间环境。作为常熟市图书馆地税分馆,馆藏税收及法律类图书,向社会各界免费开放。

图 4－17 税务读书吧正门外景

图 4－18 税务读书吧内部实景图

税收基地的工作人员将常熟税收普法教育基地定位为复合展馆，即跨界功能空间，注重展馆运营，除了具备青少年实践课堂外，继而可承办城市相关特色活动、宣传教育、学术考察等展馆活动。常熟市税务局党委书记、局长陶枫说："我们将常熟市税收普法教育基地和校园普法工作相结合，形成覆盖全市的税收普法教育矩阵；和常熟理工大学、常熟市教育局合作，形成税收普法教育大、中、小学全覆盖，让税收法制教育成为新时代思政课堂改革的推动者，进而提升全社会法制意识，推动诚信体系建设。”①

2. 基地展陈的叙事

当教育基地在特定时间作为一种媒介空间在参观者视野中以一种“此在”存在时，它必然是在精心设计中建构起来的。李一宁教授曾经从国家的普法运动出发，以知识/权力为视角，阐释法律传播中作为知识的法律以及作为权力的法律如何在作为传播者的法律知识的拥有者和普通公民之间进行流动、扩散与分享的。他认为，“现代法律传播模式是一种‘双向互动’的传—受模式，承认互动双方的主体性，注重双方的相互作用、相互沟通与理解。只有普法‘对象’真正回归为‘人’，传受双方才能在平等的基础上相互理解和交流。”②面对税法这样一个严肃的“普法教育”的主题，如何吸引参观者的眼球，调动公众的积极性成为了教育基地的首要挑战。

沉浸式体验是常熟普法教育基地设计者的第一种应对之策。走进税收普法教育基地的大门，便进入了序厅，整个序厅以半圆的形式呈现，给人一种被包裹其中的感受。首先映入眼帘的是一个直径约两米的 LED 电子球幕，球幕 360 度环形放映（参见图 4－9），投映的影片快节奏地介绍了常熟地方税务局的总体概况以及过往参观者的照片。顶部装有音响设备，半圆形的设计将声音聚拢其中，激昂的音乐配上炫酷的影片，营造出了强烈的沉浸氛围，瞬间将参观者带入展馆的情境中。整个 LED 球以蓝色为基调，寓意被水环抱，与顶部的蓝色弧形展墙形成穹顶效果，彰显“税润万物”的理念。球幕周围是互动台面，上面有立体手印互动感应玻璃，参观者将手掌贴合在掌印中，球幕上就会出现一艘艘相应色彩的小舟缓缓驶向中央，寓意青少年们驾驶着小舟驶向税务知识的海洋，这是一种叙事性设计。

税法教育厅作为整个税收普法教育基地的核心展区，采取全封闭的模式，包括“序厅”“走进税收”“与税同行”“税收大家庭”“税的旅行”“征管服务”等板块。

① 王晓春. 常熟市税收普法教育基地入选示范基地[N]. 中国青年报，2020－08－03。

② 李一宁. “以法为教”：普法中的知识/权力关系[A]. 许章润. 普法运动[C]. 北京：清华大学出版社，2011：72。

由于税法教育厅针对的主要是青少年群体，因此，整个展厅都体现出一种童趣，包括前文中提到的区块命名，也不再呆板严肃。“与税同行”更是采取情景演绎的方式，用动画生动地讲述了主人公在成长历程中发生的一些小故事，采用一个主角、一条主线、不同片段展示，穿插讲述了我国现代税收体系中的税种知识，主人公是以动画人物的形象出现，轻松有趣，易于理解。整个展厅色彩明亮丰富，语言通俗易懂。从税收的重要性，到税种的介绍，再到办税服务等，循序渐进，不断地唤醒人们的“税”意，引导人们去认识税法。同时，在不同的区域配以相应的音乐、讲解，让参观者沉浸在这样的氛围中，以达到更好的学习效果。如果是小学生集体来参观，基地将提供“小小税务官”的制服，让他们穿上制服进行角色扮演，完全融入这样的情境中。菲利普・津巴多的心理学假设认为，“个人是生命舞台上的一名演员，其行为自由度是由架构他的基因、生物、肉体及心理特质所赋予。情境是行为的背景，通过它的酬劳及规范功能，情境有力量针对行动者的角色和地位给予意义与认同。系统由个人及机构施为者组成，施为者的意识形态、价值和力量创造出情境，也规定了行动者的角色以及行为期许，要求在其影响范围内的人扮演它规定的角色，做出被允许的行为”①，那么税法教育厅正是设法创造行动者的规范情境，并促使参观者按照规范所赋予的角色要求采取相应的行动，从而体验并情绪化地记住相应的意义。

沉浸式体验既包括人的感官体验，又包括人的认知体验。感官体验主要是利用人的感官冲击，达到一种刺激的心理状态；认知体验，如下棋等策略游戏，或是教学这些活动对人的技能与挑战匹配主要利用人的认知经验。这种方式往往能获得人们长时间的驻足。在税法教育厅中，设计者将沉浸式体验发挥到最大功效的就是互动游戏区（参见图 4 - 11，图 4 - 12）。整个展厅共有三处游戏区，分别位于“走进税收”“征管服务”“一站到底互动答题区”三个区域。每位参观者在刚进入基地的时候都可以领取一张“诚信纳税人”的电子卡片，在玩游戏或答题时先刷卡，然后电子屏幕上就会出现与区域主题相关的选择题或消消乐等，触摸屏幕答题即可，如若答对，则卡片上会自动积上一分；在基地全部参观完后可以凭积分领取小礼物。在一份参观意见反馈表中，一位来自六年级的吴同学写

① 菲利普・津巴多. 路西法效应：好人是如何变成恶魔的[M]. 孙佩妏、陈雅馨译. 北京：生活・读书・新知三联书店，2010：501。

道:"今天通过参观,我感受到税收的重大意义,我很荣幸在这次活动中获得了260分的成绩。"可见,这样的互动体验让参观者更有参与感,提升了他们的主体地位,也有利于检验参观者的学习情况,不再是以往收效甚微的单向传播。

特色化故事讲述是试图将严肃的"普法教育"转变为空间体验的又一种方式。叙事是"讲故事",是系列性的故事+带有因果关系逻辑地讲述。故事即内容,包括事件、人物、背景等,而讲述则是事件排列与因果意义的表达方式。故事是通过讲述获得的,而讲述强化的是对事件的编排。马修·波泰格提出了"景观叙事"的概念。他认为"景观叙事"是指产生于景观和叙事间的相互作用和彼此的关系,"场所构成叙事的框架,景观不但确定或用作故事的背景,而且本身也是一种多变而重要的形象和产生故事的过程。树木、岩石等都可以用作叙事的象征,就这样,人们把景观纳入故事的编排结构里"①。税法教育厅的特色化故事讲述有两种策略:

一是联想与参照。景观中那些同经历、事件、历史、寓言或其他叙事形式相关的元素,都可以用来作为叙述故事中的一部分。比如树的长青常常用作比喻家族延续;或是上文中提及的,在税法教育厅中球幕上一艘艘彩色的小舟,寓意着青少年们驶向税务知识的海洋。诸如此类的象征符号还有很多。在税赋文化阁的一楼——中国税史文化展馆内,抬头望向展厅的顶部,一条蜿蜒的河流从门口一直向内延伸,河流中漂浮着无数大小不一的"税"字。"水"是"税"的谐音,也寓意着中国税史文化源远流长,且税润万物,与"史"相呼应;在"古代税收处罚措施"的知识板块前笼罩着一张铁网,象征监狱,寓意偷税漏税面临着入狱的危险,警醒众人。通过这种叙事的手法营造氛围,调动了参观者的情绪,对他们的理性认知进行了情感补充。

二是激活集体记忆。从税法教育厅推门而出便进入中庭,即税思童趣园,瞬间远离了科技,走向了人文。整个庭院以江南水乡为主基调,小桥流水,植被茂盛,还有几处盆栽点缀。税史文化展区更是以富有江南特色的粉墙黛瓦为设计灵感,营造了一个典雅、平易近人的空间氛围。在税思童趣园中,有四个以卡通形象呈现的铜人像,分别是仲雍、言子、巫咸、翁同龢,他们是常熟税制改革的先

① 马修·波泰格,米杰·普灵顿.景观叙事——讲故事的设计实践[M].张楠等译.北京:中国建筑工业出版社.2015:10。

贤，是常熟人民的共同记忆。设计者试图让参观者移情于景，使其因江南水乡的景色和当地的名人而产生熟悉感，召唤了他们对家乡的情感，引导情感认同。

在税史文化展区，主要采用了“线性叙事”和“时间中的一点”的视觉叙事手法。沿着古今税史廊前进，墙壁上顺延着两条时间轴，从 1994 年开始到现如今，分别是中国的税制大事记和常熟的税制大事记。在税赋文化阁中，一楼墙壁上展示着从夏商周时期开始的古代税制沿革和从北洋军阀时期开始的近现代税制沿革；二楼墙壁上展示了常熟税史，包括常熟历史上主要的税收项目和税收征管制度。线性叙事主要是从时间维度向参观者讲述了税收历史。在税赋文化阁内，不仅有与税相关的带有历史烙印的文物，例如民国时期的米斗、税讫章、租田存根等，还有一处缩小的场景模型，它被永久地定格在那儿，是古时漕运码头收租交租的景象，也是时代的缩影。

法国社会学家哈布瓦赫提出了“集体记忆”的概念。他认为记忆具有公众性，必须依赖集体和公众，并受社会环境的影响，因此是一个社会建构的概念。集体记忆依赖某种媒介，如实质文物及图像、文献，或各种集体活动来保存、强化或重温。① 线性叙事和定格的瞬间是中国税收历史的记忆，设计者力图通过文字和实物的媒介，将它重新呈现出来，创造了一份关于税收史的集体记忆，参观者通过阅读和观看，将这份记忆重新烙印在脑海里。

如果说中国税收史的集体记忆过于普适，那么针对参观者的身份属性，大多都是常熟当地居民或者是在常熟工作的纳税人，对于常熟税史的那一份独有记忆更具有接近性。除了上述常熟税制改革先贤的呈现、带有常熟记忆的文物的陈列、常熟税史的展示等，还有一部“水乡商贸”的纪录片。该纪录片犹如一幅画卷，真实记录了 20 世纪中后期常熟市民的生活和贸易往来，由于年代并不久远，许多上了年纪的参观者亲身经历了那样的生活，唤起他们往昔的记忆。这一份带有常熟情怀的集体记忆最大的功能在于它的凝聚力，它是对税收历史的凝聚，是对税收文化的凝聚，有利于人们归属于一种税法文化，而区别于其他文化。

3. 将参观者引入叙事

教育基地无疑展示了丰富充实的内容，然而，针对这些繁杂的信息，参观者

---

① 王明珂. 华夏边缘：历史记忆与族群认同[M]. 北京：社会科学文献出版社，2006：27。

并不会不加区别地对待或全盘接受。在大众传播中，传播学家们将这一现象概括为“选择性接触”：受众往往倾向于那些能满足自己需求或兴趣的信息，有意无意地回避与自己既有倾向相左的媒介或内容。相比于枯燥的文字表述，视频、音频更能吸引人；相较于单一性的认知，互动式的游戏更受欢迎；儿童可能更倾向于直白的动画描述，而成人则更专注于人文历史等。

德·塞托将参观者纳入他的日常生活实践分析之中，“指出步行者将空间中的可能性和限制性现实化了，但通过步行的策略——绕道、横穿、即兴改造，也让空间发生了位移，并发明了其他的可能性和限制性，抛弃了原来的空间限制”①。参观者的叙事也由此加入到展馆的叙事中，尤其是新媒体的发展和引入，增强了这一行为的实现能力。常熟税收普法教育基地的官网上，有关于基地的介绍以及展馆的划分等，参观者在游览前就能对教育基地有所了解，并在参观时做出更好的规划。在整个教育基地，每一块知识板块或是每一件文物旁边都会有二维码自助讲解，帮助参观人员随时随地都能了解到自己需要的信息。从这个意义上讲，这些数字技术的手段都与实体空间相互连接，强化实体空间的叙事框架和叙事内容，拓展了教育基地的边界。

早期的博物馆、宣传馆等扮演的是凌驾于公众之上的教育者的角色。包括现如今教育基地内依然存在这样的情况，如宣传手册的分发，在团队预约参观时，常熟地税局将安排讲解员（即税务人员）全程带领讲解等，讲解中包含这样的语句：“我们现在所处的位置就是……”“让我们走近……”“告别了……之后，我们将依次参观……”“请大家跟我移步往前走……”等等。讲解员代表的是官方叙事，而上述的“步行的策略”可谓是对这一过程的抵抗，拓展出丰富多样的参观者叙事话语，并渗入官方叙事话语之中。因此，如今的展馆更多地展现了公众的自主性，表现为对话、协商的手段。这实质上是社会关系的改变，参观者以自我体验和自我兴趣为依据，改写了展馆的叙事。

诚然，基地针对参观者的自由性也做出了相应的策略，在技术的支撑下，引入了人工智能机器人“税税”，它不仅可以与参观者进行智能对话，还能解决一些专业性问题。可以说，这在政府与公民之间建构了一种新型的社会关系，机器人“税税”是税务部门的化身，化身为一个可爱的卡通形象，打破了人们对于税务部

① 陈霖.城市认同叙事的展演空间——以苏州博物馆新馆为例[J].新闻与传播研究，2016(08)：57。

门强势的刻板印象,从而拉近了两者之间的距离,两者关系的叙事被重新书写。

四、常熟税收教育基地的空间表征

列斐伏尔认为"空间已经成为国家最重要的政治工具"①,每一种社会形态都会有自己相应的空间。他的"空间转向"不只是一种本体论的建构和认识论的变革,更是通过"空间革命"重新估价差异性的与生活经验的未来空间②。列斐伏尔将空间视为一个表征系统,用各种记号与符号来代表或向别人表征一种概念、观念或情感,在这种表征系统中赋予思想、观念和情感的"媒介"。

1. 基地作为政治共同体

"共同体"最早是一个社会学的概念,由国外"community"一词引入,通常意指"由某种共同的纽带联结起来的生活有机体"③。斐迪南·滕尼斯提出,共同体与社会不同,共同体是真正的、持久的共同生活,而社会则不过是表面的、暂时的共同生活。通常情况下,学者都将"共同体"放入全球化的背景中去研究,就像康德认为建立一种超越国家边界的跨国共同体是实现国际和平的必要条件之一。习近平总书记一直强调"人类命运共同体",命运共同体与政治共同体一样,都是由人派生出来的共同体,其中也必然存在着包容与排斥。西方学者认为,政治共同体是由人组成的一种社会集合体,是共同体一词的延伸;政治共同体"内部成员有共同的政治利益、特定的居住区域和被内部成员普遍认同的政治机构"④。共同体大到可以是民族国家那样的国家共同体,也可以小到社区组织那样的本地共同体。就本书的研究对象来说,常熟税务局意欲打造的既是以常熟税务系统的执法者与纳税者为主体的常熟本土政治共同体,同时又在打造以国家税务系统和所有纳税者为主体的法律共同体。由于税务局是掌管地方和国家财政的政务部门,故由此产生的是带有经济属性的政治共同体,依靠国家法定的

① Henri Lefebvre:Space: Social Product and Use Value", in Freiberg, J. W. (ed), Critical Sociology: European Perspective, New York: Irvington,1979,p. 289.

② 张子凯. 列斐伏尔《空间的生产》述评[J]. 江苏大学学报(社会科学版). 2007(05): 14。

③ 雷蒙·威廉斯. 关键词[M]. 刘建基译. 北京: 生活·读书·新知三联书店,2005: 79。

④ 刘爽. 试分析林克莱特国际关系批判理论中的"政治共同体"命题[D]. 燕山大学,2015。

权力将经济联合一体化，再通过统一调配以稳定经济形势。

中国是社会主义市场经济体制，但是市场的不平衡发展需要国家的宏观调控来弥补市场缺失，这就要依靠国家税收。税收取之于民，用之于民，属于再分配手段，我国国防建设、脱贫攻坚、灾害援助等都源于税收，促进了社会的公平正义，因此公民的权利与义务是对等的。而这也是建构"共同体"的前提，即拥有"共同性"。一般来说，构成共同体的共同性可以是单一的，也可以是基于多方面的共同性，比如构建常熟政治共同体一方面源于"地缘"，他们共同拥有"故乡情"，另一方面则是更为重要的共同目标、利益和任务。通过"共同性"，可以清晰地界定"我是谁"，而区别于他者。常熟税收普法教育基地试图让公民获得的就是"我是常熟纳税人"的边界意识。

"共同性"是认同的前提，而认同则是合法性的基础。常熟税收普法教育基地的建立就是为了构建公民对纳税的认同，从而获得税务部门的合法地位，这是法制宣传中至关重要的一个环节，有利于推动常熟法治文化建设，加之税收的经济属性，事关常熟整个城市的建设。政治共同体拥有完整的体系，它可以是常熟这个城市发展的有机体，也可以是联合其他城市所构成的整个国家发展的有机体。

"共同体"还具有重叠性，公民可以身处于多个不同的共同体中，他们通过对自己身份的认知和界定而区别于"他者"形成独特的认同，同时也形成了对其所处的共同体的归属感和忠诚感。在这里，公民的身份认知是被建构的，政府通过建造相同价值观的教育体系来传播意识形态，表现为政治的空间性。

常熟地税局就是通过不断地完善自身的教育系统来完成宣传任务，一方面开启"税校联合"机制，拓展教育边界，形成以税收普法教育基地为中心的教育空间。"七五"普法规划中指出，青少年是法制宣传教育的重点对象，要切实把法制教育纳入国民教育体系，从青少年抓起，在中小学设立德法课程，确保在校学生都能得到基本法制知识教育。常熟地税局与常熟实验小学、商城小学建立"少年税校"（参见图 4－19），与常熟市中学成立"全省青少年税收教育基地"，联合常熟理工学院成立"税收普法宣传教育基地"，创办"两个课堂"，采取"走出去，请进来"的方式实现共同教育，即组织讲师团进入学校开展税收普法教育活动、组织青少年参观普法教育基地。另一方面，以基地为依托，组建了普法讲师团和青少年普法讲师团，推行菜单式普法模式。定期收集群众生产生活中遇到的涉税法律问题，根据不同人群的不同法律需求，编印针对公务员、学生、企业主、市民等不同群体的普法教材。聘请税务骨干组成普法讲师团，按普法授课内容，以“你点我讲，按需授课”为形式，由各单位根据本部门职能“点单”申请授课。

图 4－19 少年税校的同学们到常熟市税收普法教育基地参观学习

除了教育系统外，常熟地税局还创建了相应的管理系统。首先，成立了税收普法宣传教育领导小组，主要负责研究和制定税收普法宣传教育工作计划、任务；研究和确定税收普法宣传教育下设办公室的部门职责；审议税收法治宣传教育“五年规划”；审议税收宣传月工作计划、活动方案；审议其他税收普法宣传教育重大事项。领导小组下设三个办公室，分别是普法办公室：负责与法制宣传教育领导小组办公室、司法局的普法工作和普法活动衔接，拟定教育计划和活动方案等；宣传办公室：负责日常税收宣传、税收宣传月、税收普法教育基地建设以及日常运行、管理工作，拟定年度税收宣传计划等；教育办公室：负责纳税咨询、纳税辅导工作，牵头学校，拟定培训计划等。其次，作为税收教育核心的税收普法教育基地配备三名专职管理人员和七名兼职管理人员，负责保证基地的日常运作，维护基地设施设备，联系接洽参观人员等事宜。与此同时，基地还成立了专门的讲解团队，配有八名讲解人员，讲解员按照市局统一安排，承担税收普法教育基地导览讲解任务。

可以说，这些示范基地都是当地税务局为打造政治共同体所付出的努力，而国家税务总局此举则是联结各个地方，整合一体化，将税收文化宣传系统化运营，打造以国家税务总局为组织领导的全国范围内的政治共同体（参见图4－20）。

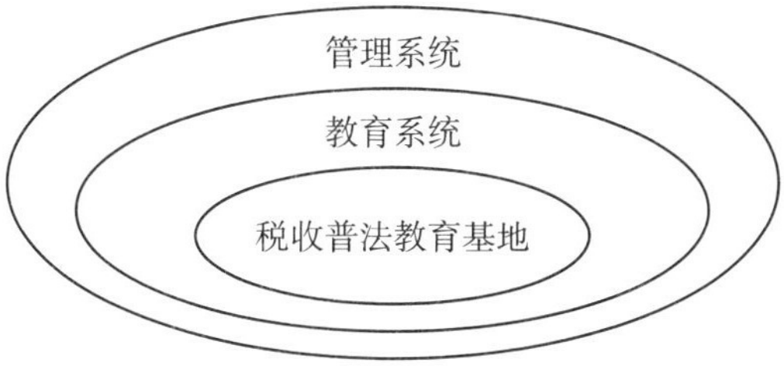

图4－20　税务教育的系统化组织

2. 基地作为空间媒介

当空间作为媒介存在时，是它的一个现实形态，它在一定程度上覆盖了物理空间，但物理空间一旦进入生活，便是精神和社会的，也不再是纯粹的物质空间。在这里，可以将常熟市税收普法教育基地这样的空间称之为“传播空间”，是因为它的存在必然包含着交流行为。在通信技术发达、自媒体繁荣的今天，人们在实体空间和专业的非实体媒介之间划出了清晰的界限，愈来愈多的人把对传播和媒介的理解落在了大众性的虚拟空间上，而忽视了实体空间的传播价值。德弗勒认为，媒介可以是任何一种用来传播人类意识的载体或一组安排有序的载体。在我们的日常生活中，街道、广场等都是承载意义、传递信息的媒介。法国学者德布雷提出“媒介学”，认为应打破过往对于媒介是“物体”的认知，而将媒介视作一种“关系”[①]。从德布雷“作为关系的媒介”视角来看，空间必定是人类文明发展史中重要的媒介。实体空间的媒介作用从未缺席，它嵌入人们的日常生活，承载了多个层面的传播内容和意义。实物的交换、信息的交流、人的交往，这三个以人为主体展开的互动传播是交织在一起的，彼此转换，“并由此建构了一种新型的人与人、人与社会的关系”[②]。

赵毅衡在界定“符号”的概念时认为符号是“一种携带意义的感知”，“意义必

① 雷吉斯·德布雷. 媒介学引论[M]. 刘文玲、陈卫星译. 北京：中国传媒大学出版社，2014：5。
② 孙玮. 作为媒介的外滩：上海现代性的发生与成长[J]. 新闻大学，2011(04)：67－77。

须用符号才能表达，符号的用途是表达意义"①。对于经由符号的意义表征是如何运作的，斯图尔特·霍尔有三种解释的途径：第一，反映论途径。意义被看成是置于现实世界的客体、人、观念或事件中的语言，如同一面镜子那样起作用，反映真实的意义，意义在此之前仿佛"已经"存在于世。第二，意向性途径，个体通过语言把他或她的独特意义强加于世界，将语言私人化。第三，建构主义途径，认识到语言符号的公众性和社会性，事物并没有意义，而是我们使用各种表征系统，即各种概念和符号构成了意义。"意义并不内在于事物中。它是被构造的、被产生的。它是意指实践，即一种产生意义、使事物具有意义的实践的产物"②。

在上文中所分析的常熟税收普法教育基地的叙事建构便是空间的符号化过程。当参观者置身这样的符号化空间之时，信息的传输似乎仅仅是个次要的考量，而是不知不觉地参与某种"人类交往的仪式"。在这样的仪式过程中，税收教育基地的参观者并非为了讯息在独特空间中的扩散，而是指在时间上对一个社会的维系；不是指分享信息的行为，而是共享信仰的表征。在这种"人类交往仪式"中，传播的最高境界，"并不是指智力信息的传递，而是建构并维系一个有秩序、有意义、能够用来支配和容纳人类行为的文化世界"③。人们参与某种或多种符号的处理与创作，以此来确立社会的关系和秩序，确认与其他人共享的观念和信念。本书在阐释空间的建构过程中关于表征的运作更贴合霍尔的建构主义途径，将空间作为媒介，意义产生于交往过程中，空间作为一个交往的场所而实现其传播的功能。

以往关于税收法律知识的传播大致可分为三种：其一，以税务机构作为传播者自上而下"送法下乡"或"送法上门"；其二，大众传媒刊播的各种法制类报道或节目，是"中国"情境和社会政治逻辑下，由党和政府、传媒机构、电视制作者、公众和广告主等共同建构起来的、具有特定题材取向和"法律共同体"意义的影像化"思考方法"④；其三，个人自主通过查询书籍、影音等资料、过往税法案例等获知相关税法信息。这三类税法知识的分享方式不同，内含的社会关系也各不相同，常熟税收普法教育基地则试图将之融为一体，成为一个复合展馆，并建构

---

① 赵毅衡. 重新定义符号与符号学[J]. 国际新闻界. 2013，(06)：6－14。

② 斯图尔特·霍尔. 表征：文化表征与意指实践[M]. 徐亮、陆兴华译. 北京：商务印书馆. 2013：35。

③ 詹姆斯·W. 凯瑞：作为文化的传播[M]. 丁未译. 北京：华夏出版社，2005：7。

④ 张健. "我们"从何而来：象征，认同与建构(1978—2018)[M]. 上海：上海三联书店，2020：95。

一种新的空间关系。

马歇尔·麦克卢汉在《理解媒介》中提出："每一件物体或一套物体凭借它与其他物体之间的关系而产生自己独特的空间"。[①] 空间具有重叠性，日常生活中，我们处于各种不同的空间内，而每一个空间中我们的身份不同，所对应的社会关系也不尽相同。阿尔都塞认为："意识形态是个体与其实际生存条件的想象性关系的再现……是再现想象性社会关系的机制……主体是想象整合的自我"[②]，通过意识形态的传输，把个体建构成某种社会角色，即意识形态主体。

在常熟税收普法教育基地中，空间设计、空间布局、展览内容等都是技术精英将税法知识、条款与程序等"送法上门"或"送法下乡"。他们通过符号化的叙事来确立社会关系和秩序，参观者继而对符号进行非对称性、协商式解读，以此"召唤"主体。每个身处常熟税收普法教育基地中的参观者似乎都共同被赋予"纳税人"的身份，暂时"悬置"原先的关系，如机关人士之间的上下级关系、学生和老师之间的师生关系、企业主和员工之间的雇佣与被雇佣关系，……在这里，参观者同是"纳税人"，他们的社会关系变成了与征税部门、与常熟这样一个地方共同体、与中国这样一个国家共同体之间的关系。"我们基地是和教育局合作的，重点就是学生和青少年这块的教育，从小培养他们依法诚信纳税的意识。然后通过学生去反向跟他们的家长也宣传一下依法纳税的意识，通过以点带面，扩大它的宣传面。"[③]常熟税收普法教育基地的技术精英一反以往大众传播的宣传思维，通过以点带面的人际关系进行税法扩散。此时，参观者脱离了实体化的在地性，置于税法共同体的社会空间中，让公众"心灵经历了一次现代洗礼，凝练出中国当下公民理想的重要内涵，也是中华民族精神的现代意义和中国自身的自我意识，由此催逼出关于美好人世的种种愿景"[④]。

3. 参观者在基地的空间消费

按照经济学家们的看法，中国已经从生产型社会转向消费型社会，"消费对

---

① 马歇尔·麦克卢汉. 理解媒介[M]. 何道宽译. 北京：译林出版社，2011：202。

② 陈龙. 媒介文化通论[M]. 南京：江苏教育出版社，2011：18。

③ 2019 年 2 月 27 日常熟税收普法教育基地专职负责人、常熟市税务分局办公室科员王晓春的访谈记录。

④ 许章润. 普法运动[J]. 读书，2008(01)：41－46。

经济增长的拉动作用显著，贡献率超过投资和出口，且趋势性增强，居民消费支出占 GDP 比重日益上升”①。而在社会学家眼中，消费型社会的来临意义重大，因为消费既是经济领域与日常生活领域进行交换和沟通的渠道，也是“资本与日常生活实践相结合的领域”。因而，消费不仅具有经济和营销意义，而且具有重要的社会和文化意义。消费生活向我们显示了，人们不但通过自己的“生产者”角色，而且也通过自己的“消费者”角色，与他人结成一定的分工、合作、交换与互动的社会关系。②

物与商品的丰盛，使人们摆脱了对生存性需求的束缚，消费不再意味着满足基本的生理和生活上的要求。这样，商品的内涵也发生了变化，即商品使用价值的消费变得不再重要，而其携带的符号化和象征化的意义却成为人们关注的重点，消费层次转变为追求符号价值（参见表 4-1）。比如打开“虞歌法韵”法治文化小镇手绘地图，大大小小的 20 个法治文化宣传点星罗棋布，分布在常熟市区虞山东西两侧。常熟市司法部门充分挖掘虞山历史法治文化，将言子旧宅、翁同龢纪念馆、方塔廉政公园、常熟法治文化街、虞山法治之旅等串点成线，形成常熟特色法治文化景观。游客“打卡地”成了普法“主阵地”，是常熟创新普法方式的新成果③。

表 4-1 消费内涵在不同时代的变迁示意图

阶段	消费的含义	扩展含义	评价
前工业社会	指物品和劳务的最终耗费	浪费、过度使用、奢侈花费或耗费	贬义的
工业社会	一种购买、占有并使用或享用物品和劳务的行为	与“生产”相对应，是社会再生产过程的一个环节	次要的
消费社会	一种系统化的符号操纵行为或总体性的观念实践	经济发展、自我实现、社会整合、文化实践的重要环节	重要的、不可忽视的

资料来源：季松，段进. 空间的消费——消费文化视野下城市发展新图景[M]. 南京：东南大学出版社，2012：26。

---

① 梁施婷. 中国经济七十年轨迹：从生产型社会转向消费型社会[EB/OL]. https://www.tfcaijing.com/article/page/54365454704a456b51516132393659536c674b4c75773d3d，2019-09-02。

② 王宁. 消费社会学：一个分析的视角[M]. 北京：社会科学文献出版社，2001：1。

③ 常熟市司法局. 常熟：法治提升城市“颜值”[EB/OL]. https://new.qq.com/rain/a/20200923a01nsv00，2020-09-23。

生产和消费是社会生产关系中不可分割的一对要素，消费层次的变化使得消费成为了推动城市空间发展、推动空间生产的有效工具。随着人们精神需求的增长，文化消费与日俱增，因此，常熟税收普法教育基地、“法治文化街”(参见图 4－4)的诞生从某种程度上来说是为了契合当代人们的消费需求，这也进一步解释了“空间是社会的产物”这一论断的内涵。

教育基地馆藏有大量的税史文物。早在 2011 年老馆建造前夕，《常熟日报》应地税局要求，刊登了税史文物征集通告，常熟市民们将家中珍藏的烙有时代印记的税讫、民国租谣限票、清代车粮票等纷纷捐献了出来，这些税史文物如今陈列在税收普法教育基地内，但它也属于常熟市博物馆的一部分。王晓春解释说：“我们作为博物馆的一个分馆——税务博物馆，就是除了普法的东西，里面还有一些藏品，一些钱币、地契、房契、古代税收的一些凭证等等，都可以作为一种文物向社会展览。”[①]除此之外，基地内有图书三千多册，都是税收及法律类书籍，作为常熟图书馆的分馆，免费向社会各界开放。

从消费的视角来看，常熟税收普法教育基地所接待的参观者有两个共同的身份——纳税人和消费者。当参观者在教育基地“打卡”时，空间的消费既是公民权利意识的示现，又是文化共同体身份的熏陶。网站浏览、LED 电子屏、二维码自助讲解、人工智能机器人、趣味答题……这些高新技术被运用到税收普法教育基地的设计中，并在技术加持下，拓展了展馆的边界，增加了参观者的消费内容，这是参观者对新兴技术的消费，也是对资本的消费。

税收教育基地还是“符号消费”的集萃地。符号可分为语言符号和非语言符号。语言符号是由音、义的结合构成的，“音”是语言符号的物质表现形式，“义”是语言符号的内容，语言符号包括口头语和以书写符号文字形态出现的书面语；非语言符号包括图像、颜色、光亮、音乐和人的体语等等。毫无疑问，常熟税收普法教育基地内充斥着各种符号形态，从书面文字的介绍到讲解员的解说，从沉浸式体验到集体记忆创造，无一不在进行符号消费，而常熟税收普法教育基地本身也作为一个符号被参观者消费。

“税务读书吧”作为“官方行动路径”的最后一站，参观者已然对整个税收普

---

① 2019 年 2 月 27 日常熟税收普法教育基地专职负责人、常熟市税务分局办公室科员王晓春的访谈记录。

法教育基地有了深入的认识。在此，参观者们会在讲解员的引导下写下对常熟税收普法教育基地的参观感受和意见。笔者统计了《常熟税收普法教育基地意见簿》上现有的意见，具体如下：

由于参观者反馈形式的多样化，笔者 2019 年 12 月份调研时在《常熟税收普法教育基地意见簿》上发现有 59 个留言样本，其中包含了学生、企业职工和政府人员，身份属性较为全面，故具有一定的参考性（参见图 4－21）。参观者们在书写参观感受时，往往从多方面着手，主要集中于“增长税收知识”“增强纳税意识”“创新生动”“富有地方特色”这四个方面，其他还包括一些意见、建议等（参见图 4－22）。其中，“创新、生动”占比最大，具体表现为“现代技术运用”“形式新颖”“形象活泼”“寓教于乐”等。且不论在特定空间、特定环境下所书写的文本内容的客观性，但至少这些感受是参观者对空间进行消费后的直观反应。

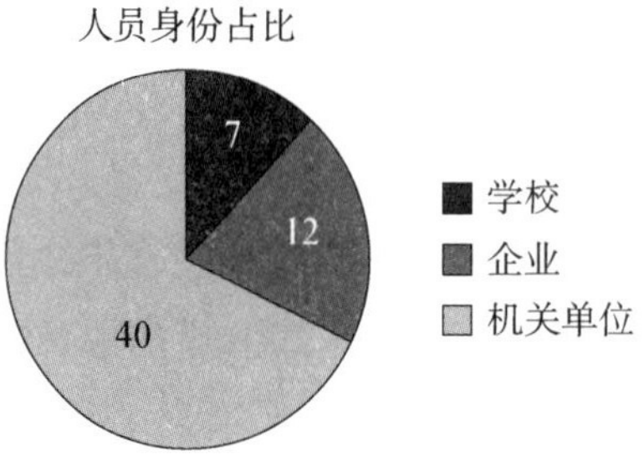

图 4－21 留言人员身份占比

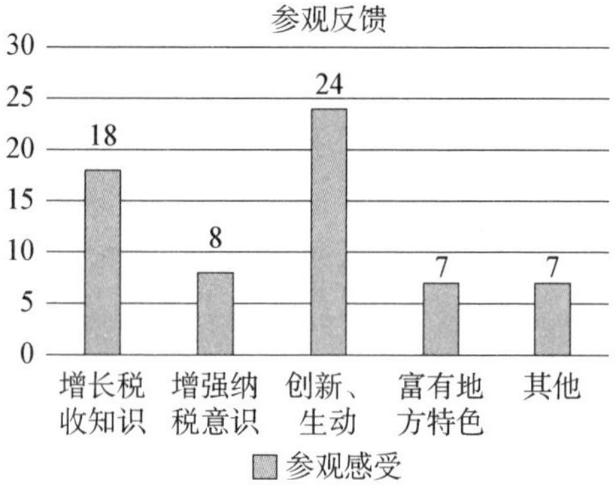

图 4－22 留言情况分析

4. 税法意识的召唤

当代的消费不仅仅是一种购买、占有并使用物品或劳务的行为，更是一种系统化的符号操纵行为，更侧重于它的生产性与建设性。消费空间的符号化就是空间的表征，其意指的目标旨在让消费者产生身份认同和群体归属感，所以消费在本质上还是一种规训，是意识形态的微观权力在空间中对主体的支配与“召唤”。主要表现为以下几点：

一是参观解说的影响行为。常熟税收普法教育基地共配备八名讲解员，都是原常熟地税局的工作人员兼职承担，按照机关统一安排，担任税收普法教育基地导览讲解工作。讲解词由税务干部自己撰写，分为两版——纳税人版（成人版）和学生版，学生版的解说词生动活泼，简单明了；而成人版则内容更为详细。两个版本的解说词有其共同之处：

第一，对常熟地税局工作情况的介绍：我们常熟地税局成立于1994年9月29日，现有在编干部307人，我们的主要工作可以概括为“征、评、管、查”四个部分，“征”是指税款征收。“评”是指风险评估，我们的电脑系统通过比对不同企业的税收数据，对某些企业的异常现象会自动推送出疑点。比如某一个行业正常一年的利润率是10%，可有一家企业的利润率却是负数，这就会产生一个疑点了。产生疑点之后我们会和纳税人进行沟通，解决这些问题。“管”是指基础管理，主要负责管理企业登记、注销等等基础事项。而“查”呢，就是指税务稽查，对于一些重大疑难问题，我们会交由稽查局进行处理，并行使相应的行政处罚权。①

第二，对税收重要性的强调：顶部的四台多媒体显示屏分四个方面，介绍税收在国防建设、政府运转、国家基础建设、改善民生方面的作用，大家可以直观地了解到我们缴纳的税款为国家做出的贡献。我们国家的税收是“取之于民，用之于民”的，国家的繁荣富强离不开我们每一个人的努力，我们每一个人都是纳税人，依法纳税是我们每一个纳税人应尽的义务。②

这种官方叙事表面是参观者的符号消费，实质是由税务部门主导对纳税人或潜在的未来纳税人的意义影响，强化税收与国家之间的意义连接，表现为纳税人“正确认知”的叙述；另一方面是对纳税人或潜在的未来纳税人的行动影响，强调“官方行动路径”的设计。叙事始终围绕“税润万物”的观念，旨在起到强化纳税人的认知共识、凝聚认同的现实效果。

二是以仪式召唤认同。仪式是“受规则支配的象征性活动，它使参加者注意他们认为有特殊意义的思想和感情对象”③。这里的仪式概指一切由身体参与的、受规则支配的象征性实践活动。“参观基地”本质上也是一种仪式，是由参观者的一系列身体实践来完成的。参观者或听讲解员讲解，或与机器人“税税”沟

---

① 常熟税收普法教育基地官方解说词（非公开资料）.

② 常熟税收普法教育基地官方解说词（非公开资料）.

③ Steven Lukes, “Poltical Rituals and Social Integration”, *Sociology*, 1975(09), pp. 289 – 308.

通，或体验游戏等都是“参观仪式”的一部分。除此之外，还有两种标志性仪式值得注意：

一类是“少年税校”。常熟税收普法教育基地主要承担青少年教育的职责，更与教育局合作，成立了“少年税校”。当税校学生团队前来参观时，基地将会提供税务工作制服，孩子们统一着装，成为一名“小小税收官”，这实质上是一种身份的“询唤”，培养他们的认同意识——对税收工作的认同。

另一类仪式也值得关注。在参观完基地的各种设施与文化馆藏之后，在基地的出口有一个照相机，参观者可凭借“诚信纳税人”电子卡片上的积分刷卡拍照，照片当场打印，即拍即取，在照片的下方，有两行水印，分别是“税润万物”和“欢迎来到普法教育基地”。“这种操演动作是效果尤其显著的‘说话’方式，因为它们明确无误，摸得着，看得见；这种‘说话’所出自的那个套数的必不可少性，使得它们的操演之力及其作为记忆系统的效用，都成为可能”①。这一张照片以身体实践发挥了记忆的效用，意在唤醒参观者的归属感和认同感。在常熟税收普法教育基地内，参观仪式是普遍的、大规模的群体仪式，其中还包括小范围的组织仪式和私人的拍照仪式。在这些仪式中，参观者都占据了主体地位，但也正是在这些仪式性的活动中，“纳税人”的身份被召唤，公民对税收的认同感得以被建构和强化。

研究者们对“空间消费”研究往往从更大范围的城市空间来谈。有学者指出：“在城市新型消费空间的生产过程中，城市新型消费空间的生产由权力与资本共同作用下完成的。”②因此，“消费”往往超脱其字面含义，富有更多的内涵意义。从字面上理解，“消费”是以普通群众为主导的，而事实上，“消费”也是意志的结果。由此形成了“空间消费”“消费空间再生产”的无限循环（参见图4－23）。列斐伏尔对空间的理解并非仅仅以消费为目的的一种产品性生产，而是维护社会秩序的社会关系的再生产。唯其如此，才能解释空间社会生产的普遍目的和生产方向。

---

① Steven Lukes, “Poltical Rituals and Social Integration”, *Sociology*, 1975(09), pp. 289－308.

② 刘彬，陈忠暖. 权力、资本与空间：历史街区改造背景下的城市消费空间生产——以成都远洋太古里为例[J]. 国际城市规划，2018，33(01)：75－80。

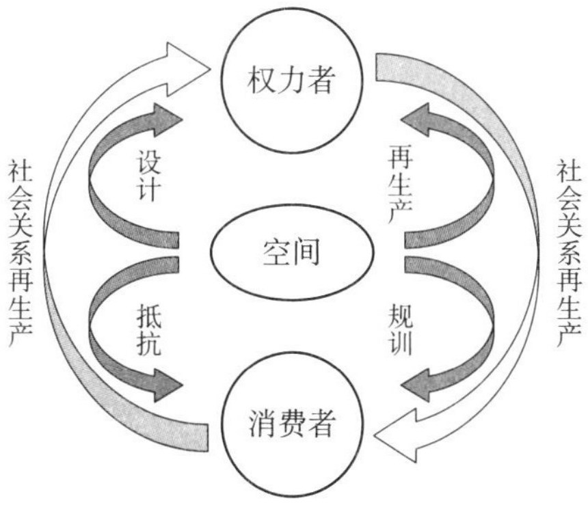

图 4－23　空间生产—消费循环图

本章结语

有学者认为，“从根本上说，税收宣传月本身就是中国特色社会主义税收发展的产物。环顾今天全球各国，通过强调税收征纳双方关系以确保国家税收收入到位的各种形式都存在，但像我国这样领导有力、组织严密、主题突出、持而不息的‘宣传月’机制安排，却仅此一家。”[①]按照这样的理路，类似常熟税收教育基地这样的制度化安排的空间构架应该也是“天下无双，独此一家”。

常熟税收教育基地的空间生成与建构是行政力量与公民作为纳税人双重呼应的结果，而新兴科技的涌入，使技术成为一种新的空间建构的力量。教育基地试图用空间“消灭时间”，用空间规范公民的行为，其中必然包含法律共同体的规范诉求；技术精英通过各种叙事载体潜移默化地输出其规范诉求，在空间中询唤公民的身份属性，在叙事中获得认同，以取得合法性，稳定社会秩序。人们常常以为，从空间生产到空间消费往往是单向度的，实则不然，空间并非精神与物质的二元世界，而是一体化融入空间实践，通过将知识与经验中的概念、规划、规定用来指导空间的再生产。同时，空间消费过程中参观者主体地位的提升也使得他们在既定的空间中，对预先潜藏的规范进行“无意识”地抵抗；空间本身作为传播媒介承载着各种社会关系，在空间的消费中社会关系又随之发生改变，社会关

① 邓力平. 经济税收观及其拓展与中国特色税收宣传月[J]. 当代财经，2020(05)：26－34。

系的再生产迫使空间进行重构。

以常熟税收普法教育基地为例，空间在建构的过程中发生“飘移”。税收普法教育基地的初衷用于青少年普法教育，但从上文参观人员的身份占比中可以看到，学生占比远不如机关单位人员；而原定于周二、周四、周六对外开放也变成团队预约开放。这些空间矛盾的存在也成为了推动空间建构的力量，税收普法教育基地的空间意义也许会在相关行政、资本以及技术等要素的施动下继续借用、漂移或转化。

本项目在研究的过程中存在一些不足：第一，由于 2019 年 8 月常熟市国税局与常熟市地税局合并，常熟税收普法教育基地需进行相关知识板块的调整，常熟税务局的官网暂时关闭，故笔者未能在基地的参观现场接近与观察参观者的种种反应，只能依据此前参观者的留言进行分析。第二，由于本章研究的内容相对复杂，跨学科的研究需要大量的知识与阅读储备，这方面的不足导致分析的过程会出现疏漏或偏差。未来应继续学习和运用空间生产理论，对空间建构进行更深入地研究。

（史文贤，张健）

本章参考文献

1. 亨利・列斐伏尔. 空间与政治[M]. 李春译. 上海：上海人民出版社，2016。
2. 包亚明. 现代性与空间生产[M]. 上海：上海教育出版社，2003。
3. 米歇尔・福柯. 规训与惩罚[M]. 刘北成、杨远婴译. 北京：生活・读书・新知三联书店，2007。
4. 苏贾. 后现代地理学：重申批判社会理论中的空间[M]. 北京：商务印书馆，2004。
5. 迈克・克朗. 文化地理学[M]. 杨淑华、宋慧敏译. 南京：南京大学出版社，2007。
6. 冯雷. 理解空间：现代空间观念的批判与重构[M]. 北京：中央编译出版社，2008。
7. 刘怀玉. 现代性的平庸与神奇[M]. 北京：中央编译出版社，2006。
8. 苏州市常熟地方税务局. 常熟市地方税务志[M]. 北京：方志出版社，2014。
9. 马修・波泰格、米杰・普灵顿. 景观叙事——讲故事的设计实践[M]. 张楠等译. 北京：中国建筑工业出版社. 2015。
10. 王明珂. 华夏边缘：历史记忆与族群认同[M]. 北京：社会科学文献出版社，2006。
11. 雷蒙・威廉斯. 关键词[M]. 刘建基译. 北京：生活・读书・新知三联书店，2005。

12. 雷吉斯·德布雷. 媒介学引论[M]. 北京：中国传媒大学出版社，2014。
13. 斯图尔特·霍尔. 表征：文化表征与意指实践[M]. 徐亮、陆兴华译. 北京：商务印书馆. 2013。
14. 马歇尔·麦克卢汉. 理解媒介[M]. 何道宽译. 北京：译林出版社，2011。
15. 陈龙. 媒介文化通论[M]. 南京：江苏教育出版社，2011。
16. 季松，段进. 空间的消费——消费文化视野下城市发展新图景[M]. 南京：东南大学出版社，2012。
17. 张子凯. 列斐伏尔《空间的生产》述评[J]. 江苏大学学报（社会科学版），2007(05)。
18. 孙全胜. 列斐伏尔社会空间辩证法的特征及其建构意义[J]. 浙江理工大学学报，2017(05)。
19. 孙全胜. 城市空间生产：性质、逻辑和意义[J]. 城市发展研究，2014(05)。
20. 孙全胜. 列斐伏尔社会空间辩证法的特征及其建构意义[J]. 浙江理工大学学报，2017(05)。
21. 孟庆洁. 社会空间辩证法及其学科意义——地理学视角的解析[J]. 学术界，2010(05)。
22. 董慧，陈兵. 空间政治经济学批判与城市权利的建构（哲学社会科学版）[J]. 苏州大学学报. 2018，(2)。
23. 韩勇，余斌，朱媛媛，卢燕，王明杰. 英美国家关于列斐伏尔空间生产理论的新进研究进展及启示[J]. 经济地理. 2016(7)。
24. 潘可礼. 亨利·列斐伏尔的社会空间理论[J]. 南京师大学报（社会科学版）. 2015，(1)。
25. 陈立新. 空间生产的历史唯物主义解读[J]. 武汉大学学报. 2014(6)。
26. 陈长松. 空间：传播技术演化的一个维度[J]. 编辑之友. 2016(11)。
27. 叶超、柴彦威、张小林. “空间的生产”理论、研究进展及其对中国城市研究的启示[J]. 经济地理. 2011(3)。
28. 张嘉欣、千庆兰、陈颖彪、姜炎峰. 空间生产视角下广州里仁洞“淘宝村”的空间变迁[J]. 经济地理，2016(01)。
29. 董慧、陈兵. 空间政治经济学批判与城市权利的建构（哲学社会科学版）[J]. 苏州大学学报，2018(02)。
30. 刘涛. 社会化媒体与空间的社会化生产——列斐伏尔和福柯“空间思想”的批判与对话机制研究[J]. 新闻与传播研究，2015(05)。
31. 赵莉华. 空间政治与“空间三一论”[J]. 社会科学家，2011(05)。
32. 付清松. 空间生产·空间批判·空间权力[J]. 社会科学家，2013(08)。
33. 刘燕. 博物馆的政治传播功能释读[J]. 东南文化，2018(01)。

34. 托尼·本内特，赵子昂，强东红. 博物馆的政治合理性[J]. 马克思主义美学研究，2007(05)。
35. 施旭升、苑笑颜. 仪式·政治·诗学：当代博物馆艺术品展示的叙述策略[J]. 现代传播，2017(04)。
36. 陈霖. 城市认同叙事的展演空间——以苏州博物馆新馆为例[J]. 新闻与传播研究，2016(08)。
37. 孙玮. 作为媒介的外滩：上海现代性的发生与成长[J]. 新闻大学，2011(04)。
38. 赵毅衡. 重新定义符号与符号学[J]. 国际新闻界，2013(06)。
39. 刘彬、陈忠暖. 权力，资本与空间：历史街区改造背景下的城市消费空间生产——以成都远洋太古里为例[J]. 国际城市规划，2018(01)。
40. 雷清延. 城市街道空间的生产——基于"列斐伏尔"空间生产理论视角下的城市街道空间研究[D]. 湖北工业大学，2017。
41. 张哲. 思想政治教育空间论[D]. 兰州大学，2015。
42. 吴心越. 讲述历史的方式——一个红色旅游景区的建构与转型[D]. 南京大学，2013。
43. 刘爽. 试分析林克莱特国际关系批判理论中的"政治共同体"命题[D]. 燕山大学，2015。
44. 钟靖. 空间、权力与文化的嬗变：上海人民广场文化研究[D]. 华东师范大学，2014。
45. Henri Lefebvre. The Production of Space. Translated by Donald Nicholson-Smith. Oxford UK：Black-well Ltd，1991.
46. Henri Lefebvre. "Space：Social Product and Use Value"，in Freiberg，J. W.（ed），Critical Sociology：European Perspective，New York：Irvington，1979.
47. Henri Lefebvre. "Spatial Planning：Reflections on the Politics of Space"，in Richard Peet（ed.）Radical Geography：Alternative Viewpoints on Contemporary Social Issues，Chicago：Maaroufa，1977.
48. 罗兰·巴特. 叙事作品结构分析导论[A]. 张寅德. 叙事学研究[C]. 北京：中国社会科学出版社，1989。
49. 王宁. 消费社会学：一个分析的视角[M]. 北京：社会科学文献出版社，2001。
50. 张健. "我们"从何而来：象征，认同与建构(1978—2018)[M]. 上海：上海三联书店，2020。

第五章 大喇叭在河北张家村的演进小史

近年来，我国采取了一系列措施加快建设社会主义新农村，不仅乡村经济的发展水平得到了提高，乡村的传媒环境建设也得到了重视。数据表明，2020 年，乡村信息基础设施不断完善升级，全国行政村通光纤率和 4G 覆盖率超过 98%，乡村的广播、电视等基础设施也基本实现了全覆盖。[①] 在国家政策支持下，人工智能、5G、大数据等新一代的互联网技术也开始逐步向乡村普及。技术的推广增加了乡村群体的媒介接触，截至 2020 年 12 月，我国乡村网民规模达到了 3.09 亿，占整体网民的 30.4%。[②] 而伴随着农村网络覆盖率的提升，乡村的传媒生态得到了改善，乡村群体拥有了更多元的传播渠道，其媒介使用习惯和传播方式也发生了一系列的变化。比如，一项调查显示：乡村居民的社交类、短视频类、音乐类 App 使用频率已经高于城市和郊区。[③] 多元、开放的传播方式重构了乡村媒介生态，带来了乡村传播的趋势：新媒体化、去中心化与多中心化。

然而，2020 年初新冠肺炎爆发之时，大喇叭却在乡村抗疫过程中表现抢眼。据人民日报官方公众号统计，在全国抗疫过程中，各省区、市 6182 个乡镇的近 10.5 万个行政村与社区开启了共计 127.2 万只广播音箱、大喇叭和音柱，总覆盖人口超过 2 亿，这一数量达到了农村常住人口总数的一半。[④] 广东省自 2020

---

① 中华人民共和国农业农村部. 中国数字乡村发展报告(2020)年[EB/OL]. http://www.moa.gov.cn/xw/zwdt/202011/t20201128_6357205.htm，2020-11-28。

② 国家统计局. 2020 年国民经济和社会发展统计公报[EB/OL]. http://www.tjcn.org/tjgb/00zg/36540.html，2021-03-04。

③ 黄俊华. 城乡居民的媒体使用及其影响因素研究——基于 CGSS2013 数据的分析[J]. 新闻界，2016(22)：34-39。

④ 人民日报官方公众号. 讲好中国抗击疫情的故事[EB/OL]. https://mp.weixin.qq.com/s?src=11&timestamp=1615974040&ver=2952&signature=QMOBfIqlixdmNNKMKMGrUM*V6d7ccARyExpXZOC5KSer3TwR3M3yar-KdpQ2DYRc3hQJuLA6KwMXqTIlNbR2L9VwcCNP9dM*KYsEDno3cmANWG-Y-ItWS0mLKtC9d7cb&new=1，2020-02-13。

年1月21日启动全网发布疫情防控预警信息程序，截至3月13日，各级疫情防控指挥部利用农村大喇叭发布信息1300多万次，覆盖12032个行政村，覆盖3000多万人①。疫情期间，网络自媒体也给予乡村大喇叭很大的关注。据2020年2月12日统计：2020年1月30日前后、2月4日前后微博出现两次关于农村广播大喇叭的热搜；微信平台中，央视新闻、侠客岛微信公众号于1月31日前后发布的关于农村大喇叭的文章较为典型，阅读量超10万+；抖音平台#硬核大喇叭#话题内共3637个视频，6.7亿次播放，其中播放量10万+的视频大多上传于1月30日前后；且三平台所传视频具有同质化②(图5-1、图5-2)。据说用大喇叭传播防控知识，顺口溜、快板、唠家常、戏剧等各种“土味又硬核”的形式齐上阵，其中包括“有理有据”宣传型、“再三强调”唠嗑型、“温柔鼓励”提醒型、“家长训话”暴躁型等几种类型③。

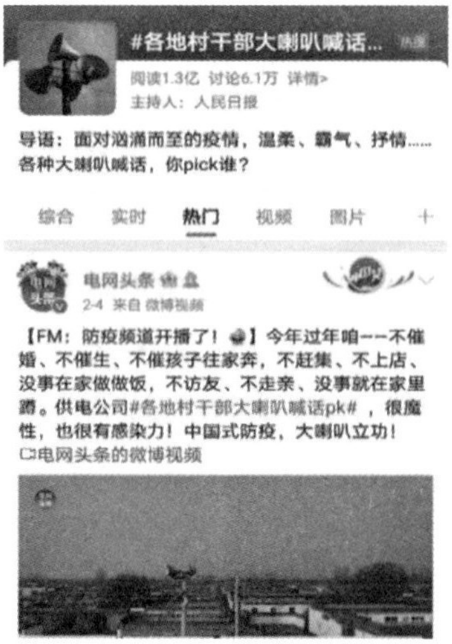

图5-1 微博大喇叭热搜话题

图5-2 抖音“硬核喊话”视频截图

抗击新冠疫情之外，农村大喇叭还在应急救灾、乡村治理、党史学习教育等

① 洪秋婷. 乡村大喇叭预警作用大[N]. 人民日报，2020-04-03(18)。

② 郭淼、郝静. 虚拟聚合与精准解码：农村广播大喇叭在突发疫情传播中的政治功能[J]. 新闻与传播评论，2021(02)：98-105。

③ 央视新闻. 喂喂喂，乡亲们，村头大喇叭开始广播啦[EB/OL]. https://mp.weixin.qq.com/s/WRHoXb7YMe5 TvLOTLb6Zha，2020-01-30。

重要活动中屡被提及，如广西贵港市在282个自然屯安装383个大喇叭，集“政令发布、信息实播、宣传教育、预警预告、群防群治”功能于一体，有效打通基层社会综合治理“最后一米”①；广东省中山市民众镇上网村“让沉寂的‘大喇叭’又响了起来……党史故事等内容在全村19个村民小组共40个‘大喇叭’中同步直播，让党史好听更入心”②；江苏省盱眙154个村（居、社区），每天从上午8点到11点，下午3点到6点，村里的大喇叭都在播放党史故事、疫情防控知识等方面的内容③；上海市闵行区的革新村恢复大喇叭广播走红网络……多地陆续恢复村里的大喇叭广播，成为传播政策、团结村民的有效手段”④。“大喇叭的传播速度快，开闸泄洪前后几个小时，我都在播警示信息。开闸后这些天，一直通过大喇叭宣传汛期防护知识，比如溺水如何自救，缸水、井水如何消毒等，群众非常欢迎。”⑤

大喇叭退休了又“返聘”，“在网络铺天盖地、APP大行其道、干什么都讲究个‘互联网+’的现代社会，为啥‘大喇叭’却能‘退休返聘’实现‘下岗再就业’，甚至成为‘网红明星’呢？”⑥

大喇叭“退休返聘”被有学者命名为“返乡”或“回归”⑦。返乡或回归比较接近于英文Regression一词所描述的现象，即“回还，返回；后退，倒退”，即回到本来或初始的状态。回归分析创始人弗朗西斯·高尔顿（Francis Galton）在1886年发表《身高遗传向平均回归》一文，正式提出了回归这一概念：在一个相对稳定的时期里，子辈的身高有向父辈平均身高回归的倾向，从而使人类的身高不会

---

① 罗珊珊. 乡村大喇叭这“四种作用”，打通基层社会治理“最后一米”[EB/OL]. http://www.gxnews.com.cn/staticpages/20210208/newgx60209077-20105968.shtml。

② 谭桂华. 乡村大喇叭让党史好听更入心[N]. 中山日报，2021-08-01(03)。

③ 丁德昶，孙于涵. 江苏盱眙：乡村响起大喇叭，党的声音进万家[EB/OL]. http://js.people.com.cn/BIG5/n2/2021/0818/c360300-34873527.html，2021-08-18。

④ 农村大喇叭走红网络！来听听广播什么内容……[N]. 南方农村报，2018-12-08。

⑤ 安耀武. 大喇叭抗洪显威力[N]. 安徽日报，2020-07-29(01)。

⑥ 胡波. 大喇叭何以退休又“返聘”[N]. 新华日报，201907-03(003)。

⑦ 艾红红. “下乡”“离场”与“返乡”——新中国农村有线广播发展“三部曲”[J]. 福建师范大学学报(哲学社会科学版)，2020(04)：95-103+172；杨艳萍. 媒介融入与乡村公共空间重建——大喇叭回归乡村的个案调研[J]. 中国广播，2019(10)：67-71；袁登彩. 乡村大喇叭：媒介融入与乡村公共空间重建——大喇叭回归鹿子渡村的个案研究[J]. 视听，2021(02)：185-186；郭俊. 浅析“大喇叭”在基层信息传播中的再回归[J]. 法制与社会，2020(09)：145-146. 郑妙. 满足农村基层发展需求，助力国家乡村振兴——广播“村村响”工程建设和管理思考[J]. 中国广播，2021(06)：75-78。

产生两极分化[①]。在文学作品中，回归代表回到自然、本原的状态。从语言学来看，前缀-re 表示恢复、重复，gress 源自希腊语，表示“行走”，二者合一指“回归；退化；逆行；复原”等意，其引申义是指“在杂乱的轨迹中找到趋势，将它们重新组合起来”。

新闻学意义上近似或类似于遗传学上回归现象的还有：2003 年，“一些纷纷缩短了刊期的财经类、产经类报纸，又不约而同地拉长出版周期，收缩为周报年前后此起彼伏的扩版增期热潮中报纸的扩张”“是一种逆向的改革”[②]。有研究者发现，新世界以来的 10 年出现了新闻“历史回归”现象即“回归文学的新闻”：各种报刊的“扩版增容”；电视新闻都在推崇“讲故事”的报道模式；在超文本和超链接的互联网上，“个人空间”（拍客、博客、微博）与“公共领域（大众传播）”并存[③]。甚至在近代知识分子身上也普遍出现这种离异却又“回归”的现象：“中国近代知识分子在近代化与现代化历史趋向的影响下，受东西方文明的交叉撞击，思想随之变异，主要表现为他们对传统文化的态度，总体上由顶礼膜拜而批判继承，进而又不同程度地开倒车回转”[④]。

一、问题的提出与研究设想

在大数据、健康码、网络社群司空见惯的今天，大喇叭已经成为不少人心目中的遥远记忆。与形式和内容千变万化的自媒体 APP、短视频或直播相比，大喇叭似乎功能单一，常被认定为是一种“被时代抛弃”的媒介。那么，大喇叭为什么会在“自媒体正迅速成为乡村发展的关键变量”[⑤]之际再次“回归”？如何解释与疫情、应急、党史学习等相伴而来的大喇叭“回归”潮流？

大喇叭广播的“回归”现象在媒介发展史上已经不是第一次被提出。比如第二次世界大战结束之后电视迅速崛起，借助于调频技术，广播在 60 年代的美国

---

① 李金昌. 话说“回归”[J]. 中国统计. 2020(10)：31 - 33。

② 吴凤华. 报纸“回归”现象透视[J]. 新闻与写作. ,2004(03)：10 - 12。

③ 周大勇. “超传播”背景下的中国新闻文学化问题[D]. 吉林大学博士论文,2012。

④ 苏全有. 近代中国离异与回归现象反思[J]. 山西师大学报(社会科学版),2004(01)：94 - 98。

⑤ 李烊,刘祖云. 媒介化乡村的逻辑、反思与建构[J]. 华南农业大学学报(社会科学版),2021(04)：99 - 110。

及稍晚的欧洲冲破“唱衰”的预言而进入所谓“第二青春”，“由于技术原因，广播被注入了一种新的活力，同时也是因为广播的自由使私人电台80年代初广泛发展”[①]；紧接着，“进入80年代，尤其是在90年代，电台重新焕发了生机”，“即使在20世纪90年代后期互联网冲击之下，电台照样稳定前进”[②]。

如果按照媒介环境学派的思路，大喇叭在乡村的“回归”似乎只能从广播自身作为媒介的特性之中去寻找。环境学派的媒介演化史抱持进步主义范式，将各个时期的不同媒介放在一个统一的时间轴上作整体性观察。麦克卢汉提出，广播作为“热媒介”诞生于一种英美的书面文化和工业主义的环境之中，“电台给人提供了第一次大规模的电子内爆的经验，这就使重文字的西方文明的整个方向和意义逆转过来”[③]。他强调，“收音机的阈下深处饱含着部落号角和悠远鼓声那种响亮的回声。它是广播这种媒介的性质本身的特征，广播有力量将心灵和社会变成合二为一的共鸣箱”[④]。保罗·莱文森沿着麦克卢汉的思路，基于宏观的、整体性的观察回望人类媒介进化史，认为媒介进化的过程就是新媒介出于人性需要和社会环境的影响补救旧媒介的过程，进而归纳出媒介演化的“人性化趋势”以及“补救媒介”理论[⑤]。在莱文森看来，调频广播之所以在电视、电影等媒介的夹击下以另类的方式“回归”，是因为广播将只听不看的传播机制与人类的需求协调起来，人有时需要听和看不同的东西；广播播放了摇滚乐唱片；广播从“室内媒介”变成了“室外媒介”，进入了汽车、厨房、卫生间乃至沙滩。换言之，按照莱文森的说法，大喇叭的“回归”其实是因为“广播这样的媒介获得了一种人类生态位”，更贴近了所谓的“人性化趋势”，“如果媒介演化是完成更多的功能，那些更贴近这些模式的媒介就能更有力地抗击新媒介的竞争，就更能存活”[⑥]。按照莱文森这种技术视角的所谓“软决定论”，广播在乡村的“回归”是因为其本身的媒介性能满足或部分满足了乡村农民或至少部分农民的需要。

---

① 让-诺埃尔·让纳内. 西方媒介史[M]. 段慧敏译. 桂林：广西师范大学出版社，2005：203。

② 李良荣等. 当代西方新闻媒体[M]. 上海：复旦大学出版社，2003：28－29。

③ 麦克卢汉. 理解媒介：论人的延伸（增订评注本）[M]. 何道宽译. 南京：译林出版社，2011：343。

④ 麦克卢汉. 理解媒介：论人的延伸（增订评注本）[M]. 何道宽译. 南京：译林出版社，2011：342。

⑤ 保罗·莱文森. 软利器：信息革命的自然历史与未来[M]. 何道宽译. 上海：复旦大学大学出版社，2011。

⑥ 保罗·莱文森. 软利器：信息革命的自然历史与未来[M]. 何道宽译. 上海：复旦大学大学出版社，2011：85－86。

对大喇叭的“回归”，功能主义是国内学者更通用的解释范式，更加强调政治文化在大喇叭“回归”中的影响。似乎与环境学派之广播“复兴的是深刻的部落关系、血亲网络的古老经验”①的说法一样，功能主义范式力求从外部社会结构中寻找大喇叭“回归”的动力机制，“功能主义必然认为社会系统是一个先在的独立于个体的客观实在，社会中所发生的任何变化，都可以并必须从系统或社会自身中找原因，因为人的行动，都是社会角色期待或者需要驱使之下的”②。一是从大喇叭与国家关系的视角入手，探讨大喇叭在中国乡村地域的历史变迁。中华人民共和国成立以来，乡村广播的发展受到了国家政治经济政策的影响，深刻改变了乡村群体的生活形态，“广播下乡”开创了中国历史上的“声音政治”时代。③ 后来，大喇叭的地位发生了转变，从50—60年代的“国家象征”到80—90年代“广告载体”的角色转化体现了国家权力祛魅的过程，也体现了从“总体支配”到“技术治理”的国家治理逻辑与方式的转变④；转变为以市场利益为导向的经济载体，私人架设的大喇叭成为一种带有地方主义色彩的市场影响工具⑤。二是从乡村治理视野下讨论大喇叭的“回归”问题，认为这体现了大喇叭开始从对农广播向农村广播转变⑥，大喇叭从四个方面重构了乡村公共空间：媒介时间引导作息；媒介话题连接人际沟通；强化村民主体意识；发挥动员监督作用⑦。一方面，应急广播与乡村发展本身就有契合性，它可以通过强制性的、针对性的传播方式与口语化的动员方式在疫情中成为农村应急第一媒体；⑧声音媒介具有成本低、共享性、强制性和易懂性的优势，在疫情中，它能够便捷地实现信息覆盖并保证传达的全员性。⑨ 另一方面，大喇叭能通过“村言村语”提高村民的信

---

① 麦克卢汉. 理解媒介：论人的延伸(增订评注本)[M]. 何道宽译. 南京：译林出版社，2011：344。

② 黄旦. 由功能主义向建构主义转化[J]. 新闻大学，2008(02)：46 - 48 + 39。

③ 潘祥辉. “广播下乡”：新中国农村广播70年[J]浙江学刊，2019(06)：4 - 13。

④ 何钧力. 高音喇叭：权力的隐喻与嬗变——以华北米村为例[J]. 中国农村观察，2018(04)：2 - 16。

⑤ 王华. 农村“高音喇叭”的权力隐喻[J]. 南京农业大学学报(社会科学版)，2013，13(04)：31 - 38。

⑥ 艾红红. “下乡”“离场”与“返乡”——新中国农村有线广播发展“三部曲”[J]. 福建师范大学学报(哲学社会科学版)，2020(04)：95 - 103 + 172。

⑦ 杨艳萍. 媒介融入与乡村公共空间重建——大喇叭回归乡村的个案调研[J]. 中国广播，2019(10)：67 - 71。

⑧ 柳帆，盖颐帆. 农村广播的“最后一公里”——从疫情防控看农村大喇叭的应急传播与服务功能[J]. 中国广播，2020，(07)：34 - 38。

⑨ 马梅. 声音传播在重大社会风险治理中的优势与作用机制——基于新冠肺炎疫情期间传播生态的研究[J]. 中国广播，2020(08)：19 - 22。

任感与接受度，顺口溜、小歌曲等形式鼓舞了村民士气[①]，同时“基层组织—大喇叭”与“熟人网络—微信群”两种动员结构能产生线上线下的互振，以实现动员效果。[②] 在乡村公共空间逐渐向个人化、分散化发展的背景下，大喇叭的响起使逐渐弱化的公共交往得到联结和强化，对构建乡村的公共空间具有重要作用[③]。

在技术视角与文化结构视角之外，英国威尔士大学的布莱恩·温斯顿试图将文化与技术融合起来，调和所谓技术决定论与文化决定论之间的矛盾。按照他的观点，从调幅广播遭遇电视冲击的30年代初期到调频广播的60年代再回归，一方面源于各种相互交织的社会需要，如投资公司、企业家对市场与利润的追求；录音与重播技术上的进步；20世纪60年代中期关于专利诉讼案拆除法律障碍；摇滚乐与青少年渴求调频广播以及广告客户寻求影响年轻听众的“捷径”；另一方面源于压制激进的潜在势力如拥有既得利益的广播公司、联邦通讯委员会的法律规则以及1929年股票崩盘以及“二次世界大战”带来的消费热情降低等。各种不同的势力导致从调幅广播到调频广播历经30年的蹒跚路径，又在不到10年的时间内迅速“回归”[④]。温斯顿的结论是：社会、政治和经济上的力量在新技术的发展方面扮演着强有力的角色；各种发明和技术革新的被广泛采用并不仅仅取决于技术上的优势；新技术的开放总是需要机遇和社会的、政治的或经济上的优势[⑤]。

温斯顿的“调和论”正是本研究展开分析的基本前提。从底层史的视角而言，大喇叭在张家村的存在及其与村民日常生活之间有其独特的、鲜活的勾连与态势。本研究据此要做的是，在既有研究的基础上，试图从研究对象、考察视角与写作方法上做些补充性尝试：

一是目前的功能主义范式偏重“自上而下”的视角，更多关注“高层政治”或

---

① 覃信刚. 农村大喇叭告诉了我们什么——新冠肺炎疫情防控实例分析[J]. 中国广播，2020(03)：17－21。

② 刘庆华，吕艳丹. 疫情期间乡村媒介动员的双重结构——中部A村的田野考察[J]. 现代传播(中国传媒大学学报)，2020，42(07)：73－77。

③ 袁登彩. 乡村大喇叭：媒介融入与乡村公共空间重建——大喇叭回归鹿子渡村的个案研究[J]. 视听，2021(02)：185－186。

④ 罗杰·菲德勒. 媒介形态变化：认识新媒介[M]. 明安香译. 北京：华夏出版社，2000：16－20。

⑤ 罗杰·菲德勒. 媒介形态变化：认识新媒介[M]. 明安香译. 北京：华夏出版社，2000：16. 同时参见：刘海龙. 大众传播理论：范式与流派[M]. 北京：中国人民大学出版社，2008：421－422。

“精英政治”,讨论的是在国家权力范畴如何延伸到基层乡村。本研究则尝试“将视角从传统政治史的范围延伸到社会生活当中”,采取“上下兼顾”的研究视角①,更多地从微观层面来捕捉与概括国家行政权力之下,乡村最基层的权力施能者——村干部或乡村精英,以及作为权力的受能者——村民在这种权力之下的观点与声音。正如有论者所提示的,“学者不能站在乡村之外谈论传播与社会的关系,而是将乡村作为本体,通过典型的人物、事件、场域来介入乡村社会现实,进而研究传播作为一种怎样的结构嵌入进乡村社会结构中去的,并且乡村社会结构在传播、媒介介入之下发生了何种意义上的深刻变化”②。

二是尝试局部与底层的微观历史学。目前的广播史学著作类似中国近现代政治史、思想史,“基本上将广播电视作为宣传工具展开述评”,“从广电史的分期来看,基本上是按照革命史分期模式处理的”;“解放区部分相对比较充实,而对北洋时期的广播及以后的国民党广播、民营广播、宗教广播,乃至形形色色的外国在华所办广播来说,无论从史料的占有、不同形态广播的叙述和分析都显得比较单薄”③。比如赵玉明先生主编的《中国广播电视通史》“连贯地叙述了自1923年中国境内出现第一座广播电台以来,至20世纪末近80年的中国广播电视事业发展的历程。第一次对不同历史时期的广播电视事业发展、宣传的内容及其对当时社会的影响和作用作了全景式的描述”④。但是,在广播电视复杂的历史演绎中,只见政党、宣传、事业与事件,唯独不见受政党、宣传、事业与事件影响的“人”,特别是缺乏作为广播电视的宣传对象、接受者或节目受传者的普通公众,如有学者指出的,我们的广播史里“没有活生生的人,大致都是机械的类型化的角色,时常是先有一个模板,然后找材料往里填”⑤。本研究尝试的就是试图不再把广播的历史完全“看作是一个吞没了许许多多个体的统一过程或宏大叙述,而是当作一个众声喧哗、万流奔竞的诸多小故事,史学家的工作就是要发掘这些日常生活中的历史,并讲出这些故事,‘再现’多元的观点和声音”⑥。以直观方

---

① 路阳. 国内学术界关于中共政治动员问题的研究综述[J]. 社会科学管理与评论,2013(04): 85-97。
② 陈亮. 国内“传播与农村研究”的回顾与思考[D]. 云南大学,2017: 60。
③ 王天根,张朋. 中国广播电视史研究的发端与历程[N]. 中国社会科学报,2014-05-21(B01)。
④ 范晶晶. 十年磨一剑　原创显特色——访《中国广播电视通史》主编赵玉明教授[J]. 现代传播,2004(03): 42-44。
⑤ 黄旦. 由功能主义向建构主义转化[J]. 新闻大学,2008(02): 46-48+39。
⑥ 张仲民. 典范转移: 新文化史的表达与实践[J]. 社会科学评论,2006(04): 40-58。

法选取一个人物、一个村庄或一件事来加以描述和分析，借以反映某种文化或社会的历史情况，“在他们努力要复原他们所研究的男男女女的主体性与个体性的时候，他们摒弃了种种充满说不清的社会科学构造和过程的偏见……为研究过去的历史增添了一份具体感”①。

三是承继华北乡村研究的传统。20世纪70年代以来，美国、日本以及我国的研究者，以田野调查资料与各种政府或民间档案为基础，从法学、经济学、历史学、社会学、人类学等不同的角度，研究了华北乡村的历史与社会结构以及村落发展理论等问题。比如杜赞奇的《文化、权力与国家：1900—1942年的华北农村》利用日本侵占东北时的满铁调查资料，提出了“权力的文化网络”概念，“由乡村社会中多种组织体系以及塑造权力运作的各种规范构成，它包括在宗族、市场等方面形成的等级组织或巢状组织类型”，“还包括非正式的人际关系网，如血缘关系、庇护人与被庇护人、传教者与信徒等关系”②。黄宗智的《华北的小农经济与社会变迁》主张改变由国家—士绅权力转移的二元政治结构看法，“把自然村视作只包含庶民的一个闭塞而又有内生政治结构的单位”，“我们需要考虑的，是一个牵涉国家、士绅和村庄三方面关系的三角结构”，并提出了“经济内卷化”问题③。李怀印则把眼光放到普通村民身上，深入到最基层的民众政治和社会生活，“要探究乡村权力的日常运作的真相，我们必须回到村社这一具体而真实的空间。”④沿着目前华北乡村研究将村庄作为研究的中心，注重个体村落、注重田野调查的传统，本研究试图通过对张家村的实地调查，复原乡村大喇叭在疫情期间的“回归”历程，探究其“回归”原因与意义。

在写作中，笔者力图保留大喇叭演进中的具体感与现场感，通过微观史或底层史的叙述形式呈现张家村人鲜活而又独特的广播史，同时还要借助已构建的完整历史事实，透析张家村及张家村大喇叭个案背后的政治文化语境。

---

① 伊格尔斯. 二十世纪的历史学[M]. 何兆武译. 济南：山东大学出版社，2006：117。

② 杜赞奇. 文化、权力与国家：1900—1942年的华北农村[M]. 王福明译. 南京：江苏人民出版社，1996：13－14。

③ 黄宗智. 华北的小农经济与社会变迁[M]. 北京：中华书局，2000：1－30。

④ 李怀印. 二十世纪早期华北乡村的话语与权力[J]. 二十一世纪，1999(10)。

二、涞源县张家村简况

本节从区位环境、历史变迁、经济发展、人口结构等四方面对调研地河北省保定市涞源县张家村进行介绍，力求为后文的叙述提供完整、实在的社会图景。

涞源县地处东经114°20′—115°05′，北纬39°01′—39°40′，位于河北省的西北部，京原铁路、津同公路、宣阳公路的中段。[①] 由于地处涞水的源头，太行山的北端，因此得名涞源，取涞水之源头之意。涞源主体面积为2448平方公里，东西距离约61公里，南北约72公里。共设有3镇、28乡、286个行政村。涞源县地处偏僻，距离市区较远，政府位于涞源县中部的涞源镇，东北距北京160公里，东距天津210公里，南距石家庄156公里，东南距保定89公里。[②] 县志上记载此地："东连紫荆、南连倒马、西趋大同、北通张家口，是古代北方进入中原腹地的主要通道之一，历史上为兵家必争之地，多次发生战事。"[③]

张家村是涞源县286个行政村中的一个（参见图5-3）。处于涞源县中部偏北，涞源盆地中心偏北，整体地势由南向北逐渐增高，周围有群山环绕。从地理区位上来看，张家村居于山区包裹的盆地之中，虽然距离县中心较近，但是总体来看位置偏僻，交通不便。这为张家村的经济发展带来了不便。张家村南北纵深300米左右，南部紧邻南韩村，北部紧邻北韩村，村庄之间界限不太分明。东西纵深700米左右。整个村子被中央主干道一分为二，主干道为一条往返各车道的水泥路，是张家村出入村庄的唯一主路。村内房屋分布呈棋盘状，每三户构成棋盘的一格，三户与其他三户间以一米左右的土路分隔开。住宅区再向西、向东分布着各户田地。村委会位于村庄的中心，村庄布局相对紧密，整齐划一（参见图5-4）。

涞源县全境山地地形占80%，水文条件较差，河流较少，地势较高；大部分地区的海拔高于1000米，最高点甚至高于2000米。受地形影响，涞源县形成了独有的气候特征：在山区，不同海拔具备不同的区域气候，这使得一山之中不同

---

① 涞源县地方志编纂委员会.涞源县志[M].河南：中州古籍出版社，2017：7。

② 涞源县地方志编纂委员会.涞源县志[M].河南：中州古籍出版社，2017：8。

③ 涞源县地方志编纂委员会.涞源县志[M].河南：中州古籍出版社，2017：13。

图 5-3　张家村外景

图 5-4　张家村村庄结构

海拔的植被变化巨大。而在地势较缓的城区，春冬季气候寒冷，昼夜温差大，干燥多风沙；夏季降雨集中，多出现冰雹、洪涝等自然灾害。

据张家村村民介绍，张家村地势偏低，夏季村里常遇冰雹和暴雨，积水多，道路难行。在灾害来临之际，村干部会通过大喇叭发布警告信息。村民 WDL 提到："去年 7·21 下暴雨给淹了，村主任就在喇叭里喊，不要往那边去了，各家各户看好自己的小孩，不要往水大的地方走，不要去河边。"也正因如此，张家村农作物品种相对单一，且种植面积较小，农业发展水平不高。

但是张家村距离县城只有两公里，因为离县城距离较近，所以张家村的起源年代可以参照涞源县城。涞源县历史悠久，由于常年处于两国边界，且靠近群山，因此常年有战乱，建制多经变更。春秋时期就有记载，春秋为晋国之域，战国时期先为赵地，后入燕境。据《二十五史》记载，涞源一地在西汉时正式置县，名为广昌，属并州代郡。北魏时期，撤广昌县建制并入灵丘县。隋唐时期为避杨广名讳，改名飞狐县，属蔚州。五代时期被契丹攻取，宋代先后被辽、金攻取。明洪武年间，飞狐县复名广昌县，归入大同府，为山西布政使司所辖。明清时期，县内行政区划实行里甲制，晚清和民国实行区村制。1914 年，为与江西省的广昌县划分清楚，广昌县正式更名为涞源县，属直隶省保定道。1937 年，涞源县作为抗日根据地，被划入河北省第二督察区（参见图 5－5）。同年 9 月，涞源县被日军侵占，涞源人民开始了艰苦的抗日生活。1949 年后，涞源县行政区划设区、乡、村三级，属河北保定专区。1958 年撤区、乡，设人民公社。1970 年涞源县再次归入保定。直到 1994 年，旧保定公署撤置，新保定市建立，涞源县才正式地归入保定市并延续至今。①

图 5－5 涞源县三岔口黄土岭战斗遗址

因为村志在 20 世纪 60 年代遭到销毁，因此无法查证张家村具体发展情况。村民们对张家村的起源与历史也众说纷纭，村民 WHY 说：“听老一辈人讲，这最早是汉代某个大将军的封地，大将军的墓就离这不远。”甚至村民 WHZ 表示：“听说张家村以前和年羹尧有关系。”村民 ZHQ 则回忆：“老人们说是最早由张家福、禄、寿几兄弟在这定居发展起来的。”

① 涞源县地方志编纂委员会. 涞源县志[M]. 河南：中州古籍出版社，2017：45。

到了近代，张家村在抗战时期经历了一段艰苦的岁月。村民 ZS 从上一辈那里听说："抗日战争的时候，张家村往南那个村子杀害了很多百姓。张家村那会的村干部叫王朋，也被抓起来了。那时候人们害怕，就拿上干粮，拉上家里的牲畜往斜山跑，斜山一个院里住满了逃难的外村人。"抗战期间，涞源县也留下了大量的故事，村民 WLZ 回忆："老人们说抗战的时候咱们这山多，是个重点的地方，打过东团堡、雁宿崖、黄土岭战役。出了王二小、狼牙山五壮士。当时打死了个日本军官，成了对敌斗争的模范。"1958 年撤乡设社，张家村归入北韩公社。1984 年 3 月，人民公社改称为乡镇。1993 年乡镇区划调整，张家村被列入行政村，归属涞源镇。

长久以来，涞源县的经济发展受限于地理位置和自然条件。该地多山地、气候条件差、气温较低、水文条件差，且无霜期短、常伴自然灾害，限制了大规模的农业发展。同时，四周傍山、地理位置偏僻、距离城市较远等不利因素限制了涞源县的交通发展，使之成为一个相对封闭的山区县。正因如此，涞源县在历史上是一个农业自足县，主要种植作物包括玉米、谷子、豆、薯、荞麦等，经济作物有芝麻、核桃、花生、甜瓜等。张家村所处的中部盆地地区，种植作物以玉米和谷子为主。

在张家村，曾经短暂地发展过畜牧业，但一直未发展出较为完整的工业体系。如今村内依然以农业生产为主，据笔者观察，当前村内大部分种植作物为玉米。张家村村民 LFM 表示："张家村二十多年前也有畜牧业。张家村离斜山不算太远，以前山上草多，还有山楂树、核桃树，有的家里养十来头羊，天一亮就赶到山上去。后来山里的草不行了，零几年开了矿把山围住了，开了好多卡车进山。现在都没有养的了，村里就养点鸡。"

改革开放之后，社会的变迁改变了张家村村民原有的生活方式与观念，外出务工成为张家村的潮流。如今，村里男性的主要经济来源为外出务工，女性则以家庭为主，就近在县里务工。村民 LYP 提到："零几年的时候时兴打工，村里年轻的男人们都出去打工了，男的在村里找不上活儿，赚不了钱。13 年往后县里开了好多小厂子，有养鸡场、养猪场、还有做服装的，会缝补的女人们很多都去工作了。现在孩子小的女人在家管孩子，有的养点鸡，下了蛋能卖点钱，孩子大的女人们就到县里找活干，家都有电动车也不远。"

目前，农村老年群体的农业生产活动也主要以自足为目的，只留存少量农产品在县里进行交易。村民 SLD 表示："现在连地都没人种了，零几年的时候开始，好多人把地都卖了，留下的地也都是老年人们在种，种地最多也就维持自己家的粮食，不划算了，人们也不愿意收了，所以种的越来越少了。"

通过笔者走访，发现张家村村民生活相对贫困，除了住房条件较差以外，生活水平也相对低下（参见图 5－6、图 5－7）。早在 1986 年，涞源县就被国家确定为扶贫重点县。2016 年年底，张家村被列入贫困村，成为国家扶贫对象，2017 年精准扶贫后，全村建档立卡扶贫户 16 户，28 人。经过涞源县和张家村村委四年的共同努力，到 2020 年已经脱贫，村主任 WXY 介绍："目前县里有个脱贫项目，是华超食用菌菇产业园。张家村也有贫困户再就业，这个蘑菇厂实行农户＋产业的模式，通过保底分红，解决贫困户的就业和安置问题。"2021 年初，张家村仍有 7 户未脱贫，村书记 WMZ 表示："主要致贫原因在于大病。"

图 5－6 张家村村民 LFM 家房屋

在当代，张家村是典型的自然村转为行政村的村落。姓氏与血缘在村庄人口发展中起到了主导作用。据 77 岁的村民 LFM 回忆："早年张家村是'张'、'王'两姓氏人口的聚集地，有王家的三个兄弟定居，最早张氏权威大，掌管村务，后来王氏人脉兴旺，人口超越了张氏，还建过大的祠堂，也慢慢在村里起到了主导作用。"（参见图 5－8）在当代，村委会成为了张家村的组织机构，如今村内人口依然以张、王两姓氏为主，部分邻里之间依然存在一定的血缘关系，很多都未"出五服"。直到现在，村中的村干部也大多由王姓村民担任，王姓村民依然是村

图 5－7　张家村村民 LFM 家屋内环境

中事务的主导者。可以说，长期以来，张家村的内生秩序和外嵌行政秩序都较好地融合在一起。

图 5－8　王氏村民 80 年代修建的王氏祠堂

据张家村《2020 年行政普查表》所知，张家村 2020 年常住户数 315 户，人口 1029 人。户籍总数 241 户，户籍人口 730。多出来的常住人口为无该村户籍的“外来人口”，他们大多在张家村租房定居，但是无法享受村内的福利政策。村民 ZS 就表示：“我来张家村八年了，给村里看地、看树，外来户没给低保也没给社保，就靠这点工资还有平时弄点废品生活。”近些年，王姓和张姓以外的外来人口逐渐增多，占到了全村人口的 20%，这逐渐打破了张家村的熟人圈层。村民 WHY 介绍：“村委会西边的房子十年前都没有，都是这些年外来户新盖的，那一片的人我都不太熟悉。”

从年龄层次上来看，张家村 6—15 岁户籍人口 113 人，其中 60 周岁以上户籍人口 143 人，80 岁以上 26 人，两者占到该村总人口的 23%，已达到国际上老龄化的标准。同时，70%以上是家庭中的青壮年群体甚至老年群体外出务工人员，其中包括一些 60 岁以上的老年人。因此，据村主任 WXY 介绍，常住留守人口中，老年人占到 60%—70%，这些老年人的文化水平大多数为小学、初中，部分老年人由于历史原因并未完成初中学业，但基本能够识字。村内干部学历基本为大专。

“空心化”“老龄化”的张家村作为华北乃至全国众多乡村中的一个，能够在一定程度上代表其他乡村。本研究力求通过这一个案，展现大喇叭在“媒介化时代”乡村社会的存在意义。达成本研究目的至少有两种研究方法：一是个案分析法。个案研究被广泛运用于社会学与人类学的研究中，在传播中也有所涉猎，其要旨在于通过对某一部分的周密研究形成总体性的认识。这种研究方法要求深入剖析研究对象，以特定的、有代表性的研究对象为缩影展现宏大的社会现实。

二是细致的田野调查。田野调查法要求调查者直接进入到被调查点接触被调查对象以获取第一手资料，通过收集资料探讨某一社会现象，可以呈现最直接、最真实的社会图景。作者之一先后于 2020 年 8 月 8 日至 9 月 2 日、2021 年 2 月 17 日至 3 月 10 日进入调查点张家村，体验村民日常生活，观察村民的身体动作及语言行为，进行文字记录和拍照留影，力图再现疫情下张家村村民的生活图景与大喇叭的播音状况。在调查期间，本书作者之一还多次在村委会、超市、麻将馆等地随机访谈聚集人员，受访者基本覆盖各个年龄段、各种职业；又经村民推荐，滚雪球式获取更多访谈对象，与村民口中的该村“意见领袖”进行交谈；按照疫情防控要求，还对部分受访者进行了电话访谈。访谈中，作者不完全遵循访谈提纲的设计，进行适度的引导，用漫谈的形式放松村民的身心，沿着村民的思路进行提问或追问，进而深度挖掘其态度与情感动机，共获得了 26 位村干部、村民的访谈信息（参见表 1，访谈提纲参见附录）。

表 1　访谈人员信息表

序号	姓名	代号(首字母缩写)	性别	年龄	职业	文化水平	访谈时间	地点
1	王兰忠	WLZ	男	74	社区卫生院医生	高小	2020.8	村卫生室
2	李凤梅	LFM	女	77	农民	小学	2020.8	村民家中
3	王海玲	WHL	女	52	农民	初中	2020.8	村民家中
4	王伟年	WWN	男	58	农民	初中	2020.8	村卫生室
5	李有才	LYC	男	73	农民	初中	2020.8	电话
6	王德龙	WDL	男	48	务工	初中	2020.8	村民家中
7	王红印	WHY	男	66	务工	初中	2021.2	村内
8	寿领弟	SLD	女	72	农民	小学	2021.2	村民家中
9	王焕女	WHN	女	69	农民	小学	2021.2	村民家中
10	陈桂圈	CGQ	女	70	农民	小学	2021.2	村民家中
11	王海山	WHS	男	64	积极分子	高中	2021.2	村民家中
12	王海忠	WHZ	男	67	务工人员	初中	2021.2	村委会门口
13	张焕珍	ZHZ	男	80	老村书记	高小	2021.2	村委会门口
14	王小勇	WXY	男	47	村主任	大专	2021.2	蘑菇厂
15	曾树	ZS	男	74	外来户	高小	2021.3	村内
16	王保艳	WBY	女	47	农民	初中	2020.8	村内
17	郑华青	ZHQ	女	48	农民	初中	2021.2	村口
18	李艳平	LYP	女	37	农民	初中	2020.8	电话
19	王喜卫	WXW	男	47	村民委员	初中	2021.2	村口
20	马掌所	MZS	男	47	村委会计	大专	2021.2	村委会
21	张佳伟	ZJW	男	21	学生	专科	2021.2	村民家中
22	王志龙	WZL	男	36	超市老板	初中	2021.3	超市
23	王秀江	WXJ	男	48	农民	小学	2021.3	村口
24	顾愿生	GYS	男	52	化肥店老板	初中	2021.2	化肥店

续表

序号	姓名	代号(首字母缩写)	性别	年龄	职业	文化水平	访谈时间	地点
25	闫旭	YX	男	53	农民	初中	2021.2	村口
26	王明忠	WMZ	男	56	村支书	大专	2021.3	电话

资料来源：本书作者根据访谈对象整理。

三、张家村大喇叭的出场与离场

乡村大喇叭的发展历经三个过程：六七十年代的出场、八九十年代的离场及疫情下的“回归”。此处主要从历史的角度梳理张家村大喇叭的历史变迁，结合相关资料与村民访谈再现大喇叭出场与离场的过程及其背后的原因与产生的影响。

中华人民共和国建立后，党和政府面临着“战后重建、文化教育与意识形态宣传等重要任务”以及“文盲率高达 80%”这样的实际状况，“采用何种可行的信息传播技术将分布在广大乡村地区的群众与党紧密联系在一起，成为一个现实问题”①。1950 年 4 月 23 日，中央人民政府新闻总署发布《关于建立广播收音网的决定》，该决定明确指出“下一步要在全国范围内建立广播收音网，以便人民广播事业在确实的群众基础上发挥应有的宣传教育作用”②。1955 年 12 月召开的第三次全国广播工作会议提出“采取民办公助，从点到面，从简陋到正规，从集体收听到单独收听”的方针，以适应过渡时期社会主义建设和社会主义改造的伟大任务的需要。同年 12 月 30 日《人民日报》发表了《发展农村广播网》的社论。该社论指出，“随着农业合作化运动高潮的到来，发展农村广播网的工作，已经提到日程上来了。地方各级领导机关应该充分关心和重视这一工作，把它列为地方全面规划的一个重要项目，加强对它的领导”③。中央广播事业局与地方政府开始划拨专门的经费，在乡村安装喇叭。1956 年 1 月，中共中央颁布的《1956 年到 1967 年全国农业发展纲要(修正草案)》，对乡村广播网的建设提出要求：“从

① 林颖，吴鼎铭. 中央人民政府新闻总署关于建立广播收音网的决定[J]. 新闻界. 2015(21)：71－72。
② 中央文献研究室. 建国以来重要文献选编(第十册)[M]. 北京：中央文献出版社，1994：633。
③ 发展农村广播网[N]. 人民日报，1955－12－30。

1956年起，按照各地情况，分别在7年或者12年内，基本上普及农村广播网。要求大部分农业、林业、渔业、牧业、盐业和手工业的生产合作社都能收听广播。”①

在随后的30多年中，乡村有线广播开始蓬勃发展。从技术层面来看，有线广播从借用邮电线路进行广播到自行建设专线，将专线由中央台架设至县台，再由县至公社、大队，层层递进，逐步将大喇叭普及到大队。这一发展过程可分为三个阶段：1950—1956年的发展起步期，1956—1966年的迅速成长期，1969—1982年的发展普及期。到1982年前后，我国基本形成了相对完善的乡村广播体系：以市县级广播站为中心、乡镇级广播站为节点、村组广播站为末端的传播体系。据统计：1952年底，全国有线广播站只有331个，广播喇叭1.7万只②，而到了1983年底，全国已建成县级有线广播站2619座，安装有线喇叭11300万只，95%的生产大队接通了有线广播，61.5%的农户安装了广播喇叭。③

涞源县的有线广播网起步于1949年后。有线广播先在县里应用，再广泛发展到农村。1952年3月，涞源县购置25瓦扩大机1台，放在文化馆，每天两次播放新闻和地方曲艺。1958年，涞源县广播站成立，借助邮电线路为10个公社的农户进行早晚两次播音，计270分钟。播音内容以转播中央台和河北省广播电台节目为主，自办节目有“本县新闻”“地方戏曲”“天气预报”等。这一时期，广播还未能辐射到张家村。

1966年，涞源县人民政府开始架设县广播站至公社的广播线路，当年架通县广播站至北韩村、金家井、留家庄3个公社的广播专线15杆公里。1967年3月架通城关公社、水云乡、泉坊等6个大队的广播专线7杆公里。随后，开始建设公社到大队的路线。1977年公社至大队通播率90%，喇叭入户率85%，音响率90%。1978年开始架设公社至大队的广播专线。1986年乡至村广播专线达762杆公里，入户喇叭4.6万只，入户率80%，乡至村通播70%。1992年底达到100%。④

虽然没有具体的记载，但是张家村村民能够收听大喇叭应该在1968年前

---

① 中央文献研究室.建国以来重要文献选编(第十册)[M].北京：中央文献出版社，1994：657。

② 《当代中国》丛书编辑委员会.当代中国的广播电视[M].北京：北京广播学院出版社，1987：35。

③ 赵玉明.中国广播电视通史(下卷)[M].北京：中国传媒大学出版社，2006：317。

④ 涞源县地方志编纂委员会.涞源县志[M].河南：中州古籍出版社，2017：445。

后。村里老人仍能回忆起当时村里连通大喇叭的具体场景。老大队书记 ZHZ 回忆："那会动员了咱们村里的老百姓给拉杆架线，有县里、镇里的技术人员过来帮着一块连上了。当时公社给派过播音员，是县里的，不过主要由村里管理。"村民 LYC 提到："当时村委会没有现在这个小楼，就是几间小平房，大喇叭也没有杆子，就在村委会那个楼顶上立一根木头拴上去。"村民 WWN 回忆："当时我们村属于北韩公社，好像是 70 年那年从北韩公社拉了条电话线到咱们村，大家都感觉很新奇都跑去看。后来听说北韩公社专门雇了俩女广播员，我们还过去看。"

1949 年后大喇叭的"下乡"给传统"差序格局"主宰一切的张家村带来了变化。这一点正如潘忠党教授指出的，"有线广播这时与集体的生产方式和生产队的权利关系紧密结合，反映同时也强化这些关系。……对于一个外来的人类学家来说，这个小小社区的生活方式与有线广播这一传播媒介有着不可分割的关系，它与当时当地的日常生活相互渗透，显示出某种秩序和仪式（order and ritual）"①。大喇叭作为国家权力的载体，融入了村民们的生活：一是大喇叭影响村民们的身体和时间。福柯强调影响的本质既不是通过国家机器的暴力来征服个体，也不是运用意识形态来控制社会，而是通过空间分配、活动编码、时间安排和力量组合这四种微观技术来规范身体，从而创造出现代社会"有用"的身体。② 大喇叭在这一过程中作为传播载体，是实现影响的技术工具。村民 LYC 表示："队长一开喇叭，就告诉哪个队到哪去出工，喇叭一讲就得去，下雪下冰雹也得去。冬天的时候我们还去军干烈士家里挑水、搬柴火。晚上队长还安排轮流去仓库看粮，那会儿是辛苦。"大喇叭还规划了村民一天的活动，因为"媒介时间是一种权力，将原本自由的时间规范化和标准化，将这种构建的时间作为群体活动的共同遵循"③。在村民的记忆中，天一亮大喇叭就会开始播报，在播音开始前或者结束前播放红歌；在早餐到出工之间播报一天的生产布置；在休息时间传递中央、区、县级的指示和精神，宣传党的路线；下工后总结一天的生产工作；晚饭时间播报毛主席语录进行学习，有时延续到晚间八九点。73 岁的村民 LYC 接着回忆那时广播播放的"《东方红》《大海航行靠舵手》《地道战》，干活时听；（大

① 潘忠党．传播媒介与文化：社会科学与人文学研究的三个模式（下）[J]．北京广播学院学报，1996(05)：17－24。

② 赵方杜．身体规训：中国现代性进程中的国家权力与身体[D]．南开大学，2010：36。

③ 孙信茹．传媒人类学视角下的媒介和时间建构[J]．当代传播，2015，(04)：34－37。

喇叭)还讲长征,有八大样板戏《奇袭白虎团》《沙家浜》《红灯记》”。

二是大喇叭将乡村纳入国家“共同体”。大喇叭来自中央的声音构建了“共在感”,成为村民的情感纽带,强化了其对村集体的认同与依赖,为当时城乡二元结构下缺少流动性的农民带来了“毛主席”和“国家”,使得政党与国家具象化。收听广播让一辈子没去过外乡的农民坐在家里就“什么都知道了”,广播“下乡”成了农民眼中“社会主义下乡了”[①]的标识,甚至据此可以“条条红线通北京,毛主席教导天天听”[②]。村民 WLZ 提到:“70 年代那会年年河北闹洪灾,我们这也厉害,听见大喇叭就每天讲抗灾、全国支援,我们都非常感动。”

随着 1978 年改革开放,国家工作重心的转移及乡村权利结构的变化直接影响到了大喇叭在乡村的存在感。家庭联产承包责任制的推广改变了农村的管理模式与生产方式,将农民从集体劳动的限制中解放出来,农民开始拥有农业生产的自主选择性和灵活性。20 世纪 80 年代以后,国家开始改变原有的乡村治理观念,1987 年《中华人民共和国村民委员会组织法(试行)》标志着人民公社管理体制的退场与村民自治制度的推广。自治制度下的乡村在《宪法》中被确认为:“相对独立于国家权力机关和基层行政机关的基层群众自治组织。”乡村自治制度的推广意味着国家权力开始止于乡镇,国家在乡村的权力相对弱化了,乡村政治生活的空间开始缩减,并带有与城市一样的转型特征,“伴随着市场经济的发展以及人的主体性、独立性的不断觉醒,整个社会出现了一种新的发展特征,即从总体性社会逐渐趋向于‘个体化社会’”,“是一个‘轻巧’且‘液化’的社会”[③]。

“个体化社会”的来临同样伴随着媒介环境的改变。虽然部分乡村依然保留了大喇叭的设备,但是其地位与功能已经发生了改变。可以说,作为一种存在多年的、常态化运作、以动员为主要功能的乡村大喇叭逐步“离场”[④],转变成为一种发声频率较低、以信息传递为主要功能的、相对边缘化的乡村媒介。

第一,大喇叭作为曾经的“第一媒介”日益被电视取代。80 年代始,在国家政策转变的影响下,多元传播媒介进入乡村,在新媒介的冲击下,大喇叭呈现出

---

① 梅益. 吉林省的农村有线广播工作[N]. 人民日报,1955－12－03(03)。

② 条条红线通　北京毛主席教导天天听[N]. 人民日报,1969－04－26(05)。

③ 文军. 个体化社会的来临与包容性社会政策的建构[J]. 社会科学,2012(01):81－86。

④ 艾红红. “下乡”“离场”与“返乡”——新中国农村有线广播发展“三部曲”[J]. 福建师范大学学报(哲学社会科学版),2020(04):95－103＋172。

被边缘化的趋势。1990 年全国共有市县广播台站 2466 个，乡镇广播站和村广播室 39.7 万多个，广播喇叭 8222 万只，村广播通播率和喇叭入户率已分别下降至 69.9%和 37.3%[①]。90 年代开始，乡村大喇叭数量继续下滑。数据显示，除了 1991 年和 1992 年，全国市县广播站、乡放大站和广播喇叭的数量持续走低，喇叭入农户率逐年减少。[②] 伴随着喇叭数量的减少，广播节目的内容也在变化，比如涞源县播报内容从这一阶段开始发生变化，主要以转播广播电视台的内容为主，同时播放戏曲、评书、相声等娱乐性节目[③]。1998 年，涞源县的乡村广播中断。后来，即使国家推出了“村村通”广播电视工程，但其重点在于发展乡村电视网，有线广播被放在了相对次要的位置上。因此，基层广播站的数量依然在持续减少[④]，大喇叭播音时长也急剧减少。有硕士论文 2006 年通过对河北省常河镇村、贾庄、李怀三村的 370 名农民调查发现：广播正在成为当今农村中被忽视的“弱势”媒体，“农村广播线路垮了很多，小喇叭基本上都不响了，室外高音喇叭(包括调频高音喇叭)的数量急剧下降。”[⑤]正如张家村党支部书记 WM 所说的：“咱们村 1980 年联产了，往后上面对宣传这块的要求也没有那么多了。而且人们生活水平好了，有的家里开始有收音机、有电视了，一点点更新换代，喇叭不是惟一的了，就把喇叭顶了。”

1980 年 10 月，国家召开了第十次全国广播工作会议。这次会议强调要“把加速发展电视放在优先位置”。随后的三年内，电视的人口覆盖率开始超越有线广播。到 1992 年，电视取代了有线广播成为新闻第一媒体。[⑥] 村民 WHZ 在讲述张家村媒介发展史时提到：“六七十年代大喇叭作用大了，新闻只能听大喇叭。后来有人买了个收音机，我们就叫他拿到村大队这给大家一块听，那会听得刘兰芳、岳飞传、单田芳，越听越上瘾，不吃饭也要听。”村民 WWN 则回忆：“80 年代村里开始有的第一个电视，那会大家都跑过去看，看几个晚上跟每个人要五分

---

① 赵玉明. 中国广播电视通史[M]，北京：中国传媒大学出版社，2006：398。

② 赵玉明. 中国广播电视通史[M]，北京：中国传媒大学出版社，2006：403。

③ 涞源县地方志编纂委员会. 涞源县志[M]. 河南：中州古籍出版社，2017：359。

④ 艾红红. “下乡”“离场”与“返乡”——新中国农村有线广播发展“三部曲”[J]. 福建师范大学学报(哲学社会科学版)，2020(04)：95－103＋172。

⑤ 孙英华. 河北省邢台地区农村广播状况调查与研究[D]. 河北大学，2006。

⑥ 中国广播电视年鉴编委会编. 1992 年全国电视观众抽样调查分析[M]. 北京：北京广播学院出版社，1994：429。

钱,有了电视连电影都淡了。”

第二,从政治属性与动员功能上来看,大喇叭所代表的国家权力“离场”。80年代后,大喇叭对村民的心理威慑力开始削弱,大喇叭不再是一呼百应的权力代表。村民WHY在提到大喇叭的历史变迁时说:“以前村里管得严,想进县城那都不容易,得打报告。现在人们自由多了,想出去打工就出去了。所以现在听大喇叭的声音跟以前感觉肯定不一样。以前讲生产,动员大家好好做活,现在知道不是叫做活儿了,听着也不着急了。”村民ZHZ说:“以前净传播国家政策,后来大喇叭就不讲中央那些事了,听得少了。”

另一方面,大喇叭的功能定位发生了改变,其政治动员的功能逐步淡化,开始充当乡村信息平台甚至发挥经济作用。比如,村书记WMZ提及大喇叭的变迁时提到:“到了80、90年代,大喇叭主要作用就是为咱们村里边服务。比如村里边要开个会,喊一喊。村里要学习啥,叫大家到办公室来学习。还有就是村里面的红白喜事通知一下,利用公家的喇叭给大家办办事。”除此之外,村民WXJ还表示:“大喇叭播卖东西的,有哪些跟村里边合作的,卖化肥种子的,大喇叭里面就说:这个东西多好多好,卖了哪个村了,现在赶快到村委会买,比到市场上买便宜。”

同时,乡村私人小喇叭开始出现,成为流动商贩出售商品的工具,打破了大喇叭的独有性,进一步消解了大喇叭的政治属性。直到现在,由于交通不便,在张家村,私人流动小喇叭依然在商业活动中起到重要的作用(参见图5-9)。村民WHL表示:“咱们这地方偏,买东西就门口那两个超市,要不就得进县城,这种方便,卖啥的都有,花椒大料、水果、粮食,早晨还有卖早点的。这种早以前就有了,那会是人们大声地喊,后来慢慢地买了喇叭喊,省劲。走街串巷地喊,走得慢,听见就赶紧出去叫住他。”

图5-9 张家村商贩私人流动喇叭

第三,大喇叭在村民日常生活中的离场。比较起来,大喇叭跟40后、50后、60后、70后的村民关系更密切,而80后、90后群体与大喇叭的连通性较弱,00

后更是如此。在他们的记忆中，大喇叭的政治动员属性相对较弱，如 67 岁、初中没有毕业、曾经做过电影放映员的 WHZ 说起听收音机的情形："一院子人听长篇小说《单田芳》，不吃饭也得听，(还有)《杨家将》《岳飞传》，上瘾啊"；使用老年机的村民 SLD 则记得"(喇叭说)上坟防火，演电影注意个人家里别被偷了"。而 36 岁的村民 WZL 对 90 年代的大喇叭存在记忆空白，表示："大喇叭没什么印象，我记事起就没咋播过"。37 岁的 LYP 记得大喇叭"就是讲咱们村里这点事，就是通知村代表开会；交水费、电费，交低保；春天不让上山上坟，要防火；冬天讲用煤安全；孩子打疫苗啥的。"

四、疫情中张家村大喇叭的"回归"

回归是一个生物遗传学上的概念，最早源于生物学家弗朗西斯·高尔顿(Francis Galton)种豆子的实验发现。高尔顿在实验中发现一种奇怪的现象：个体较小的豆子反而多产出比其更大的子代。相反，个体相对更大的豆子则更多产出较小的子代。这表明事物本身具有一定的规律，无论如何发展都会倾向于在某一范围内保持均衡，也可以说是保持事物原本的面貌。本研究的"回归"强调的并非单纯指某种状态消失后的重现，更强调这一状态重现背后的现实基础与其中蕴含的规律。

1. 大喇叭的"回归"

2020 年初，"一种新型冠状病毒感染引起的急性呼吸道传染病"演化为全国乃至全球性突发公共卫生事件。突发公共卫生事件是指突然发生，造成或者可能造成社会公众健康严重损害的重大传染病疫情、群体性不明原因疾病、重大食物和职业中毒以及其他严重影响公众健康的事件。① 2020 年 1 月 3 日，武汉市卫健委通报 44 例"不明原因肺炎"，随后确认为"新冠病毒感染的肺炎"；1 月 20 日，钟南山明确提出新冠病毒"人传人"，随后感染者数量急剧增加；1 月 21 日，河北省、市一级党政领导纷纷举行电视电话会议，对全省的疫情防控工作进行了

① 该定义引自：突发公共卫生事件应急条例[EB/OL]. http://www.moj.gov.cn/subject/content/2020-02/14/1449_3241643.html，2020-02-14。

安排：要求迅速成立省疫情防控工作领导小组和省级医疗救治小组，各市县立即成立疫情防控工作领导小组，启动本地区联防联控机制，细化工作方案和应急预案，形成卫生、公安、交通、市场监管、宣传等部门横向协同①。24 日，河北省启动重大突发公共卫生事件一级响应。当日下午，保定市委市政府召开视频会议，就全市疫情防控工作进行安排部署。

随后，涞源县第一时间成立了以县委、政府主要负责同志任组长的疫情防控工作领导小组，并制定了《涞源县新型冠状病毒感染的肺炎疫情防控工作方案》。随即涞源县开始全面开展疫情防控工作，向乡镇一级传递抗疫要求。这次会议要求尽快召开村一级紧急会议，部署相关工作，且县委宣传部、文旅、卫健等部门要开展全面深入的疫情防治宣传工作，通过电视台电台播放、张贴宣传海报、发放明白纸、农村大喇叭广播等多种形式提高群众对疫情的重视程度②。

1 月 25 日晚，涞源镇政府连夜召开紧急会议，张家村村主任 WXY 到场参加，会议部署了涞源县各村疫情防控工作。至此，从国家到省市，再到县乡、再到村的五级联动工作拉开序幕。（参见图 5－11）。

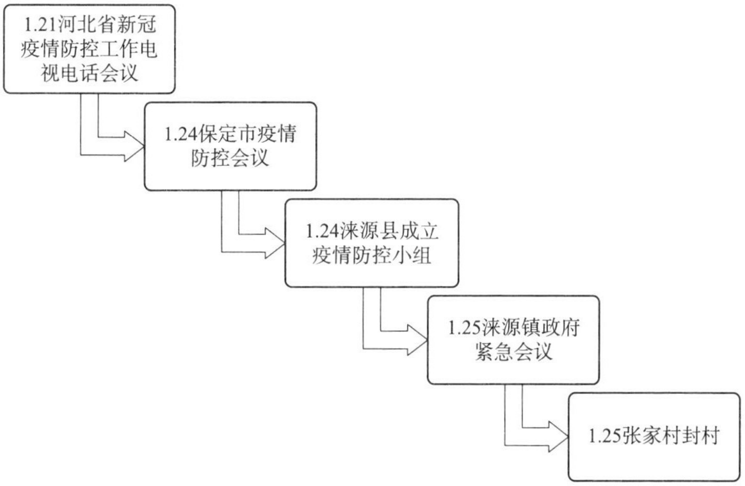

图 5－11　河北省疫情防控五级会议部署流程

① 陈思危. 河北省召开新型冠状病毒感染的肺炎疫情防控工作电视电话会议.［EB/OL］. http://he.people.com.cn/n2/2020/0123/c192235-33740600.html，2020－01－23。

② 涞源县人民政府. 涞源县召开新型冠状病毒疫情防控工作专题会议［EB/OL］. http://www.laiyuan.gov.cn/jqyw/1131.jhtml. 2020－01－28。

据村主任 WXY 回忆:“开会开得比较紧急,五点多群里通知的,六点半那会天都黑了,基本镇上的村主任都叫到了,现场大概三十来号人。当时是镇上书记讲的话,说挺严重挺着急。开会主要传达了县里的防疫精神,一个是要组织村里的全体干部和党员,抓紧时间戒严、封村,排查外来人员。明天开始村干部们都到家里登记。一个是村里活动、红白喜事都取消,看住大家,不要聚集不要去外地。一个是开始宣传,把大喇叭都用起来,24 小时要开着,把疫情的紧迫性给大伙说明白。还有就是镇里、县里会派人到村里检查,执勤时候要留照片,还有填的调查表,都要检查,都重视起来。”

当晚,村主任 WXY 召集村干部及村内党员与积极分子开会传达了相关指示,安排了张家村的疫情防控工作。排好防疫值班表,几名村干部轮流值守主干道,其他两个小道由 4 名村民每两日一次倒班,早晚轮值。随后,张家村的疫情防控工作开始进行(参见图 5 - 12、图 5 - 13)。

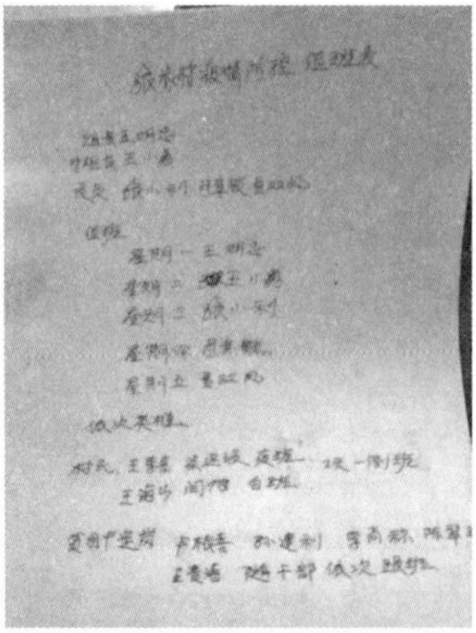

图 5 - 12　张家村疫情防控值班表

图 5 - 13　张家村人员值班照片

1 月 25 日当晚,张家村封村。村主任组织防疫小组在张家村主干道入口及其他两个小入口设卡,西边的入口用土堆封死,禁止外来人员、外来车辆进入,并对进出村子的村民进行排查。值班人员对入村人员进行询问和登记,从疫区以外地区返乡的人员要登记返乡交通工具、车次、电话等。有从湖北省返乡的人员,则需直接通知县防疫站隔离点,由救护车带离张家村,在县城隔离点进行隔离。村书记 WMZ 提到:“咱们村大部分是去北京、石家庄、保定务工的。初二那天就有一户有个武汉的亲戚回来了，都不敢马虎，直接交给县防疫站了，毕竟得对别的村民负责。”

1 月 26 日起，村干部及志愿者开始入户排查，登记每户的人员返乡情况和最近行程，测量体温，查看身体状况，并向住户普及新冠疫情的相关信息，嘱咐其不要外出，注意卫生（参见图 5－14）。

随后，张家村村委开展疫情防控宣传工作。大喇叭从大年初二开始广播，从早上八点开始循环播放，午饭时间休息两小时，下午两点左右开始持续播放到六点（参见图 5－15、图 5－16）。

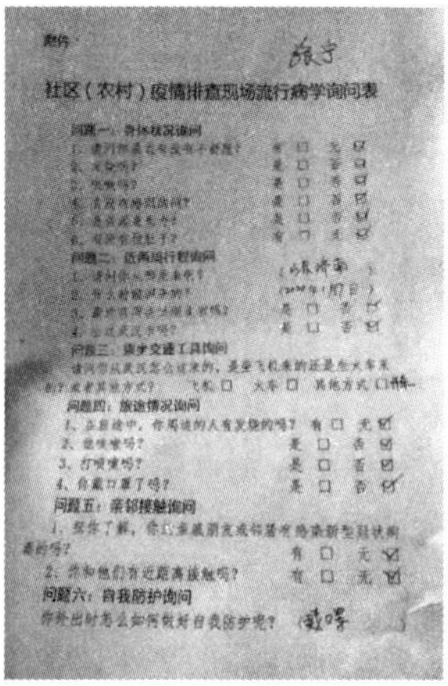

社区（农村）疫情排查现场流行病学询问表

问题一：身体状况询问

问题二：近两周行程询问

问题三：返乡交通工具询问

问题四：旅途情况询问

1、在旅途中，你周边的人有发烧的吗？ 有 □ 无 ☑

2、咳嗽吗？ 是 □ 否 ☑

3、打喷嚏吗？ 是 □ 否 ☑

4、你戴口罩了吗？

问题五：亲邻接触询问

2、你和他们有近距离接触吗？ 有 □ 无 ☑

问题六：自我防护询问

图 5－14　张家村疫情排查表

图 5－15　张家村大喇叭及广播线路

图 5－16　张家村大喇叭播音室

播音主要内容为涞源县下发的疫情防控通知材料，共三个版本。据村干部和村民回忆，文件主要强调了以下几方面的内容：武汉出现传染性病毒，请大家配合国家抗疫活动；过年期间的娱乐活动和婚丧操办一律取消，尽量待在家里，不要串门，不要在人多的地方聚集；注意个人卫生，多洗手，多通风。日常佩戴口罩，家庭备消毒液和洗手液（参见表 5 - 2、表 5 - 3）。

表 5 - 2 疫情期间张家村大喇叭播放情况

播放起止日期	2020. 1. 26—2021. 4.
每日播放时间	早 8 点—午 12 点、下午 14 点—晚 18 点
播放频率	4—5 分钟再循环播出
播放形式	文件录音 + 村主任喊话
文稿来源	涞源镇政府录音

资料来源：根据张家村村民委员会主任 WXY 提供的资料整理。

表 5 - 3 疫情期间张家村村民委员会主任喊话内容

村干部喊话内容（据村干部与村民回忆）
1. 少聚会、戴口罩、勤洗手、多通风、摸了钱也洗手。
2. 都不要出门，不出来憋不坏你，不要给别人添麻烦，不要给政府添麻烦，这个疫情很厉害，已经传染很多人了，都经点心。
3. 去超市戴口罩，不戴不能进。尽量别坐公交车，别到人多的地方。
4. 都别聚会、别串门了，不让打麻将了，女的们别跳广场舞，憋几天过了这一阵就好了。
5. 外地回来的赶快给我报备，有准备回来的也先报备，不然进不来。
6. 要是有不舒服的，发烧咳嗽的，赶快报告给我，有问题尽快解决。
7. 不要过度紧张，现在医疗条件好了，那么多专家，国家肯定能把疫情控制住。

资料来源：根据张家村村民委员会主任与村民的回忆整理。

其间，有外地返乡人员回村，村主任还会通过大喇叭进行通报：某户的某位成员近日从某地返乡，现在在家隔离，请各位村民不要去他家串门，以免感染。除此之外，村干部还会一天三到四次亲自喊话，传递最新疫情信息，提醒村民不要外出。这些喊话内容大多为村干部的即兴表达。比如："都不要出门，不要给政府添麻烦，这个疫情很厉害，要是串门、聚会传染上了就都怨你了。""都在家不要出来，几天不出来憋不坏。”“家里有要回来的都提前通知一声，隐瞒是犯法的，电视上说了要判刑，都配合配合。”村主任 WXY 表示：“春节期间工作比较繁忙，每天都要在村里值守，一有什么消息就得发微信群，上大喇叭喊几次尽快通知到。通知完效果很好，过年期间村里很少见到聚集闲聊的村民了。”

2 月 7 日，涞源县应对新型冠状病毒感染的肺炎疫情工作小组印发了《涞源县应对新冠疫情感染的肺炎疫情工作领导小组关于加强我县居民出行管控工作的紧急通告》。通告强调各村要充分利用微信、广播、电视、电子屏、明白纸等多种形式，特别是充分利用乡村大喇叭，加大播放频次、加大宣传力度，运用最接地气、最通民心的语言，传递防疫声音。

随后，除了原有的抗疫文件录音，大喇叭开始插播疫情相关新闻。“二月份开始，大喇叭开始每天报数，报哪个省又发现了多少，死亡多少人，治好了多少。听见报的数都上万，又觉得武汉人民可怜，又心想希望疫情赶快过去，可千万别让涞源县有。”

2 月 11 日，涞源县疫情工作小组再次印发《关于深化农村地区新冠疫情排查防控工作的若干措施》部署抗疫工作，《措施》的第 13 条强调：乡村需要强化抗疫宣传，将新老媒介一同运用起来，发挥乡村大喇叭、锣鼓、流动宣传车、横幅、宣传手册及传单、电话、网络等各种媒介优势，形成媒介宣传合力，全方位加强基层村民的疫情防控意识（参见图 5 - 17、图 5 - 18）。事实上，张家村大喇叭地位的“回归”只是全国农村的一个缩影。在疫情中，小到涞源县，大到河北省，甚至全国都掀起了一场大喇叭“回归”的风潮。据《人民日报》不完全统计，在疫情防控宣传中，全国各省区市有 6182 个乡镇的近 10.5 万个行政村和社区使用了 127.2 万只广播音箱、高音喇叭和音柱等设备，覆盖人口超过 2 亿，占到农村常住人口总数的一半。[①] 由此可见，大喇叭在乡村抗疫动员过程中被赋予了相对重要的地位。

河北省多地也下发了关于启用大喇叭进行抗疫动员的要求。比如：河北沧州市委组织部在 1 月 26 日就专门下发通知，要求各地采取统一录制、集中播放、滚动播出形式，充分利用早、中、晚各个时间段，并延长播出时长，增加播出密度，

---

① 冯帆，王安祺．基层广播：疫情防控中的社会动员利器[J]．广电视听，2020，(09)：77 - 78。

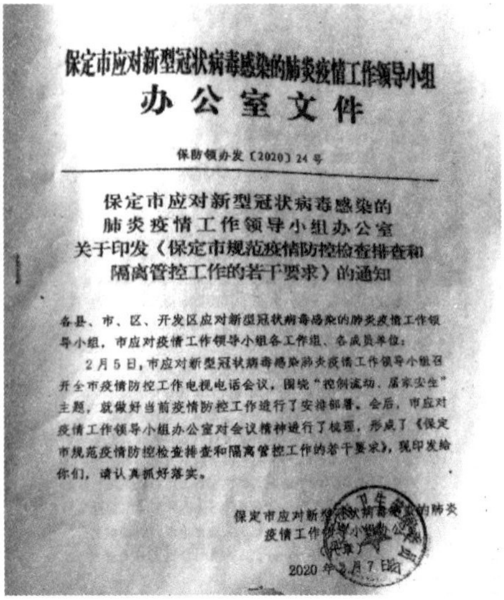

保定市应对新型冠状病毒感染的肺炎疫情工作领导小组
办公室文件

保防领办发〔2020〕24号

保定市应对新型冠状病毒感染的
肺炎疫情工作领导小组办公室
关于印发《保定市规范疫情防控检查排查和
隔离管控工作的若干要求》的通知

各县、市、区、开发区应对新型冠状病毒感染的肺炎疫情工作领导小组，市应对疫情工作领导小组各工作组、各成员单位：

2月5日，市应对新型冠状病毒感染肺炎疫情工作领导小组召开全市疫情防控工作电视电话会议，围绕"控制流动，居家安全"主题，就做好当前疫情防控工作进行了安排部署。会后，市应对疫情工作领导小组办公室对会议精神进行了梳理，形成了《保定市规范疫情防控检查排查和隔离管控工作的若干要求》，现印发给你们，请认真抓好落实。

保定市应对新型冠状病毒感染的肺炎
疫情工作领导小组办公室
2020年2月7日

图 5 - 17　河北保定市应对疫情工作领导小组办公室防控文件

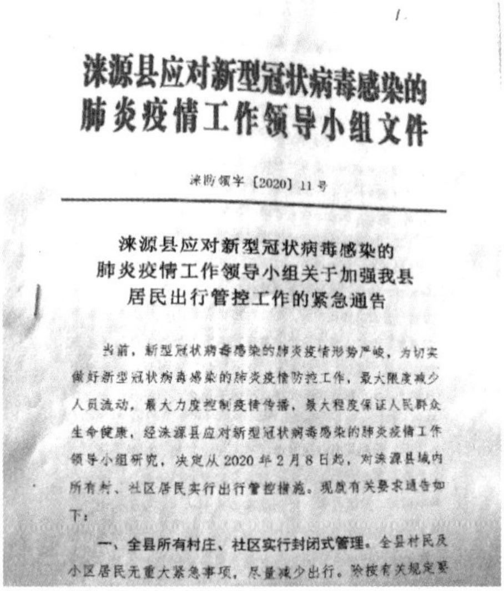

涞源县应对新型冠状病毒感染的
肺炎疫情工作领导小组文件

涞防领字〔2020〕11号

涞源县应对新型冠状病毒感染的
肺炎疫情工作领导小组关于加强我县
居民出行管控工作的紧急通告

当前，新型冠状病毒感染的肺炎疫情形势严峻，为切实做好新型冠状病毒感染的肺炎疫情防控工作，最大限度减少人员流动，最大力度控制疫情传播，最大程度保证人民群众生命健康，经涞源县应对新型冠状病毒感染的肺炎疫情工作领导小组研究，决定从2020年2月8日起，对涞源县域内所有村、社区居民实行出行管控措施。现就有关要求通告如下：

一、全县所有村庄、社区实行封闭式管理。全县村民及小区居民无重大紧急事项，尽量减少出行。除按有关规定要

图 5 - 18　涞源县应对疫情工作领导小组文件

进行循环播放①。随后，该市5600多个村的大喇叭对疫情防控信息进行第一时

① 韩增发. 河北利用农村广播通俗易懂宣传防控知识. 河北日报. [DB/OL]. http://www.hebtv.com/news/folder101/2020-02-01/Khhu2TLyI7D5cV2w.html，2020 - 02 - 01。

间发布。在廊坊市文安，1992 个农村大喇叭遍布全县宣传疫情防治[①]。

除了开启大喇叭进行抗疫动员，各地还自行编制了大喇叭的口号，提升传播效果。比如：河北省秦皇岛的卢龙县县政府在 1 月底就组织文艺工作者创作并录制了抗疫音频《齐心协力防肺炎》，这一音频以创新的快板形式吸引受众，在全市全县、各镇各村循环播放，传递河北省的抗疫最强音，在网络中也形成了二次传播。“竹板一打响连天，我给各位拜个年，您在家中过春节，有件大事听我言，今年春节不一般，新型肺炎在传染，各地发现出疫情，形势严峻莫小看……”[②]与此同时，河北徐水、易县、涞水等地也开始协同组织与媒介的动员力量，编制了如“乡亲们，莫恐慌，疫情突来可防控，勤洗手，多开窗，出门口罩戴嘴上，不走亲，不访友，为了家人都健康”等顺口溜在大喇叭中播放。[③]

在各级村镇的努力下，大喇叭“回归”乡村空间，在乡村抗疫活动中发挥了传递信息、统一舆论、动员管理的作用。

2. 大喇叭的媒介影响“回归”

大喇叭的“回归”不仅给乡村群体带来了影响，也得到了全国公众的极大关注。一方面，主流媒体给予了大喇叭传递疫情声音以极大的鼓励。1 月 28 日，央视新闻微博发布话题＃农村疫情防控怎么做＃？安徽亳州＃村书记用大喇叭硬核喊话＃，并称其：“浓浓的家乡话，硬核又可爱。”2 月 15 日，央视新闻栏目“新闻 1＋1”聚焦河南抗疫活动，就大喇叭发挥的作用现场采访河南省副省长黄强。《人民日报》也多次发布相关话题，如：＃各地村干部大喇叭喊话 pk＃、听村支书的话！＃村支书用大喇叭喊话防疫＃、＃成都郫都区抗疫口号像极了 rap＃等。

另一方面，大喇叭的“回归”通过社交媒体的裂变，实现了二次传播。以新浪微博与抖音 APP 为例：大喇叭的“硬核喊话”分别在 2020 年 1 月 31 日、2 月 4

---

① 许萌. 抗击疫情，河北时刻：“五级联动”打响疫情防控阻击战. 河北网络广播电视网.［DB/OL］. http://www.hebtv.com/pc/news/yaowen/2020-02-08/xbdinYyt35PJNXcV.html，2020－02－08。

② 张志刚. 卢龙县：防范疫情快板书，走进乡村大喇叭. 河北网络广播电视台.［DB/OL］. http://www.hebtv.com/top/2020-01-28/Gk72mq5Rtp0KA2zp.html，2020－01－28。

③ 韩增发. 河北利用农村广播通俗易懂宣传防控知识. 河北日报.［DB/OL］. http://www.hebtv.com/news/folder101/2020-02-01/Khhu2TLyI7D5cV2w.html，2020－02－01。

日和2021年2月3日登上微博热搜，引发关注。截至2021年2月底，抖音APP上＃硬核大喇叭＃话题下视频播放量达到9亿。可以说，大喇叭在“离场”几十年后，第一次受到了前所未有的关注。

在武汉封城之前，张家村村民仍维持着相对稳定有序的日常生活，虽然有部分村民在网络上了解到了相关信息并在闲聊过程中加以传播，但是村民们并未加以重视。外出务工的村民WDL说：“我在外地干活的时候先在抖音上看到说南方有病毒，和非典一样。后来又看见网上有辟谣的说没这回事，就想肯定是谁在网上造谣的。后来武汉封城了，才知道是真的。大年三十干活的领导说让赶快回家，我初一就赶紧回家了，看见村干部在门口站岗，才知道闹得挺厉害。”村民WHN则表示：“我出去遛弯的时候听别人说了武汉闹非典了，不过当时我也不害怕，想着武汉人们也到不了咱们村里头，没想到后来闹得这么严重。”张家村化肥店的老板GYS也表示：“我当时想没啥事，看人们都该干啥干啥，说归说，看那个样也不太怕。当时我还想去一趟保定拉货，我儿子就是不让我去，开车把我带进县里了。”可见，在疫情初期，疫情在村民的眼中只是网络中遥远的事件。

疫情初期，在大喇叭开播之后，村民们的生活发生了一些改变。村民日常聚集活动开始减少。村民CGQ提到：“年跟前听别人说武汉有传染病，思谋武汉远着呢闹不到咱们这，后来村长喇叭里说说坐火车、汽车啥的就能传染，让外地回来的赶紧去登记，我就不太敢串门了，因为咱们村里不少回来的，还有好多外来户都不认识，你也不知道人家从哪回来的。”村里超市“志龙门市部”的老板WZL回忆疫情期间村民生活状态时提到：“那会大家估量疫情挺严重，可能十天半个月不让出来，都急急忙忙到超市来囤东西，互相说话也少了，初三四那会就有人戴上口罩了，刚开始进货倒是没受太大影响，我们超市每天菜都剩不下，价格也涨了点。后来县里这有人来我们这，要求一天消毒两次，还让进门必须给量体温，门口写上戴口罩才让进。”

部分村民也表示大喇叭的持续广播使之对疫情产生了一些恐惧。比如，村民LYP提到：“大喇叭天天地喊，手机电视一打开也全是说疫情的，听说潜伏期有半个月，现在也治不好。想到药店买口罩也买不上，网上也没有。后来石家庄疫情我一下买了五十个口罩。那会谁都害怕，怕出门碰上个不认识的，想活动就在院里来回走。”

同时，这一时期，网络中充斥着部分谣言，一些村民在网络中看到关于涞源县疫情的谣言，并在群里进行传播，给村民们带来了一丝恐慌。村民 GYS 表示："我在抖音上老刷到说涞源县也有病例了，它说得我还挺信。后来村干部大喇叭里说不信谣，不传谣，说咱们县没有。后来到石家庄疫情的时候也在抖音上看见说哪哪又有了，家里人告诉我说是骗人的。"村民 ZJW 则表示："我妈老在手机上看见这又有了，那又有了，他们老年人网上说啥都信。"

可以说，疫情初期，大喇叭作为国家的传播载体放大了国家的"抗疫之声"，也对村民的恐慌给予了回应，起到了一定的情绪稳定作用。

后来，随着疫情逐步稳定，张家村村民的日常生活开始恢复正常。大喇叭持续播放到 2020 年 4 月份，随后播放频率开始减少，时间也开始缩短，只偶尔在新闻中穿插播放疫情防控信息，大喇叭的播报暂时告一段落。

2021 年 1 月 2 日开始，河北省石家庄市陆续增加多例新冠确诊病例。1 月 8 日，石家庄市藁城区被列为高风险地区。随后，涞源县迅速反应，再次在村口设岗。2021 年 1 月 8 日，大喇叭再次开始恢复工作状态，持续播报信息，持续到 2 月中旬。村主任介绍："这次石家庄的疫情应对比武汉那次要快，而且查得更严，因为疫情出现在河北，涞源县的高速口第一时间就封了，上次的返乡人员在家隔离，这次要到县里隔离点隔离。因为现在都知道这个病毒的厉害了，而且上面也下了命令了。"

在前后两次比较紧张的疫情氛围中，张家村的大喇叭一直都在强调抗疫，大多数村民能够较为清楚地描述大喇叭的播报情况及内容。比如：村民 WHL："疫情开始到现在第二波疫情，喇叭断断续续地就没停过，一直在强调防疫。"村书记 WMZ 也："这不仅仅是国家的要求，也是为了咱们村民自己考虑。只要疫情还有，咱们的大喇叭就会一直响。"

可以看到，虽然大喇叭在张家村的"回归"是在紧急状态下完成的，但是贯穿整个疫情时期。之所以说大喇叭在疫情期间"回归"了，一方面在于大喇叭的运作情况再现了"常态化"的情景。播音时长频率前所未有地提高，且按照村民的作息时间循环进行。另一方面，大喇叭的传播效力也"回归"了。疫情期间的大喇叭得到了较好的传播效果，大喇叭的声音融入了村民的日常生活并完成了与村民的互动。大部分受访村民都收听到了播音信息并能够复述部分内容，并表示疫情期间都按照大喇叭播音内容的要求居家隔离。

五、资源优势、战争框架与共意建构

张家村的大喇叭为何能够在“自媒体正迅速成为乡村发展的关键变量”的时期迅速回归？一个重要的背景是，2008 年的“汶川地震”灾害发生后，广播作为自然灾害第一媒体的独特优势得到凸显与重视，应急广播体系建设被纳入现代公共文化服务体系，国家和地方政府的应急广播一直在不断建设中①。据村干部介绍，“大喇叭设备一直是乡里、县里广播局提供的，设备会定期更新，因为现在发展太快，一开始用刻录光盘，后来又用 U 盘，现在直接联网了，像收音机一样。下一步村里有计划在村东的那片拉一个大喇叭，让最东边的人也能听清。不光是疫情，以后还会广播新闻，把咱们国家这些政策也给大家传递一下”，设备与新型技术同步发展。不过，疫情防控的政治动员紧迫性与疫情信息扩散的“最后一公里”的有效合拍仍需要得到相关理论的介入。

1. 疫情凸显了大喇叭的传播资源优势。

资源动员理论认为，社会行动能否达成、社会动员效果的优劣与资源的获取、组织、调度息息相关。此处的“资源”是“指狭义意义上的资源，即指社会运动中所有需要的物资资源、网络资源、媒体资源、时间资源、精神资源（文化资源）等等②。这一思路正是麦克卢汉的“媒介的塑造力正是媒介自身”③这一观点的衍生。

有论者的调查证实，自媒体时代的“乡村人际传播网络基于传统人际关系建立，是村庄里最基础，也是与村民们日常生活最为贴近的传播网络”④。在疫情中，媒介资源的运用首先体现在动员信息的推广中，沟通与信息传播构成了抗疫动员的重要前提。在这一情境下，张家村原有的沟通机制发生了改变，其动员机制也会随之发生一些变化。

---

① 王宇. 有线大喇叭到无线大喇叭：农村广播的最后一公里[J]. 现代视听，2020(01)：82。

② 石大建，李向平. 资源动员理论及其研究维度[J]. 广西师范大学学报(哲学社会科学版)，2009(06)：22－26。

③ 麦克卢汉. 理解媒介：论人的延伸(增订评注本)[M]. 何道宽译. 南京：译林出版社，2011：33。

④ 王丽霞. 媒介进化论：对乡村传播网络的研究[D]. 贵州大学，2019：29。

对乡村动员沟通机制的考察，可以借由乡村“媒介场域”这一视角实现。乡村的“媒介场域”是“一个由乡村的诸种传播媒介所构成的传播网络以及乡村的社会关系所组成的”①。基于当前乡村网络媒介的发展，这里应该加入对张家村“媒介场域”的考察。因此，这一部分主要从以下几种类型入手展现疫情下张家村传播网络的变化，以回答大喇叭“回归”的必要性。

一是被阻断的人际传播。日常生活中，人际传播在张家村占据重要的地位。一方面，张家村最早属因血缘聚集的自然村。张家村在历史上属于张、王两个姓氏宗族的聚集地。正如费孝通在《乡土中国》中提到的“差序格局”：血缘与姻缘关系层层缠绕、代代相传，逐渐形成了相对稳定的亲缘网络。这一网络可以囊括熟人社会中的每个个体，将之变为网络中的“结”，“结”与“结”之间再依次不断地连接，发展出新的网络。直到如今，张家村部分村民仍保有血缘关系，在日常交往过程中会“论资排辈”。比如，笔者采访的 WHS 被村民称作“二爷”，WHZ 被称作“五爷”。因此，“熟人社会”下的“强联系”模式依然在日常生活中有很强的体现。在血缘的联系下，张家村村民的日常人际交往也更为频繁。（参见图 5－19、图 5－20）

图 5－19　张家村村民聚集聊天

---

① 刘展，姚君喜.“媒介场域”：乡村传播媒介的分析视域[J].西南民族大学学报（人文社会科学版），2016(01)：184－187。

图 5-20　张家村村民聚集聊天

另一方面,张家村部分村民依然维持着一种相对封闭的小农生活模式。大部分村民拥有自己的土地,且在家中空地上种植蔬菜。72 岁的村民 SLD 在介绍自己日常生活时表示:“我出门很少,一般就喜欢在家里干点活,农民就是干活,对外头没啥兴趣,有啥事我也不关注,偶尔出去串门就听几句。我啥也不太懂,但是别人说啥新鲜事我爱听。721 那边、北韩村那边的人都认识我。”

最后,张家村地理位置较偏僻,经济相对落后,网络媒体普及率不到 40%。村里 70%的 60 岁以上老人仍使用老年手机,无法上网,需要通过人际传播获取外界消息。包括一些村务信息的传递也需要借助人际传播实现。村会计 MZS 在介绍村里的传播工作时表示:“村里老年人占到了 60%—70%,老年人一般文化水平比较低,会用智能手机的很少,大部分人对手机的要求就是打个电话。所以村里有什么事情一般除了要用到大喇叭,还得靠邻里之间传递,比如有时候有些重要的事,打谁家电话打不通了,可能串门去了或者到田上去了,就告诉邻居让上家里通知一声。村里人都互相认识,有时候在路上碰见就告诉了。”

由此可见,不管是村民的日常交往还是村委会的政策传递,人际传播依然在张家村发挥着重要的作用。

人际传播的联结网络遭遇疫情的阻击。据访谈所知,相比于年轻一些的村民,老年群体了解疫情的时间较晚,基本在除夕过后才陆续得到消息。在疫情初期,大部分 70 岁以上老年人对疫情的获知源于他人。比如,村民 WWN 表示:“我年跟前出去坐公交车,听车上的人议论闹病毒了。大家都好奇,一直问说的那个人,也有点害怕。”村民 LFM 则表示:“疫情是听别人说的,他们也是听别人说的，人家有手机，有啥事早早就知道了，说这个病比非典厉害，传染呢。”也有村民 WHY 表示：“我家就在村委会旁边，我听见大喇叭一直播的时候才知道出现了疫情，也记不得是先看见电视上的还是先听见大喇叭了。”

在疫情期间，受居家隔离政策影响，为响应国家居家隔离的提议，部分老年村民的信息获知受到了影响。一方面，对于一些很少使用大众媒介且不甚关注新闻的老年人，其日常生活基本处于隔绝状态。受访者 WHL 表示：“以前每年的大年初一都能看到对门的 SLD 家亲戚来往不断：中午她家门帘掀开又合上，人没断过。”但是疫情期间 SLD 家的拜年活动停止了。对此，村民 SLD 表示：“过年那会正是闹得厉害的时候，他们想来拜年我也不让他们上门来，那会儿就我们老两口在家里。那会我天天在家看电视，有半个月，把那几个好看的电视剧看了个遍。”

而 70 岁的村民 WHN 表示：“我平时爱好打麻将，好多事是从打麻将的人那知道的。闹疫情的时候不让聚众，没人打麻将了。去年过年我家孩子在广州，也没回来。我只能整天在家里待着干干活。”对于疫情期间的外面世界，WHN 表示不太清楚，“只知道大喇叭一天天地响，翻来覆去地说疫情。”另一方面，在疫情中，需要依靠人际传播进行动员的路径也开始受阻。村主任 WXY 表示：“村里两百多户，疫情的时候不可能挨家挨户地上门去说，不现实。而且还存在着交叉感染的风险。”

由此可见，疫情期间隔绝的人际传播对村民的信息获知和生活带来了一些不便，依靠人际传播进行抗疫动员也存在着缺陷。

二是式微的组织传播。长久以来，在乡村社会中，组织传播构成了社会动员的重要力量。20 世纪六七十年代，以大队长为首的乡村组织动员能够起到一呼百应的效果。改革开放之后，乡村开始推广家庭联产承包责任制，村民的日常生活开始向私人领域偏向，大量村民回归家庭。曾经将村民紧密联系起来的大队、小队在 90 年代改制成为张家村村委会。乡村“集体”的概念已经发生了某些变化。正如阎云翔所言，国家从乡村撤出后，原来将村民整合起来的集体不见了，个体无法适应新的村组织形式，只能回归家庭，乡村的组织力随之弱化，“个体的崛起在很大程度上改变了社会关系的结构，导致了中国社会的个体化”[①]。现在，村内的组织动员力量在减弱，主要依靠村里几位党员和积极分子完成。村民对村组织的动员工作也不甚关心。村民 WHS 表示：“说实在话，现在村里有啥

① 阎云翔. 中国社会的个体化[M]. 上海：上海译文出版社，2012。

事，跟咱们没有利益关系的咱们也不关心。只不过都是一个姓的，村干部跟我近点，有时候让帮忙就跟着去。每次有事也就是找这几个人，别人不顶。这次疫情就先找的我，给我排的班在村口值守。”

目前，张家村依然保留着传统的组织传播形式，主要有以下几种：

其一，墙贴和宣传板。张家村目前的墙贴共有三处，一处位于村委会门口，村委会门口的展板是乡镇发放的，内容多样，可随时更换，还有一块党务公开栏。一处位于村委会对面，有一块存在五六十年的黑板，黑板上偶尔会贴上一些上级文件和村内的通知，用于传递国家精神和村庄事务。第三处位于村主干道的社区诊所，这一部分的内容公示主要是为了方便离村委会较远的东面村民的信息获知。（参见图 5－21、图 5－22）

图 5－21　张家村宣传小黑板

图 5－22　张家村村务公开板

疫情期间，张家村在村委会门口更新了宣传板，在社区诊所黑板上写了抗疫注意事项。但是，据了解，这两处墙贴的传播效果并不理想，大部分村民并没有关注墙贴的意识，也并不了解墙贴的具体内容，只有少数经常在村委会前闲聊的老年男性会阅读墙贴。村民 WBY 表示："现在都用手机了，大队书记在城里住，没事也不到这来了。村委会一般都没人，我们平时也不过来，有时候遛弯儿看见贴着东西就看看写的啥。村里的老头儿们喜欢在这几个地方待着。"WHN 则表示："我知道村委会门口有贴的宣传的，基本上都是些不着急的事，人们有时候也看看，但是看了就忘了讲的啥。"

由此可见，在疫情期间，墙贴和挂历等纸质动员方式存在滞后性。一方面，村民在日常生活中对这种动员方式关注度低，无法保证及时接受信息。另一方面，墙贴与宣传册这种动员媒介无法凸显事件的紧迫性，也无法应对新冠疫情这种紧急的公共卫生事件。

其二，微信群。张家村微信群名为"张家村村委会"，由村主任 WXY 组建于 2018 年，当前群内 324 人，只覆盖了全村半数的人口。WXY 表示："当时加群的时候要求尽量每家都加一个人，不过群里也有重复的，基本村里能上网的年轻人都在群里。我现在经常不在村里，所以目前这个微信群是村里主要的传播渠道，村里的信息都会通过微信群发布。"但是，在访谈中，笔者发现 60％的常住老年村民不在群内，加入微信群的是他们外出务工的子女。除了村干部在群内发布相关信息，村民们也经常在群里发布一些无关信息，比如某些公众号文章、拼车信息、销售信息等等。疫情期间，村干部多次在群里发布信息(参见图 5－23、图 5－24)。

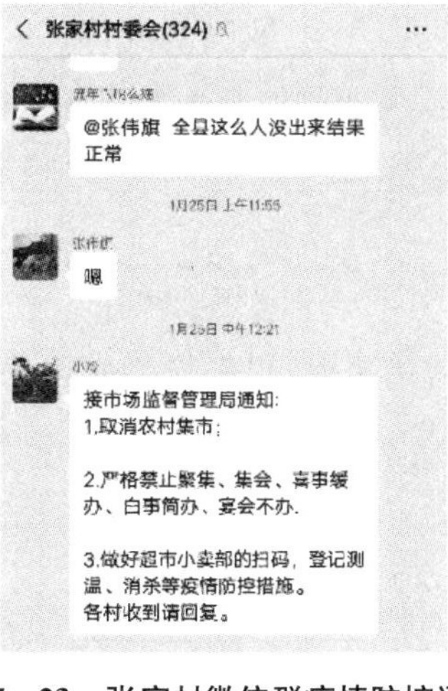

图 5－23　张家村微信群疫情防控通知

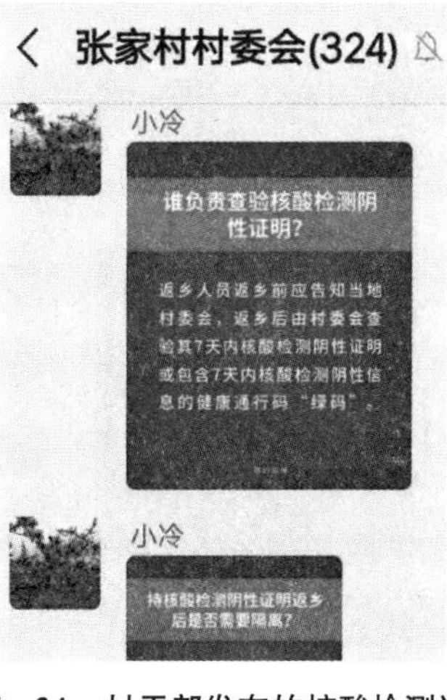

图 5－24　村干部发布的核酸检测通知

但据了解，“张家村村委会”信息群中，村民的反馈意愿较低。村民 WDL 表示：“平时这个群我都调的消息免打扰，看见有消息就翻一翻，没啥事也不看，里面村里人谁都发，乱七八糟的。疫情的时候村干部天天在群里发，不过我在外面上班也不太细看。有啥事回复得也不多。”这表明，依靠微信群进行抗疫动员效力不足。一方面，微信群的信息无法覆盖所有村民，尤其是老年村民。另一方面，村民对微信群的信息关注不多，仅仅将其当作一个信息传播平台。因此无法作为统一的动员的媒介发挥作用。

三是去中心化的网络传播。20 世纪 90 年代，美国学者马克·波斯特在其著作《第二媒介时代》中首次提出了“去中心化”这一概念：“当信息传播发展到第三阶段，即电子传播阶段时，网络自身的不稳定性会促使受众不由自主地进行自我的去中心化、分散化和多元化”①。因此，人一旦进入互联网世界，就会卷入去中心化的双向交流，失去具备理性与中心性的自我。尼葛洛庞帝则从权力的角度诠释了网络社会的去中心化，他认为去中心化的核心在于分权，“分权心态正逐渐弥漫于整个社会”②。麦克卢汉则从电子媒介带来的新的权力结构这一视角阐释了网络时代传播方式的新变化，即“处处皆中心，无处是边缘”；而且，从网络传播本身的性质上来看，去中心化的网络传播无法对某一空间内的村民进行动员。

同时，在多元的网络信息中，村民们容易陷入信任危机。正如鲍曼所认识到的：我们当下的社会正处于剧烈的变动之中，我们日常境况中感受到的剧烈的“流动性”是社会“解除规制”与行动上的“多中心主义”的结果，它会为社会发展与个体生活带来持续的不确定性、无知感与无力感。③ 疫情期间，谣言、负面消息充斥网络，加剧了村民的恐惧。村民 WHL 就表示：“网上说啥的都有，疫情那段时间网上老给推说涞源县有了，要封城，说得特别严重，也不知道真的假的，闹得人心惶惶。”

虽然网络动员机制在当今社会逐步完善，但是对于网络接触并不充分、通网率不到 40%，且文化水平相对较低的张家村村民来说，单纯接收网络的动员并

---

① 马克·波斯特. 第二媒介时代[M]. 范静哗译. 南京：南京大学出版社，2000：45。

② 尼葛洛庞帝. 数字化生存[M]. 胡泳、范海燕译. 海口：海南出版社，1997：259。

③ 韩云杰. 去中心化与再中心化：网络传播基本特征与秩序构建[J]. 中国出版，2020(21)：31－35。

不现实。同时,异质性的网络信息传播也无法产生统一有序的动员力量。

资源动员理论强调通过资源的匹配实现最优的动员效果。托德·吉特林强调:“所有的运动都面临着的一个决定性的因素,那就是对于媒介的依赖。”[①]新冠病毒疫情的防疫活动本质上是一种公共卫生运动。因此,在此次抗疫中,媒介的传播活动对公众的信息获知、抗疫积极性和配合度起到了重要的作用。在抗疫过程中,国家需要根据实际情况,借助各种媒介宣传渠道,形成多媒介合力,实现效果最大化。那么,如何在疫情这一特殊情景中,利用媒介资源形成动员优势,就成为乡村抗疫需要考量的问题。袁小平等人认为:一般来讲,我们强调具有功能性的信息才能赋予媒介动员的力量,因此,学界大多关注媒介信息的动员能力,忽视了媒介本身。后来,学者们发现媒介本身就能与注意力形成联系,因为信息往往需要依靠平台才能够转化为注意力资源,发挥媒介动员的能力。[②]相比于其他媒介资源,大喇叭的特殊属性在于通过声音进行动员,疫情情境中的声音动员更契合乡村社会环境。

一方面,大喇叭的声音具有一定的强制性。早在19世纪,德国哲学家黑格尔就对声音发挥的巨大作用进行过描述:“迅速消失的声音世界反而能够通过耳朵直接渗透到心灵的深处,引发灵魂的共情和共鸣。”[③]美国哲学家、教育家约翰·杜威也曾提出:耳朵和耳朵之间的联系远比眼睛和眼睛之间更接近、更多样化,因为视觉只是一个旁观者,而听觉却是一个参与者。相比于文字、图像等表达手段,声音具有强大的渗透力和直接的表意作用。[④]

对于村民来说,长期在乡村发挥动员作用的大喇叭的声音带有一种“霸权”性质。其一,电视、手机等媒介都处于可控状态,而大喇叭是村民无法直接控制的。村民只能够单向地、被动地接收信息,无法拒绝大喇叭的传播,也不能进行反馈和讨论。村民SLD表示:“大喇叭有时候没人控制,定时自己就给播放了,有时候说了正事了,有时候一直放新闻还听得泼烦得不行。”

其二,声音能够第一时间吸引村民的注意力。在访谈过程中,大多数村民已经适应了声音—刺激的生理反应模式。这不仅是由于长期以来村组织对大喇叭

---

① 托德·吉特林. 新左派运动的媒介镜像[M]. 胡正荣、张锐译. 北京:华夏出版社,2007:6。
② 袁小平,杨爽. 媒介动员:研究话语的视角与展望[J]. 青年记者,2019(16):43-44。
③ 黑格尔. 美学[M]. 朱光潜译. 北京:商务印书馆,1986:336。
④ 爱德华·泰勒. 原始文化[M]. 李亦园译. 桂林:广西师范大学出版社,2005:297。

的使用，也与张家村特殊的商业活动情况有关。在张家村，长期存在着流动商贩，这些流动商贩会开着小车，利用"小喇叭"进行叫卖。村民需要时刻关注喇叭的声音以及时出门。对声音的注意已经融入村民的生活习惯之中。比如：村民WHZ表示："只要我听到大喇叭发出了声音，就会集中注意力听一阵，看看是否有重要的事情，如果与自己不相关，就继续回到自己的活动。一般有时村主任会说好几遍，第一遍没听清再听听。"

另一方面，声音具有广阔的传播范围和穿透性，它可以在某一特定地理空间内掌控信息流动，具有空间控制的优势。英尼斯认为要探索传播，必须要考虑权力与空间这两个层面。社会政治经济秩序对传播的权力实施是借由媒介空间控制能力的提升完成的，这一能力可以绑定某一空间，通过一定的强制手段直接作用于空间内的受众。现代传播媒介权力的实施体现在时间控制能力上，能够大大缩减信息发出与接收的时差，通过压缩时间提升传播效率。在疫情中，新媒体解决了抗疫信息高速生产、快速发布与便捷接收的问题，为受众提供了快捷的疫情信息传送。而大喇叭则在疫情中实现了对乡村特定空间的掌控。它的声音可以被限定于某一确定的发布与接收范围，并将信息的发布权掌控在某一确定主体上。它通过持续性地播报，将声音传入每一个院子且只限于某一个村子，也正因如此，大喇叭能够产生控制巨大空间和庞大人口的力量。村主任WXY表示疫情中大喇叭的使用提高了动员效率："每家每户地跑，还得每天跑，就存在感染的风险，大喇叭只要开始广播，全村都能听见，一遍听不见两遍，三遍，重复地广播。上午不在家，下午回来肯定就听见了，比我们挨家挨户上门说要快。"

2. 大喇叭勾连起战争框架

对战争框架的理解需要借助于框架（frame）这一概念。戈夫曼在其著作《框架分析》中指出：框架是指人们用来认识和阐释外在客观世界的认知结构。① 该理论认为：我们在处理问题的过程中，需要借助于既有的框架来认知、解释客观世界，归纳社会经验。当人们遭遇新的情景时，原有的框架会帮助人们迅速地进行信息分析，从而找出解决问题的最佳路径。这些信息处理过程会作为新的经验被纳入到既有的框架之中，不断提升人们的认知能力与反应速度。

---

① Goffman, E.. Frame Analysis [M]. Cambridge: Harvard University Press, 1974: 9-21.

框架动员这一理论维度强调：框架动员需要以组织的价值与意义为基础，在这一基础之上赋予某一活动意义，进而达成群体社会心理与意识形态的认同。框架动员通过借用原有框架，迅速将社会成员与某一活动或经验连接起来，进而降低动员的成本。在乡村抗疫活动中，大喇叭一方面与疫情中的战争话语共同构成战争动员框架，赋予抗疫紧迫的意义。另一方面，以其特殊的声音政治和媒介隐喻与历史勾连，与村民产生心理共鸣，来提升动员效果。

一是战时框架下的媒介代言。一般来说，战争是相互敌对的势力为达成某种政治、经济目的而进行的带有暴力性质的武装斗争。在人类历史发展的进程中，为了实现紧急的动员效果，各类灾难都会被套用战争框架。“战争隐喻”普遍出现于公共话语之中。因为战争逻辑能够最大程度地调动起群众的紧张感与责任意识，战争话语则能够引发群众对灾难、毁灭的恐惧以及情感反应。战争逻辑的作用机制在于凸显“对立认同”，这一框架将“我们”与“疫情”塑造成为对立的两者，“我们”必须要消灭对方。这种对立能够唤醒“我们”之间的认同，引导“我们”进行共同的行动。

作为一种具有目的性的武装斗争，战争框架需要包含具体的战争要素，如战争的发生地、参战的双方或多方、战争的过程与方式、战争的进程与结果等等。这些要素共同构成一个完整且相互关联的概念体系，这一体系能够套用到其他的事件中。对抗疫情与战争存在着一定的相似性，抗疫活动具备一定的战争要素，“战争”的参与者是全体国人，战争地点是全国疫区，战争过程是抗击疫情，走在一线的医疗人员是“战士”，新冠病毒是要对抗的“敌人”。同时，在这个“战争”中，有离别、出征、牺牲等属于战争时期的活动，也有荣誉、舍生取义、奋不顾身等战争叙事。而信息传递是战争中最重要的因素之一。在疫情期间，各大主流媒体将疫情形容为“一场没有硝烟的战争”、将抗疫活动定义为“打赢疫情防控的阻击战”，战争话语贯穿于整个抗疫过程。

大喇叭与战争动员的联系有理论支撑且有历史可循。Lakoff 和 Johnson 认为：文化中最基本的价值观念往往会与其中最基本概念的隐喻结构相一致。[①] 战争隐喻是在某些特定的历史与社会文化情景里生成的。我们通常会选择一组

---

① 黄芸，胡阳. 来自“对立”的认同：战争隐喻中的社会治理逻辑[J]. 新闻与传播评论，2021，74(01)：96－106。

意义相对稳定的隐喻隐射，构成一个整体性的隐喻框架，以便应对某一话语主题。也就是说，战争隐喻是一种特定历史背景下人类话语生产中生成的相对稳定的框架，它来源于某一文化现实与长期经验。

广播从诞生之日开始就引起了政治家的高度关注。1920 年 2 月 5 日，列宁在给无线电专家邦契-布鲁耶维奇的信中说："您所创造的'不用纸张，没有距离'的报纸，将是一个伟大的事业。"列宁还认为用广播"进行宣传和鼓动"，将给革命事业"带来巨大好处"①。"二战"前后，著名政治强人如美国总统富兰克林·罗斯福、英国首相温斯顿·邱吉尔、苏共领导人约瑟夫·斯大林、纳粹德国元首阿道夫·希特勒等都先后将广播作为战争宣传机器的一部分。中国共产党 1940 年 12 月在延安建立的新华广播电台，也在东方反法西斯战争中发挥了巨大的作用。正如美国文化研究者尼尔·波兹曼在《娱乐至死》中提出的"媒介即隐喻"②。媒介即隐喻强调媒介本身就带有一种隐喻，它所具备的特殊属性与某类内容切合，比如电视媒介自然地具备娱乐属性。正因如此，媒介可以通过一种隐形的力量来重塑媒介信息，甚至能够塑造社会文化。

在近代的乡村，大喇叭与战争动员的联系也深植于人们的记忆中。在村民的记忆中，战争动员与乡村的劳动动员存在一定的联系。村民 WHY 将当时的生产活动比作"打仗"，他说："那会出工跟打仗一样，让干啥就得干啥，每天要制定目标还要做总结，喇叭喊了就得立马到，那会听到大喇叭喊心理肯定是比较紧张的。"虽然广播支持战争动员这一传统产生于媒介匮乏、传播条件较差的时代，但是广播这一媒介已经连同战争话语，成为战争动员框架中的重要内容，这种认知在一次次"战争"中被强化。而这种"战争动员"会引发村民的紧张情绪，这种紧张的心理反应会促使他们尽快投入到某项工作之中。虽然，大喇叭在长期社会变迁中已经出现动员效果乏力的状况，正如村民 WHY 所说："现在听到大喇叭没那么紧张了"，但大喇叭的战争动员隐喻依然能对村民产生一些刺激。

比如村民 WHY 在回忆疫情期间大喇叭的传播状况时表示："包产到户往后，村里大喇叭就没这样老是响过，很少听见。平时播新闻也是播一会就停了。过年那两天天天响，就是一个女的一直在那念，感觉跟平时放新闻不太像，我心

---

① 陈力丹. 列宁论苏维埃新闻传播事业[J]. 东南传播，2014(06)：50－54。
② 尼尔·波兹曼. 娱乐至死[M]. 章艳译. 桂林：广西师范大学出版社，2011。

想这肯定是有了啥大事了。”

因此，在抗疫战争打响的时刻，大喇叭又找回了其熟悉的生存空间。它的声音再次与村民对“战争动员”的记忆相勾连，形成了乡村特有的战争动员框架。

二是声音政治下的文化记忆。声音政治这一概念最早出现于阿达利的名著《噪音——音乐的政治经济学》。阿达利强调：“声音不仅是一种物理上的概念，还具有文化上的意义。声音本身就具有意识形态的内涵，在现代政治中具有独特的意义”。[①] 声音的发出并不是一个自然的过程，而是一个经过加工和选择的过程。声音由何种主体发出、以何种方式发出、何种声音才能被听见，这背后本身就蕴含着话语权力。因此，我们在考察声音的同时，也要考察附着在声音背后，声音所存在的情景与空间。郭小平将声音政治定义为是关于声音的生产、控制、传输、接受等诸环节的政治，贯穿其中的核心问题是声音与政治、权力的缠绕和互动。[②] 这里强调的声音不仅仅是一个物理上的概念，也再现了意识形态生产与社会历史变迁的过程。

作为一种声音介质的媒介，基于这一理念，大喇叭在50年代开始成为我国管理乡村的重要工具。20世纪，大喇叭这一媒介与其声音共同构成了特定历史与政治背景下国家意识形态架构。一方面，它协助国家权力构建了一个广大、统一的空间，将国家权力延伸到偏远的乡村，实现了广泛的社会动员，强化了民众对国家和党的认同。当被询问过去大喇叭播放的内容时，村民LYC表示：“那时候大喇叭天天都会放这些歌：东方红、大海航行靠舵手、地道战。天天听到现在都记得，听着这些歌干活有劲，现在电视上那些歌都不好听，歌词都听不清楚，还是老歌好听。”事实上，这些红歌也传递了一种意识形态，对于形塑村民的价值观起到了重要的作用，村民所喜爱的不仅仅是整齐划一、强劲有力的旋律，更是一种政治浪漫主义情怀。在当代，这种强大的共同想象逐渐失去现实的依托，大喇叭也再无法实现强大的政治力量。但是它已经形成一种阿斯曼所说的“文化记忆”[③]。正如笔者在访谈过程中发现很多老年人表示自己对革命题材、战争题材、伟人题材等电视剧有所偏好。可见，对于村民来说，这些大喇叭所播放的声

① 贾克·阿达利. 噪音：音乐的政治经济学[M]. 宋素凤、翁桂堂译. 上海：上海人民出版社，2000：14。

② 郭小平. 声音的政治：国家、市场与技术视域下的话筒工场[J]. 西北师大学报(社会科学版)，2019(06)：40－47。

③ 陈永峰. 论新闻广播的政治属性[J]. 青年记者，2011(08)：22－23。

音在当代乡村老年群体中依然具有感召力。

对于村民来说，疫情之下的大喇叭再次响起，大喇叭背后的声音政治也再次浮现。这意味着国家的“回归”、国家声音的“回归”。但这一声音政治的作用形式发生了一些改变。哈布瓦赫在《论集体记忆》一文中提出：过去的经历并非像化石一样被完全地保留下来，而是基于现实被重新建构起来了。① 疫情下大喇叭的声音政治“回归”也是如此，更多代表着国家对乡村的关照。这令一些村民感到欣慰，如村民 WHY 在谈及对疫情下大喇叭“回归”的看法时表示：“国家给咱们播放这个是对咱们老百姓好的，让咱们啥都知道，这是好事。”村民 WHS 也表示：“播放疫情肯定是好的，你看咱们中国一播放，一声令下，大家全不出门了。美国就不行，按说美国是最讲科学的国家，90 年代一说美国那就是天堂，美国人这个思维咱们闹不清楚，国家根本管不了。”

同时，有声媒介带来新的传播工具和媒介体验，其自身也被赋予“现代性的意义”，成为一种新的社会风尚和生活方式。② 理解这一观点，可以借用麦克卢汉提出的“媒介即讯息”，这一理论强调重要的并不是媒介传达了什么讯息，而是媒介性质及其可能带来的时代变革③。这句话其实也可以理解为：媒介的性质实际上与特定时代的社会特征存在着互动，当我们理解媒介时，也能够理解媒介背后时代的特征，理解媒介的诉求和对受众的要求。因此，每一种媒介都有其特殊的印记。乡村大喇叭就代表着集体化时代高度统一的政令，当乡村再次频繁地响起大喇叭，村民就会明白，它意味着整个村庄正面临某些紧迫的情况，而大喇叭发出的声音是大家需要共同遵循的不可拒绝的命令。在疫情期间，正如村主任 WXY 在评价疫情期间大喇叭的传播效果时提到的：“现在村民们获取的信息多了，有的人能自觉预防，有的人不上网但是他听到大喇叭的声音就知道疫情的严重性了。”

3. 作为共意构建的大喇叭

克兰德曼斯认为：“共意建构的关键层次，是在集体行动的过程中形成的意

---

① 哈布瓦赫. 论集体记忆[M]. 毕然、郭金华译. 上海：上海人民出版社，2002：82－91。
② 张涛甫. 当下中国的声音政治[J]. 学术界，2018(03)：17－20。
③ 马歇尔·麦克卢汉. 理解媒介[M]. 何道宽译. 北京：商务印书馆，2000：67。

识提升，它代表客体对主体所形成的一种权威认同。”[1]也就是说，共意动员是一个进行价值传播与认同建构的过程。在这一过程中，原有的集体信仰是促成共意达成的重要条件。

长久以来，乡村大喇叭的动员机制都与大喇叭的动员口号联系在一起。口号可以直接通过价值的传播，构建共意，从而作用于行为。虽然在近代，新媒介的动员形式层出不穷，大喇叭的口号宣传动员方式已经成为一种集体的记忆，但是在乡村，标语动员依然发挥着一定的作用，尤其是在紧急情况下，有穿透力、直白的标语依然能够快速传递讯息，实现紧急动员的效果。大喇叭标语的力量在此次新冠肺炎疫情的防控动员中就得到了明显的体现。

在此次疫情中，大喇叭播放的口号作为一种建构性的社会话语实践，由一些基本的意义背景所限定。深入探究可以发现，这些标语在一定程度上体现着特定社会情景下的社会观念和权力结构。[2] 通过分析张家村的抗疫话语，可以发现大喇叭进行动员的作用机制在于以下几个方面：

一是家国动员指引行为。一直以来，集体主义原则存在于我国的社会主义核心价值观中，“舍己为家、舍己为国”的观念根植于中华传统文化之中，也构建着中国民众的价值观，得到广大民众的情感认同。在疫情期间，乡村动员者将乡村的疫情防控工作转化为与国家、人民利益紧密相关的重大事务，将基层的抗疫活动提升为一种“为人民和国家做贡献”的功劳行为，强调服从于乡村抗疫安排，就是维护国家利益。

在张家村抗击疫情的过程中，村主任曾多次喊话：“都在家待着，不要给别人添麻烦，不要给国家添麻烦”“待在家里就是给国家做贡献”“别聚会、别串门、别跳广场舞，咱们才能渡过难关。”在访谈过程中，大多数村民也对这一口号印象颇深，村民 WXW 就表示：“喇叭里不叫出门，咱们就不出去，咱们老百姓听话，不光得为自己考虑考虑，也不能给国家添麻烦。”这一话语强调了个体失范将会带来严重的社会谴责，从而将个人活动与社会责任联系起来，增加村民的道德压力，实现道德约束作用，这种约束能够将村民们隔离在家中，降低病毒的感染风险。

---

① 艾尔东・莫里斯，卡洛尔・麦克拉吉・缪勒. 社会运动理论的前沿领域[M]. 刘能译. 北京：北京大学出版社，2002：21。

② 刘国强，粟晖钦. 共意动员：农村抗疫“硬核标语”的话语框架与建构逻辑[J]. 现代传播（中国传媒大学学报），2020，42(08)：69－74。

二是地缘感化动员监督行为。在这类喊话中，村干部基于个体对家族情感的维护层面，借用情感修辞将防控疫情描述为一种伦理问题。这一话语策略激发了熟人社会中村民们对共同伦理的认同与遵循，即在疫情中通过“不出门”这一行为的展现表达对国家与村干部的支持与认可、对家庭和邻里的保护与关心。据村干部 WXH 回忆，他在喇叭中播报过一条类似的内容：“都不要出门，不要给政府添麻烦，这个疫情很厉害，要是串门、聚会传染上了，咱们村就都怨你了。”村民 WXJ 在回忆疫情下的隔离生活时提到：“大家都在家里就你老出去，村干部看见你，你自己也有点不好意思，想着万一有点啥事，这乡里乡亲的不都赖你？”

三是健康传播研究证实，“敲警钟”式的信息传播具有双重功效：对事物利害关系的强调可最大限度地唤起人们的注意，促成他们对特定内容的接触；此类信息造成的紧张感，也可以促使人们迅速采取应对行动。[①] 疫情期间，大喇叭的喊话反复强调新冠疫情对人生命的威胁程度，并且利用一定程度的夸张和比喻增强村民的紧张感。比如张家村村干部的喊话：“这个病毒传染快，说两句话就传上了，没治，你们看手机也看见了。”对此，村干部 WXY 也表示：“喊话的时候免不了说点稍微重的话，有的老年人就是待不住，觉得离得远着呢，老是想出来，这时候就必须得说点重话，让他知道这次疫情不是一般的小感冒，很严重，才能有效果。”

总之，村干部自身的权威与不同形式的喊话模式共同赋予了抗疫活动特定的意义，建构了村民的“共意”，这一“共意”进一步促成了村民们的行为改变。而在乡村社会中，能够灵活运用不同话语在疫情下实现动员效果的媒介亦只有大喇叭。

六、对大喇叭“回归”的反思

事实上，本次疫情中大喇叭的“回归”对我们重新审视大喇叭的特殊媒介作用及其与乡村传播的关系提供了新的视角。因为，本次疫情中大喇叭的突出表现表明它在广袤的乡村依然存在着强大的适用性与传播价值。在疫情中，乡村大喇叭拥有将乡村传播“再中心化”的力量，而这种“再中心化”的力量能够提升动员效率，重建乡村组织传播力量。这种力量不仅仅能够在某些危急情况中紧

---

① 郭庆光. 传播学教程（第二版）[M]. 北京：中国人民大学出版社，2011：188。

急动员、强化管理，也能在乡村的日常治理中凝聚人心、指引行动。那么，下一步乡村大喇叭应当何去何从？

一是乡村媒介动员力量如何“再中心化”？彭兰教授在《我们需要建构什么样的公共信息传播？——对新冠疫情期间新媒体传播的反思》一文中以疫情为切入点，探讨了当前去中心化网络可能产生的突出问题，并呼吁重建公共信息传播力量：在疫情这一特殊的场景下，人们的不确定性增加，容易产生认知失调的问题。此时我们呼唤共同体的重建，但是网络在一定程度上无法满足我们获取公共信息、重建公共空间的需求。因此需要重新探讨网络平台在增强公共性内容、加强个体连通性等方面应该承担的责任①。事实上，这一观点对我们探究如何发挥媒介在乡村抗疫中的动员力量有所提示。

乡村大喇叭的“回归”历程其实与网络信息传播的发展历程有异曲同工之处。从技术角度来讲，网络信息传播模式经历了三个时代，第一媒介时代以门户网站为核心，他们中心节点较少，掌控着内容的“把关权”，受众处于传播的边缘，被动地接受信息。这一时期，网络传播权力掌握在少数精英与机构手中，是一种“中心化”的权威式传播模式。第二媒介时代，网络入口与节点增加，媒介门槛降低，受众开始进入传播的中心，拥有更为平等的传播权，主流媒体权威被消解，网络传播进入一种“去中心化”的模式。第三媒介时代则以社交媒体赋权为代表，形成“再中心化”的多极传播权威。“再中心化”的概念相对于“中心化”的概念存在，它体现为网络资源的再次集中化、群体共识的再统一化以及单一平台崛起后传播能力的扩大化。②

纵观历史，乡村大喇叭也历经了“权威—释放—赋权”的过程。20 世纪六七十年代，乡村大喇叭发挥着独占信息传播渠道、统一社会意识形态的作用。这一时期的乡村大喇叭作为传播中心节点，代表国家意志，乡村传播呈现为一种“中心化”的状态。后来，随着国家权力在乡村的退场及新媒体的介入，大喇叭失去了原有的“政治中心”地位，乡村传播失去了中心的控制，开始向着一种“去中心化”的模式发展。但是在疫情之下，大喇叭被再次赋权，承担起乡村抗疫活动集体动员的责任。可以说，大喇叭再一次进入乡村传播的中心，让我们看到了疫情

---

① 彭兰. 我们需要建构什么样的公共信息传播？[J]. 新闻界，2020(05)：36－43。

② 韩云杰. 去中心化与再中心化：网络传播基本特征与秩序构建[J]. 中国出版，2020(21)：31－35。

中大喇叭实现了乡村传播的“再中心化”。

如果说网络去中心化是技术进步与思维解放的必然结果，那么网络时代的再中心化就是个人自主权与自我赋权的重新集聚。“去中心化”的模式赋权受众，将传受双方置于相对平等的情景，而“再中心化”重塑媒介权威，通过重构话语权达成共识。

前文已经论证过，目前，乡村的媒介动员力量式微，并呈现出一系列的问题：第一，乡村组织力量的式微影响了乡村动员能力，乡村缺乏一个较为完善的动员体系。第二，乡村媒介动员传播效果较差，部分动员活动流于形式。第三，乡村日常生活中缺乏一个能够覆盖全员、传播得力的媒介。而在疫情中，乡村作为全国抗疫的重要节点，正需要严密的组织管理与强大的媒介动员力量。社会动员产生的结构性前提是国家与社会的整体化，媒介需要在其中发挥“粘合剂”的作用。大喇叭的“回归”恰恰预示着，在风险社会中，乡村需要重构一个“中心化”的组织力量与动员力量，大喇叭需要被再次赋权，以承担这一责任。大喇叭的“回归”很可能成为乡村动员体系变革的一个新契机。

二是如何促进乡村公共传播力量的重构？跳出抗疫动员，我们也可以看到，乡村需要一个公共传播的主体。大喇叭的“回归”不仅为重建乡村动员体系带来了新契机，也为重构乡村公共传播力量带来了思考。

党的十九大报告明确指出了对农村传播的发展道路：以农村基层党组织建设为主线，突出政治功能，提升组织力，把农村基层党组织建成宣传党的主张、贯彻党的决定、领导基层治理、团结动员群众、推动改革发展的坚强战斗堡垒。①这意味着，国家关注基层宣传，亦需要通过乡村公共传播力量的重塑推行国家政策，提升乡村治理效能。

对于村民来说，他们也同样需要通过媒介与国家进行互动。如果说20世纪60年代，村民第一次被“组织化”了，他们从传统村落与宗族文化的“差序格局”中被分离出来而转变成集体中的成员，那么可以说疫情期间，村民需要被再一次“组织化”了。这一次的“组织化”与之前有所不同，它所针对的是，伴随村一级组

---

① 习近平. 决胜全面建成小康社会　夺取新时代中国特色社会主义伟大胜利——在中国共产党第十九次全国代表大会上的报告[EB/OL]. http://www.xinhuanet.com/2017-10/27/c_1121867529.htm，2017-10-07。

织观念的转向及“个体化”所带来的乡村居民的职业分化以及人口流动的加强，乡村组织能力开始弱化。虽然网络使得村民的个体化赋权开始增强，但对于村组织的经济和政治的依赖程度却在不断降低。正如村民 YX 对张家村的现状所评论的：“现在村里除了选举，一般没啥宣传内容。选举的时候他主动来找你了，平时有啥消息咱紧着问可能都找不见人。”实际上，大部分村民依然表现出对于参与村内事务、了解乡村政策的期待，比如今年 70 岁的 CGQ 表示：“其实人们都想多知道点，光看电视说得都挺好，到了村里咋个执行法儿就不太清楚了。”在访谈过程中，大多数村民也表示希望能“办实事”，能够让村民通过大喇叭了解更多的公共信息。

大喇叭在未来有望作为重塑乡村公共传播力量的关键节点，为村民打通公共信息接收的渠道，提升作为政治单位的村组织的传播力。

本章结语

本章对疫情期间的乡村大喇叭“回归”做了“小题大做”的叙述与阐释，试图理解张家村大喇叭在 1967 年至 2020 年，从出场、离场再到“回归”的个体小史。至少从乡村视角而言，这是一个从中华人民共和国成立之后到 20 世纪 70 年代末，国家权力全面下乡、下沉甚至与乡村重合的过程，也是改革开放以来一直到 2008 年，国家权力逐步隐退，而乡村自治不断升华的过程。党的十八大以来，随着新时期乡村振兴战略的提出与实践，国家政权再次重返乡村，乡村自治被赋予新的义涵，也承受着乡村农民新的期待。

某种意义上，大喇叭的“回归”是五六十年代动员“传统”在自媒体时代的新表演、新仪式、新隐喻。在媒介化的乡村日常中，大喇叭的自身媒介特性可以作为共同体征用的媒介资源；大喇叭可以唤回战争文化，激发已经个体化的村民回归“打仗”的集体状态；大喇叭还可以作为一种建构性的社会话语实践，生成“全方位加强基层村民的疫情防控意识”这一共意指向。大喇叭的“回归”是一种媒介隐喻①，但本研究认为，这种隐喻不单纯是大喇叭与应急、疫情、党史学习教育

① 艾红红.“下乡”“离场”与“返乡”——新中国农村有线广播发展“三部曲”[J]. 福建师范大学学报（哲学社会科学版），2020(04)：95－103＋172。

等机制的再连接，背后隐喻的是被互联网、自媒体所带来的“去中心化”时代的反向回归，对共同体秩序、民族国家认同的体认与回归。

本章对张家村大喇叭小史的观察并不完备，还需要进一步说明：一是张家村村民，主要是50岁以下的村民如何处理大喇叭与互联网自媒体之间的关系？这是自媒体时代张家村大喇叭小史的一部分，却由于本章关注的重心在大喇叭，而对“谁重谁轻”等有趣的方面提问不多，追问不深。二是本章基本接受了“将媒介当作文化的表述（representation）工具”以及“媒介作为传送（transmission）工具”的假设，倘若将媒介作为“不仅是技术，而且是‘社会技术’，也就是说，传播技术必须通过采纳、规范，并再生一个文化的符号形式和常规而成为‘传播媒介’”①这样的假设，编写张家村的广播小史恐怕还要涉及当地的人口、家族、传统与权力文化结构。三是作者在张家村所进行的田野调查，与村干部、村民进行访谈或对话，距离学界公认的程序、规则还存在较大差距，需要加强相关学术训练。

（刘慧荣，张健）

本章参考文献

1. 方晓红. 大众传播与农村[M]. 北京：北京中华书局，2003。
2. 费孝通. 人文类型 · 乡土中国[M]. 沈阳：辽宁人民出版社，2012。
3. 费孝通. 江村经济[M]. 北京：北京时代华文书局，2018。
4. 格尔茨. 文化的解释[M]. 韩莉译. 上海：上海人民出版社，2014。
5. 贺雪峰. 新乡土中国——转型期乡村社会调查笔记[M]. 广西：广西师范大学出版社，2003。
6. 郭建斌. 在场：流动电影与当代中国社会建构[M]. 上海：上海交通大学出版社，2019。
7. 周晓虹. 传统与变迁——江浙农民的社会心理及其近代以来的嬗变[M]上海：上海三联书店，1998。
8. 陆学艺. 内发的村庄[M]. 北京：社会科学文献出版社，2001。
9. 让-诺埃尔 · 让纳内. 西方媒介史[M]. 段慧敏译. 桂林：广西师范大学出版社，2005。

① 潘忠党. 传播媒介与文化：社会科学与人文学研究的三个模式（下）[J]. 北京广播学院学报，1996(05)：17 - 24。

10. 李良荣,等. 当代西方新闻媒体[M]. 上海：复旦大学出版社,2003。
11. 陈尔泰. 中国广播史考[M]. 北京：中国广播电视出版社,2008。
12. 麦克卢汉. 理解媒介：论人的延伸(增订评注本)[M]. 何道宽译. 南京：译林出版社,2011。
13. 保罗・莱文森. 软利器：信息革命的自然历史与未来[M]. 何道宽译. 上海：复旦大学大学出版社,2011。
14. 罗杰・菲德勒. 媒介形态变化：认识新媒介[M]. 明安香译. 北京：华夏出版社,2000。
15. 毛丹. 一个村落共同体的变迁——关于尖山下村的单位化观察与阐释[M]. 上海：学林出版社,2000。
16. 孙立平. 转型与断裂——改革以来中国社会结构的变迁[M]. 北京：清华大学出版社,2004。
17. 朱新山. 乡村社会结构变动与组织重构[M]. 上海：上海大学出版社,2004。
18. 李乐. 教育农民：浙东乡村社会变迁中的政治传播(1949—1963)[M]. 上海：复旦大学出版社,2016。
19. 杜赞奇. 文化、权力与国家——1900—1942 年的华北农村[M]. 王福明译. 江苏：江苏人民出版社,2010。
20. 戴维・斯沃茨. 文化与权力——布尔迪厄的社会学[M]. 陶东风译. 上海：上海世纪出版社,2012。
21. 旷宗仁. 乡村传播中的农民认知行为研究[M]. 北京：中国农业出版社,2013。
22. 谢咏才,李红艳. 中国乡村传播学[M]. 北京：知识产权出版社,2005。
23. 孙津. 中国农民与中国现代化[M]. 北京：中央编译出版社,2004。
24. 周晓红. 传统与变迁——江浙农民的社会心理及其近代以来的嬗变[M]. 上海：上海三联书店,1998。
25. 胡刚. 嬗变与转型——改革开放以来我国社会动员机制创新研究[M]. 北京：中国社会科学出版社,2017。
26. 保罗・唐纳顿. 社会如何记忆[M]. 纳日碧力戈译. 上海：上海人民出版社,2000。
27. 安德森・本尼迪克特. 想象的共同体[M]. 吴叡人译. 上海：上海人民出版社,2016。
28. 郭建斌. 电视下乡：社会转型期大众传媒与少数民族社区——独龙江个案的民族志阐释[D]. 复旦大学,2003。
29. 苏媛媛. 农民上楼[D]. 南京大学,2017。
30. 潘祥辉. “广播下乡”：新中国农村广播 70 年[J]. 浙江学刊,2019(06):4－13。
31. 艾红红. “下乡”“离场”与“返乡”——新中国农村有线广播发展“三部曲”[J]. 福建师范大

学学报(哲学社会科学版)，2020(04)：95－103＋172。
32. 张雪霖. 媒介融合背景下乡村大喇叭的重建及其机制研究[J]. 新闻与传播评论，2021，74(02)：87－97。
33. 郭淼，郝静. 虚拟聚合与精准解码：农村广播大喇叭在突发疫情传播中的政治功能[J]. 新闻与传播评论，2021，74(02)：98－105。
34. 许加彪，张宇然. 宣传·组织·指路：长征标语口号的产制、修辞和社会动员[J]. 现代传播(中国传媒大学学报)，2020，42(12)：86－91。
35. 郭小安，霍凤. 媒介动员：概念辨析与研究展望[J]. 新闻大学，2020(12)：61－75。
36. 徐治琼. 重大疫情防控中中国社会动员：经验、挑战与启示[J]. 北京航空航天大学学报(社会科学版)，2020，33(06)：61－66。
37. 刘庆华，吕艳丹. 疫情期间乡村媒介动员的双重结构——中部A村的田野考察[J]. 现代传播(中国传媒大学学报)，2020，42(07)：73－77。
38. 易前良，孙淑萍. 共意性运动中的媒介动员：以"南京梧桐树事件"为例[J]. 新闻与传播研究，2013，20(05)：77－83＋127。
39. 杨艳萍. 媒介融入与乡村公共空间重建——大喇叭回归乡村的个案调研[J]. 中国广播，2019(10)：67－71。

附录1：村民访谈提纲

(1) 请您介绍一下自己的家庭情况，包括您的家庭人口数量，家庭成员文化水平以及从事的职业。您对张家村的历史、文化、经济发展有哪些了解？

(2) 您平时媒介的使用情况是什么样的？会使用智能手机吗？喜欢看电视、手机还是其他？喜欢看哪些内容？您平时关注新闻么？对于国家政策的获取主要来自于哪些渠道？

(3) 村子里的宣传渠道有哪些？您一般从哪里获知村内消息？您认为有什么不足？疫情之前大喇叭的工作状态是怎样的？

(4) 疫情期间主要是从何处获取关于疫情信息的？疫情期间您对大喇叭在疫情中的使用有何印象？您从大喇叭中获取到了哪些信息？您觉得大喇叭还缺乏的内容是什么？您认为大喇叭在疫情中有什么优势？对于当时大喇叭的广播有什么感受？

(5) 疫情居家期间的日常活动主要有什么？生活受到了怎样的影响？

(6) 您印象中60、70、80年代的大喇叭是什么样的？相比于现在的大喇叭有什么变化和不同之处？对现在的大喇叭有什么意见和看法？对于大喇叭未来发展有什么建议？

附录 2：村干部采访提纲

（1）请您聊一下咱们村的村史、姓氏构成，以及村里有哪些精英权威？您平常开展工作需要调动哪些力量来帮助您完成工作？村里的管理体系是什么样的？有哪些组织和职位？

（2）村子里应对疫情是从什么时候开始的？面对疫情有哪些具体的政策文件和行动？是如何一步步开展防疫工作的？有哪些比较特殊的工作方法？

（3）平时村里的大喇叭是由谁在什么时间段进行播报的？疫情期间村干部的播报稿是谁提供的？内容是什么样的？大喇叭播报对村民产生了什么样的效果？村干部喊话内容有哪些？

（4）平时村里的宣传工作是如何做的？主要方式是什么？大喇叭起到了什么作用？相比于其他媒介，您觉得大喇叭有什么特殊之处？

（5）您认为应该如何提升村里大喇叭的传播效果？有什么经验？

（6）目前村里大喇叭的建设情况是什么样的？您认为未来大喇叭的应用将会如何？相比于之前会有什么不同？关于大喇叭将会有哪些政策？

为自己写史（代后记）

身处一个流动的、液态的后现代社会，一个又一个的“事件”“案例”“现象”带着悸动呼啸而来，却又带着困惑匆匆而去，让作为媒介化大潮亲历者、旁观者、研究者等杂糅身份的我们兴奋不已，却又因种种“本领”“时间”“精力”所限而不时心生无奈。

历史学家卡尔·贝克尔在《人人都是他自己的历史学家》里有一段话：“每个普通人，同你我一样，记忆种种说过做过的事情，并且只要没有睡着也一定是这样做的。假定这位‘普通先生’早晨醒来而记不起任何说过做过的事情，那他真要成为一个失去心灵的人了。这种一下子丧失了所有历史知识的情形是曾经发生过的，不过正常地说来这是不会发生的。正常地说来，这位‘普通先生’的记忆力，当他早晨醒来，便伸入过去的时间领域和遥远的空间领域，并且立刻重新创造他努力的小天地，仿佛把昨天说过做过的种种事情联系起来。没有这种历史知识，这种说过做过事情的记忆，他的今日便要漫无目的，他的明日也要失去意义。”贝克尔的话给我们深深的刺激：我们不想在这个液态社会成为一个“失去心灵的人”；我们在各种视频中、在各种内卷中力争成为“普通先生”；我们在手机上、在电脑上、在导航上、在京东上、在团购中……留下种种带着心灵密码的数字足迹；我们试图在私人化的媒介时间中创造属于“普通先生”的“记忆与梦想”。

我们除了像所有“普通先生”上班下班、生活之外，还试图采取其他手段，为自己写史，也为社会写史，而“观察”“访谈”“参与”就是我们作为“普通先生”的仅有手段。我们“打捞”数不清的文字、视频、图片与声音……然后我们将这些社会与历史的微粒在一个总的问题指引下固化下来：大变局时代，影响力生成的机理与逻辑是什么？

这些“打捞”的结果就是摆在读者面前的这本书稿。几年来，我的学生跟我一样企图用自己的绵薄之力试图成就一个“不失去心灵”的“普通先生”！这几位是：

方乔杉：苏州大学传媒学院2016级硕士生，现任《苏州日报》编辑。

朱子微：苏州大学传媒学院2017级硕士生，现任《福建日报》记者。

史文贤：苏州大学传媒学院2017级硕士生，现任苏州工业园区志愿者协会行政人员。

倪　洋：苏州大学传媒学院2018级硕士生，现任浙江体育职业技术学院教师。

刘慧荣：苏州大学传媒学院2019级硕士生，现任山西省广播电视台交通广播节目中心记者。

感谢以上几位研究生在“打捞”工作中付出的辛苦努力，也祝她们前程似锦，高飞远翔！

本书是本人主持的国家社科基金项目“数字时代青年中华民族认同的培育路径研究(20XWB002)”的阶段性成果，同时得到“苏州大学人文社科优秀学术专著出版资助计划(2021)”的资助，感谢苏州大学人文社科处！感谢上海三联书店慨允出版，特别是责任编辑杜鹃女士对书稿质量的把关与认真负责的支持！

张　健

2022年7月底定稿于苏州金鸡湖湖畔

图书在版编目(CIP)数据

构建影响力：基于新宣传的考察视角/张健等著.—上海：
上海三联书店，2022.8
ISBN 978-7-5426-7834-8

Ⅰ.①构…　Ⅱ.①张…　Ⅲ.①传播媒介-研究
Ⅳ.①G206.2

中国版本图书馆CIP数据核字(2022)第150676号

构建影响力：基于新宣传的考察视角

著　　者／张　健 等

责任编辑／杜　鹃
装帧设计／一本好书
监　　制／姚　军
责任校对／王凌霄

出版发行／上海三联书店
　　　　　(200030)中国上海市漕溪北路331号A座6楼
邮　　箱／sdxsanlian@sina.com
邮购电话／021-22895540
印　　刷／上海惠敦印务科技有限公司

版　　次／2022年8月第1版
印　　次／2022年8月第1次印刷
开　　本／710mm×1000mm　1/16
字　　数／280千字
印　　张／18.75
书　　号／ISBN 978-7-5426-7834-8/G·1649
定　　价／82.00元